Markus Müller
Trends 2016

Drei Geleitworte

Wer vermag seine Zukunft zu lieben? Die liegt doch im Dunkeln! Sie ist undurchschaubar. Keiner weiß, was auf ihn zukommt. Erst recht macht die neue Weltwirtschaftskrise beim Blick nach vorn die Herzen schwer. Die Aussichten sind höchst ungewiss, aber doch eher trüb. Silberstreifen am Horizont sind kaum auszumachen …

Die Zukunft lieben? Das kann nur der, der von einer großen, unerschütterlichen Hoffnung getragen ist. Genau davon ist das Buch von Markus Müller durchzogen. Der Verfasser belässt es nicht dabei, in unsere Zeit hineinzuleuchten und saubere Diagnosen zu stellen. Dergleichen ist ja bereits vielerorts geschehen. Was mich an dem Buch besonders anspricht, ist der rote Faden der Hoffnung, der alles durchzieht. Als Christen wissen wir davon, dass Gott die Geschicke der Welt in seinen Händen hält. Er «sitzt im Regimente und führet alles wohl», wie es der Liederdichter Paul Gerhardt einmal formuliert hat. Gott führt die Welt, die seinen Händen entstammt, ihrem Ziel entgegen. Das macht die christliche Gemeinde zuversichtlich. Diese Gewissheit weckt Lebensfreude und Gestaltungswillen und damit unsere besten Kräfte.

Markus Müller zeigt nicht nur – und das in manchmal recht unkonventioneller Sprache und Denkart – sachkundig und präzise die Irrungen und Wirrungen unserer Zeit auf, sondern er stellt zugleich die Weichen in Richtung Hoffnung. So macht er allen, die zu diesem Buch greifen, viel Mut, getrost in die Zukunft zu gehen und im Namen Gottes das zu tun, was jeweils möglich ist. Damit tut uns der Verfasser einen guten Dienst. Und dafür gebührt ihm aufrichtiger Dank.

**Dr. Christoph Morgner, Präses des Evangelischen
Gnadauer Gemeinschaftsverbandes Kassel|Deutschland**

Markus Müller beschreibt in akribischer und doch verständlicher Form die Entwicklungen der Kirche und der Gesellschaft in den letzten Jahrzehnten. Er zeigt Zusammenhänge auf und bringt diese in einer Weise miteinander in Verbindung, die beim Leser Begeisterung auslöst und das Verständnis für die Geschichte von Kirche und Gesellschaft maßgeblich erhöht. Dieses Buch hat eine prophetische Dimension, weniger in voraussagendem Sinne als vielmehr in seiner aufrüttelnden Art. Ich fühle mich herausgefordert, Verantwortung zu übernehmen und mir zu überlegen, was ich dazu beitragen kann, dass Jesus Christus auch in den kommenden Generationen bis zu seinem Wiederkommen lebendig, nachvollziehbar und kraftvoll verkündigt und seine Botschaft authentisch vor- und ausgelebt wird. Ein großartiges Buch, das sich zu lesen lohnt.

Martin Bühlmann, Leiter der deutschsprachigen Vineyard-Bewegung mit weit über hundert Gemeinden in Europa, Afrika und Asien

«Europa braucht Orte der Hoffnung, der Wahrheit und Barmherzigkeit.» Kaum ein Satz hat im Rahmen des «Miteinander für Europa» eine derartig große Resonanz und Wirkung erzielt wie dieser Satz von Dr. Markus Müller. Die Hörer spürten sofort: Hier spricht einer, der Entscheidendes zu sagen hat für die Zukunft.

Wann immer Markus Müller die Themen Hoffnung und Zukunft aufgreift, erkennen seine Zuhörer, mit welch enorm hoher Sachkompetenz er spricht. Eine differenzierte Sicht der Vergangenheit, Gegenwart und Zukunft zeichnet sein Denken und Reden aus. Seine tiefe Verwurzelung im christlichen Glauben und im Wort Gottes befähigt ihn, zukunftsweisende Antworten zu finden.

Nun legt er mit diesem Buch seine Sicht und Perspektive einem breiten Leserpublikum vor. Ich kann dieses Werk all denen bestens empfehlen, die sich bereits jetzt mit den richtigen Fragestellungen und perspektivischen Antworten für die Zukunft befassen möchten. Markus Müller hilft mit diesem Buch, bereits heute an die nötigen Veränderungen zu denken, und regt an, die daraus folgenden Schritte zu gehen, damit die Zukunft gelingen kann. Hier finden sich überraschende Sichtweisen und oft genug unkonventionelle Antworten auf Fragen, die uns alle angehen. Vor allem jedoch ist es ein Buch, das Hoffnung atmen lässt.

Gerhard Pross, Koordinator «Miteinander für Europa»

Markus Müller

Trends 2016
Die Zukunft lieben

BRUNNEN

VERLAG BASEL·GIESSEN

*Meiner und der kommenden Generation,
dass wir die Kraft haben,
uns den notwendigen Veränderungen zu stellen.*

Bibliografische Information der Deutschen Bibliothek
Die Deutsche Bibliothek verzeichnet diese Publikation in der Deutschen
Nationalbibliografie; detaillierte bibliografische Daten sind im Internet
über http://dnb.ddb.de abrufbar.

© 2009 by Brunnen Verlag Basel

Umschlag: spoon design, Olaf Johannson, Langgöns
Fotos Umschlag: Shutterstock.de
Satz: Bertschi & Messmer AG, Basel
Alle Graphiken: Markus Müller
Druck: Bercker, Kevelaer
Printed in Germany

ISBN 978-3-7655-1450-0

Inhaltsverzeichnis

Vorwort 9

Trends 2016:
Warum dieses Buch, und wie es aufgebaut ist 13

Teil I:
Die Wirklichkeit – und wie wir damit umgehen 17

1. Die Ebene der Fakten und Zahlen – Eine Auswahl 21
Gesellschaftsbereich 1: Demographie 22
Gesellschaftsbereich 2: Ehe und Familie 24
Gesellschaftsbereich 3: Bildung 27
Gesellschaftsbereich 4: Die Welt der Arbeit 29
Gesellschaftsbereich 5: Wirtschaft und Finanzen 30
Gesellschaftsbereich 6: Der heutige Staat und wie wir zu ihm stehen 33
Gesellschaftsbereich 7: Christentum und Kirche 35

2. Die Ebene der Deutungen und Interpretationen 39
2.1 Zwei Versuche, die Zeit in eine Graphik zu fassen 40
2.2 Einordnungshilfen vor säkularem Hintergrund 45

3. Einordnungsversuch unter heilsgeschichtlichem
   Horizont 49
3.1 Grundaussagen der Apokalyptik 49
3.2 In welchem Zusammenhang wir über die Endzeit lesen 54
3.3 Das Gebot der Stunde: Sehet – und erhebet eure Häupter ... 57
3.4 Ein bis heute mutmachendes Beispiel 59

Teil II:
Entwicklungslinien – Einblicke in die kurze Geschichte der letzten 60 Jahre ... 63

1. Was den Christen in den vergangenen 60 Jahren gelungen ist ... 67
   1.1 Kommunitäten nach dem 2. Weltkrieg ... 68
   1.2 Die charismatische Erneuerung seit den 60er-Jahren ... 70
   1.3 Seelsorgebewegungen ... 72
   1.4 Diakonische Initiativen ... 76
   1.5 Theologie: Aufwind auch durch evangelikale Akzente ... 79
   1.6 Evangelistisch-missionarische Projekte und Initiativen ... 84
   1.7 Initiativen in den Bereichen Ehe und Familie, Beruf und Politik ... 88
   1.8 Fazit ... 91

2. Fünf erfolgreiche und nachhaltig wirkende Gesellschaftsbewegungen ... 93
   2.1 Die sog. 68er-Bewegung ... 96
   2.2 Die sexuelle Revolution in drei unterschiedlichen Schüben ... 103
   2.3 Die Esoterik ... 112
   2.4 Der Islam als Erfolgsbewegung in Europa ... 118
   2.5 Die Postmoderne ... 129

3. Der Rahmen: Eine gebrochene Kirche ... 137

4. Sieben ehrliche Eingeständnisse dessen, was uns als Christen weniger gut gelungen ist ... 141
   4.1 Von der Geschichtslosigkeit ... 142
   4.2 Ausstieg statt Einstieg ... 144
   4.3 Das Leistungsdenken ... 146
   4.4 Anthro-pozentrisches statt theo-zentrisches Denken und Handeln ... 148
   4.5 Der christliche Glaube als Individualprogramm ... 151
   4.6 Der Verlust der Lebensgestaltung und der Kultur ... 153
   4.7 Die scheinbare Sicherheit des Christen in der Rolle des Schiedsrichters ... 155

Teil III:
Fünf akute Bedrohungen unserer Zeit und die Rolle der Christen ... 159

1. Die Zunahme von Geschwindigkeit und Komplexität.... 163

2. Die Zunahme der Macht von zentrifugalen Kräften....... 167

3. Die Zunahme von Mangelszenarien 171

4. Der drohende Kampf der Kulturen 177
   4.1 Was wir unter dem Kampf der Kulturen verstehen 178
   4.2 Drei innerwestliche Formen des Kampfes der Kulturen 179
   *4.3 Die Zuspitzung des Kampfes der Kulturen zwischen westlicher
   und islamischer Welt* 182
   *4.4 Die Herausforderung der islamischen Welt annehmen –
   Mögliche Schlüsselbereiche* 186

5. Die Auseinandersetzung, die hinter dem unmittelbar
   Sichtbaren abläuft 189

**Teil IV:
Die Herausforderungen annehmen –
und was uns dazu gegeben ist** 191

1. Das Erbgut Europas: Hoffnungslinien 195
   1.1 Europa fußt auf zwei Säulen: Wahrheit und Barmherzigkeit 195
   1.2 Europa – Kontinent des Herzens 197
   1.3 Europa – Kontinent der versöhnten Vielfalt 200
   1.4 Europa – Kontinent der Bildung 201
   1.5 Europa – Kontinent der Gastfreiheit 204

2. Das «kleine Einmaleins» 207
   2.1 Dienerschaft: Vom Dienen statt Herrschen 208
   *2.2 Haushalterschaft: Von der treuen Verwalterschaft im Umgang mit
   dem Anvertrauten* 213
   *2.3 Umgang mit unterschiedlicher Erkenntnis unter Menschen, die
   Jesus liebhaben* 219

3. Die fünf entscheidenden Bewährungsfelder des
   christlichen Glaubens... 227
   3.1 Das Individuum in seiner Einzigartigkeit 228
   3.2 Die Gemeinde Jesu als Ur-Entfaltungsort des Lebens 230

3.3 Ehe und Familie 232
3.4 Arbeit und Beruf 234
3.4 Staat 236

Teil V:
Gemeinde als Antwort Gottes auf die Herausforderungen der Zeit (Oder: Fünf Schlüsselfelder, in denen Zukunft Gestalt gewinnt) 241

1. Nicht ohne eine Vision 245

2. Die rechte Gesinnung als Schlüssel zur Weltveränderung 251
   2.1 Der Zuspruch: Als sein Volk – eine königliche Priesterschaft 252
   2.2 Pilgerschaft 258
   2.3 Die Lammesnatur als Kernmerkmal unseres Dienens in der Welt 261

3. Was unsere Welt braucht: Orte der Hoffnung, der Wahrheit und der Barmherzigkeit 271
   3.1 Unsere Zeit braucht Orte der Hoffnung 273
   3.2 Unsere Zeit braucht Orte der Wahrheit 278
   3.3 Unsere Zeit braucht Orte der Barmherzigkeit 284

4. Die Zuspitzung: Herzensuniversität als Geburtsstätte von Mündigkeit 289
   4.1 «Herzensuniversität» – warum nicht? 290
   4.2 Was geschieht an der Herzensuniversität? 292
   4.3 Von der Anfechtung der Herzensuniversität 295
   4.4 Erste Voraussetzung einer Herzensuniversität: Eine solide Theologie 297
   4.5 Zweite Voraussetzung einer Herzensuniversität: Verbindlichkeit in und trotz postmoderner Zeit 301

5. Das Schönste kommt noch – das Unvollkommene darf jetzt sein 307

Nachwort 311

Literaturverzeichnis 313

Der Autor 319

Vorwort

Was wird sein, wenn Sie, der Sie jetzt 20, 30 oder 50 Jahre alt sind, eines Tages 60, 80 oder 100 Jahre alt sein werden? Und rückblickend: Was waren eigentlich die vergangenen 60 Jahre, also die Jahre nach dem Ende des 2. Weltkrieges? Waren die Jahre 1968 oder 1989 etwas Spezielles, dessen Bedeutung und Wirkung wir bislang noch gar nicht so recht wahrgenommen haben? Wie lange dauert die Finanz-, Wirtschafts-, Gesellschafts- und Kulturkrise, die von einigen Menschen vorausgeahnt wurde und seit Herbst 2008 im öffentlichen Gespräch ist? Haben die Christen – unabhängig davon, ob evangelisch oder katholisch, landeskirchlich oder freikirchlich, charismatisch oder evangelikal – etwas, auf das die Gesellschaft der kommenden Jahre und Jahrzehnte elementar angewiesen sein wird?

Wenn wir in diesem Buch versuchen, der einzigartigen Chance des Evangeliums auch für die kommenden Jahre und Jahrzehnte nachzuspüren, dann tun wir das mit drei Absichten:

Erstens: Christen haben zu allen Zeiten, in guten und weniger guten, Entscheidendes in das gesellschaftliche Ganze eingebracht. Das war während der Umbruchzeit zwischen Altertum und sog. Mittelalter im dritten und vierten Jahrhundert so, das war in der Gründungszeit der ersten Universitäten vom 12. bis 15. Jahrhundert so, das war bei der Entstehung des Sozialstaates so (dessen Wurzeln gehen u. a. auf den Pietismus des 17. und 18. Jahrhunderts zurück), und das war auch in den vergangenen 60 Jahren so. Wenn Christen also in der Vergangenheit nachhaltige Bedeutung hatten, dann dürfen wir davon ausgehen, dass das auch in Zukunft so sein wird. Voraussetzung wäre allerdings, dass wir zum einen unsere Beauftragung und zum andern unsere Zeit gut verstehen – vielleicht besser, als uns dies in den vergangenen Jahrzehnten gelungen ist.

Zweitens: Unsere Gesellschaft merkt und spürt, dass Erklärungs-, Denk- und Handlungsmuster des 20. Jahrhunderts zur Bewältigung der Herausforderungen des 21. Jahrhunderts nicht genügen werden. Das betrifft auch die Christen. Mit Sicherheit ist von deren Seite her in den vergangenen 60 Jahren einiges unübersehbar gut gelungen. Das sollten wir nie vergessen. Daneben existieren aber auch eine Reihe von Denk- und Handlungsmustern, die sich bereits in den vergangenen Jahren nicht wirklich bewährt haben. Sie sind demgemäß zu überprüfen. Im Folgenden geht es entsprechend weder um eine «neue» Theorie noch um eine «bessere» Praxis, sondern in erster Linie um die Schärfung unserer Denkweisen. Sie sind der Humus, in dem zukunftsträchtige Theorie und Praxis gedeihen kann. Um dieses Ziel zu erreichen, benötigen wir Wissen aus Vergangenheit und Gegenwart, benötigen wir Mut, uns selber kritisch zu hinterfragen, und benötigen wir eine Offenheit, Dinge auch mit Hilfe von Begriffen zu bedenken, die uns im ersten Moment eher fremd erscheinen.

Drittens: Für christliche Gemeinden, für Missionsgesellschaften und für traditionsreiche Werke stellt sich nicht selten die pure Existenzfrage. Bedrohlich wirken zuerst meist die Finanzen, auf den zweiten Blick aber auch eine verunsicherte und verunsichernde Sinn- und Auftragsklarheit. Leitungskreise finden dann kaum mehr über aktuelle Problembewältigungen hinaus. Sie sind wie dazu verurteilt, sich gegen eine unkoordinierte Vielfalt von Meinungen, Überzeugungen und manchmal zermürbenden Ansprüchen von Menschen unterschiedlichster Herkunft abzumühen. Hoffnung auf zukunftstragendes Glauben, Denken und Handeln wird bereits im Keim erstickt. Dringendes herrscht über Wesentliches. Dies allerdings kann angesichts des Lichtes des Evangeliums und der Verheißung Gottes unmöglich der Weg sein. Es gibt Alternativen, vergleichbar mit Pflanzen, die sich den Weg ans Licht durch eine scheinbar undurchdringliche Teerdecke bahnen.

Uns – mir – ist im Zusammenstellen und Schreiben dieses Buches sehr bewusst, dass wir einen spezifischen Hintergrund haben. Natürlich steht uns primär die Lebens- und Erfahrungswelt der westlich geprägten Bundesrepublik sowie der Schweiz vor Augen. Natürlich haben wir ein Christsein im Blick, das meist irgendwie diffus in christlichen Traditionen verwurzelt ist, und natürlich sehen wir da, wo wir von Christen reden, eher Menschen aus der klassischen Mittelschicht. Uns scheint aber, dass dann, wenn es uns gelingt, hier einige zukunftsträchtige Linien aufzuzeigen, solche Menschen eine über sie hinausgehende Bedeutung sowohl für die sie unmittelbar umgebende Gesellschaft als auch für weiter entfernte Lebenswelten erlangen können.

Ein herzlicher Dank geht in drei Richtungen: Ich danke meiner Familie. Sie bindet mich stets neu in die Wirklichkeit des ganz normalen Lebens ein – ein unübertrefflicher Segen. Ich danke der Leitungsmannschaft der Pilgermission St. Chrischona. Auf sie gehen unzählige Inspirationen zurück, ohne die mein Denken und Leben um vieles ärmer wäre. Und ich danke der Dozentenschaft des Theologischen Seminars St. Chrischona, die mir stets aufs Neue Anlass ist, mein Denken theo-logisch, d. h. von Gott her und nicht zuerst von Menschen her, zu ordnen. Dass sich der Brunnen Verlag Basel, insbesondere dessen Lektorat, so sehr für dieses Buch engagiert hat, war ein besonderes Geschenk. Danke!

Markus Müller

Trends 2016 – Warum dieses Buch, und wie es aufgebaut ist

Die Zukunft lieben heißt, weder weitverbreiteter Zukunftsangst noch stillem Lebensoptimismus aufzusitzen. Die Zukunft lieben heißt, sich den erkennbaren Entwicklungslinien aus Vergangenheit und Gegenwart zu stellen. Zukunft lieben heißt, die von Gott her gegebenen Verheißungen genauso ernst zu nehmen wie die irdische Gebrochenheit innerhalb unseres Menschseins und unserer Schöpfung. Zukunft lieben heißt, Chancen zu erahnen und solchen Chancen Lebens- und Entfaltungsraum zu gewähren. Zukunft lieben heißt, Lebensräume zu gestalten, in denen im Kleinen aufleuchtet, was im Großen wünschenswert ist.

Zwei Grundgefühle streiten in uns, wenn wir die kommenden 10, 20, 30 oder gar 60 Jahre vor Augen haben: Zum einen ist es die stillschweigende und hartnäckige Annahme, dass es in dieser Welt trotz aller Widerstände und verschiedenster Hindernisse mit Hilfe richtiger Lebensführung, dank richtiger Politik und aufgrund guter wirtschaftlicher Führungsmannschaften *immer besser werden wird*. Es wird und es muss, so wird angenommen, gelingen, einige gesellschaftliche Störenfriede zu bändigen und unter Kontrolle zu bringen (beispielsweise Geburtenrückgang, «neue» Armut, Bequemlichkeit, rücksichtsloser Individualismus, Kriminalität, Islamisierung ...). Zum andern ist es – manchmal mit größerer, manchmal mit kleinerer Wucht – das uns in verschiedensten Lebenslagen beschleichende Gefühl, dass nach Verstreichen der ersten Jahre des 21. Jahrhunderts etwas in der Luft liegt, das *diese Welt und diese Weltordnung völlig auf den Kopf stellen* könnte. Es wird, so ahnen wir, ein Tag kommen, an dem nichts mehr ist, wie es noch im ausgehenden 20. Jahrhundert war.

Im Folgenden lassen wir uns im Hinblick auf das Verstehen dessen, was kommt, auf so etwas wie eine Würfelbetrachtung ein. Wir wissen, dass man nie alle Seiten eines Würfels gleichzeitig und mit gleicher Schärfe betrachten kann. Unsere «Würfelbetrachtung» baut sich grob folgendermaßen auf:

In **Teil I** steht die aktuelle gesellschaftliche Wirklichkeit im Vordergrund. In unterschiedlichen gesellschaftlichen Feldern gibt es eine Faktenlage, die wir zumindest in groben Zügen zur Kenntnis nehmen sollten. Zu diesen gesellschaftlichen Feldern gehören u. a. die Wirklichkeitsbereiche Demographie, Ehe und Familie, Bildung, Arbeit, Wirtschaft und Finanzen, Staat sowie Christentum bzw. Kirche. Die auf der Hand liegende Herausforderung besteht zum einen in der gezielten, weil nur äußerst begrenzt möglichen Auswahl solcher Fakten, und zum andern in der Deutung dieser Fakten bzw. in der heilsgeschichtlichen Einordnung dieser Wirklichkeiten. Letzteres bedingt, uns in diesem Teil auch der Frage nach dem Charakter endzeitlichen Geschehens zu stellen.

Teil II handelt von den Entwicklungslinien unserer westlichen Gesellschaft im Laufe der vergangenen 60 Jahre. Sowohl im christlichen Bereich als auch in den säkularen Lebenswelten gibt es nachhaltig wirksame, erfolgreiche Initiativen und Bewegungen. Um noch besser zu erkennen, was Christen künftig einzubringen haben, muss allerdings auch auf Aspekte eingegangen werden, die ihnen offenbar in den vergangenen Jahrzehnten weniger gut gelungen sind bzw. wo sich ihre Denkmuster innerhalb der gesellschaftlichen Dynamik nicht wirklich bewährt haben.

Teil III enthält akute Bedrohungen unserer Zeit. Uns scheint, dass dies folgende fünf Ereignisfelder sind: Erstens die immer komplexer und schneller werdende Welt, zweitens die zentrifugalen, auseinanderreißenden und destruktiven Kräfte, drittens der zunehmende Mangel kombiniert mit unserer Unfähigkeit, damit angemessen umzugehen, viertens der drohende Kampf der Kulturen, innerwestlich und global, je in unterschiedlichen Facetten, und fünftens das, was «unter der Oberfläche» abläuft.

In **Teil IV** werden Rahmenbedingungen genannt, die zukunftsträchtiges Handeln erst ermöglichen. Dabei handelt es sich – eigentlich – um Selbstverständlichkeiten. Wir machen diese Selbstverständlichkeiten zum Thema, weil uns in der Wirklichkeit laufend Denkweisen begegnen, die das, was eigentlich klar ist, fahrlässig ignorieren. Solche Fahrlässigkeiten unterwandern und unterhöhlen zukunftsträchtiges Handeln von Christen. Zu diesen Selbstverständlichkeiten gehören:

- Hoffnungslinien, die unserem Kontinent Europa seit 2000 Jahren mit auf den Weg gegeben sind;
- Bewährungs- und damit auch Übungsfelder im Leben eines Christen;
- das «kleine Einmaleins gemeindlichen Lebens»: Dienerschaft als Zielpunkt des Christseins, treue Haushalterschaft mit dem Anvertrauten und mündiger Umgang mit unterschiedlicher Erkenntnis.

Uns scheint, dass ein Ignorieren dieser Minimalvoraussetzungen christlichen Handelns tödliche Wirkung hat, wenn es darum geht, gute Wege zu finden, den Herausforderungen des 21. Jahrhunderts wirkungsvoll zu begegnen.

Teil V schließlich scheint uns der spannendste, wenngleich auch anfechtbarste Teil zu sein. Dieser Teil wird eine Mischung von Ahnungen, Impulsen und Einsichten enthalten, die in der Kirchengeschichte bereits eine Rolle spielten, die sich aus unmittelbaren Herausforderungen aufdrängen oder sich als Chance anbieten, auch wenn deren Bewährung noch aussteht. Sie betreffen teils die Gesinnungsebene (z. B. das priesterliche Dienen oder das Dienen «in Lammesnatur»), teils die Ebene der Gemeinde (z. B. das Schaffen von Orten der Hoffnung, der Wahrheit und der Barmherzigkeit), teils die Ebene von Organisationen (z. B. die Ermöglichung einer «Herzensuniversität»).

Teil I:
Die Wirklichkeit –
und wie wir damit umgehen

Teil I ■ Die Wirklichkeit – und wie wir damit umgehen

Wirklichkeit ist vielschichtig. Von unterschiedlichster Seite betrachten Menschen mit unterschiedlichsten Absichten die für sie vorfindbare Wirklichkeit. Wie von selbst baut sich ein entsprechendes Welt-, Gottes- und Menschenbild auf – manchmal durchsetzt von hoffnungsstiftenden Momenten, manchmal geprägt von hoffnungsdämpfenden Momenten.

Uns scheint, dass es Sinn macht, grundsätzlich *drei Ebenen der Wirklichkeitswahrnehmung* zu unterscheiden. Es sind dies:

- *Die Ebene der Fakten und Zahlen:* Hier geht es grundsätzlich um einzelne, empirisch feststellbare und entsprechend überprüfbare Tatsachen und Gegebenheiten. Eine wesentliche Rolle spielt die Wissenschaft, in unserem Fall vor allem die Soziologie.
- *Die Ebene der Deutungen und Interpretationen:* Hier geht es um die Einordnung dessen, was faktisch festgestellt worden ist. Im Vordergrund stehen Entwicklungen. Aussagen über die Zukunft werden abgeleitet. Dies hat schwerpunktmäßig mit Philosophie, im weiteren Sinne mit Weltbild zu tun.
- *Die Ebene der heilsgeschichtlichen Zusammenhänge:* Hier geht es um Deutungen und Einordnungen unter dem Horizont des kommenden Reiches Gottes. Einen entscheidenden Beitrag diesbezüglich leistet eine solide Theologie.

In der Übersicht:

Im Folgenden werden diese drei Ebenen unterschieden. Notwendige Erläuterungen finden sich an entsprechender Stelle.

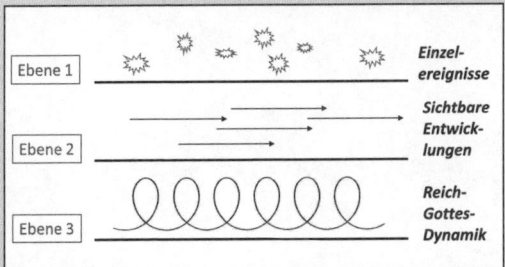

Abbildung 1: Betrachtung des Zeitgeschehens auf drei Ebenen

1. Die Ebene der Fakten und Zahlen – Eine Auswahl

Wenn wir versuchen, Spuren in die Wahrnehmung der Faktenwelt von sieben Gesellschaftsbereichen zu legen, dann tun wir dies bewusst im Wissen um eine subjektive Auswahl und um eine prinzipielle Ergänzungsbedürftigkeit. Was wir beabsichtigen, ist, einen groben und trotzdem realistischen Einblick in unterschiedlichste Lebensbereiche von heute zu geben. Es ist hilfreich, in aller Bruchstückhaftigkeit einige Blitzlichtaufnahmen von der heutigen Zeit – dem ersten Jahrzehnt des 21. Jahrhunderts – zu machen, bevor wir uns grundsätzlich mit dieser Welt befassen und uns der Frage stellen, wie wir mit ihr zukunftsorientiert und evangeliumszentriert umgehen wollen. Wir wissen, dass weder Schönfärberei (nur erfreuliche Zahlen werden zitiert) noch Schwarzmalerei (nur besorgniserregende Zahlen werden zitiert) die Spur legen können, auf der wir weiterzudenken haben.

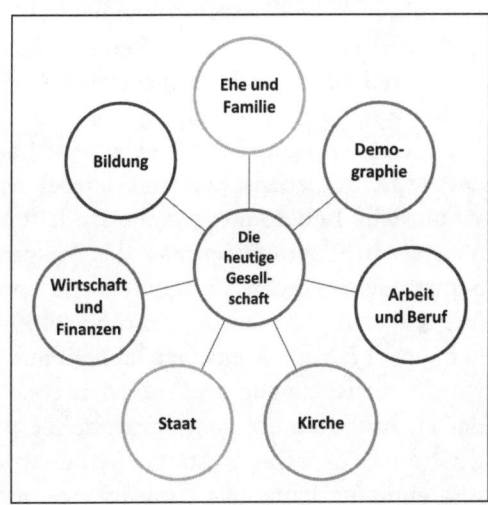

Abbildung 2: Sieben Gesellschaftsbereiche

> *Gesellschaftsbereich 1: Demographie*

Die Grundbotschaft:

Abnehmende Bevölkerung – Aufkommender Generationenkonflikt – Unsicherheit bezüglich Religionsverschiebungen

Demographie, d. h. die Lehre über die Bevölkerung und deren Entwicklungen, war seit jeher eine umstrittene Disziplin. Trotzdem ist es, auch wenn man nicht jeder Statistik Glauben schenkt, aufschlussreich, einen Blick auf die aktuellen demographischen Entwicklungen unserer mitteleuropäischen Gesellschaft zu werfen.

Spätestens durch das Buch von Frank Schirrmacher («Das Methusalem-Komplott») wurde das über der mitteleuropäischen Gesellschaft schwebende Damoklesschwert sichtbar bzw. ins Bewusstsein gerufen. In den jetzt vor uns liegenden Jahren kommt es zu einer fundamentalen Veränderung der altersmäßigen Zusammensetzung unserer Bevölkerung. Schirrmachers Hypothese (S. 68): «Vermutlich beginnt bereits zwischen 2005 und 2010 eine schleichende Veränderung unserer Kultur. (...) Der wirkliche Schock ereignet sich (...) zwischen 2010 und 2020.»

Im Großen und Ganzen geben die Fakten – etwa aufgrund der höheren Lebenserwartung älterer Menschen (das durchschnittliche Lebensalter nimmt pro Jahr um 3 Monate zu) und des «Nicht-Geborenwerdens der Jungen» – den Annahmen Schirrmachers recht. Sie lauten (siehe Schirrmacher, S. 41–42): Die deutsche Bevölkerung wird bis 2050 um rund 12, womöglich um 17 Mio. Menschen abnehmen. Ohne Zuwanderung würde der Rückgang 23 Mio. Menschen betragen. Ohne, und das ist Aufsehen erregend, gravierende politische Veränderungen, ohne unerwartet starke Veränderung der Geburtenrate und ohne fundamentale Umwälzungen im Bereich der Zuwanderung wird im Jahr 2050 die Hälfte der Deutschen – ähnlich verhält es sich in der Schweiz – über 51 Jahre sein (heute: 40 Jahre). 33 % der Menschen werden im Jahr 2050 über 65 Jahre alt sein. Die Zahl der 80-Jährigen verdreifacht sich. Wenig überraschend also, dass von einem «Krieg der Generationen» die Rede ist, denn: Wer soll, zunächst rein ökonomisch, für diese Menschen sorgen?

Von Interesse ist in diesem Zusammenhang die Geburtenrate zum einen generell, zum andern milieuspezifisch. Was das Generelle betrifft: Seit 1973 fehlen in Deutschland jährlich durchschnittlich rund 100 000 Geburten. Statt 2,1 Kinder (was zum Erhalt der Bevölkerung notwendig wäre) werden pro gebärfähige Frau durchschnittlich 1,33 Kinder geboren. Die «nichtgeborene Bevölkerung» in Deutschland entspricht vier Mal der derzeitigen Einwohnerzahl der Schweiz. Was die Schweiz betrifft, so gab es im Jahr 2005 insgesamt 72 900 Geburten. Der Rückgang beträgt im Zeitraum der letzten 20 Jahre durchschnittlich 0,2 % pro Jahr.

Was die Milieus betrifft, in denen Kinder geboren werden, kann zum einen festgehalten werden, dass in Deutschland 73,1 % der an der Hochschule tätigen DoktorandInnen, HabilitandInnen und JungprofessorInnen derzeit kinderlos sind. Zeit, Kraft, möglicherweise Geld und Mut, scheinen für Kinder nicht auszureichen. Was die Geburtenrate bei unterschiedlichem religiösem Hintergrund betrifft, so liegen in der Schweiz präzisere Angaben vor als in Deutschland. Hier wurde durch die Volkszählung des Jahres 2000 die Geburtenziffer auch nach Glaubenszugehörigkeit erfasst. Auf der Grundlage dieser Daten erstellte der Religionswissenschaftler Michael Blume von der Universität Heidelberg eine Geburtentabelle. Danach sind Hindus mit 2,79 Kindern pro Frau am «fruchtbarsten», gefolgt von Musliminnen mit einem Schnitt von 2,44. Der Schweizer Mittelwert liegt insgesamt bei 1,43, der von Katholiken (1,41) und Evangelisch-Reformierten (1,35) etwas darunter. Den niedrigsten Wert haben Konfessionslose mit 1,11 Geburten pro Frau. Laut einer «Focus»-Studie liegt der Islam «im demographischen Aufwind», stammt doch in Deutschland jedes 10.

geborene Kind von einer muslimischen Mutter (Focus online, 31.3.2007). Zufolge von Berechnungen, etwa des «Bundesverbandes der Bürgerbewegungen e.V.», soll es im Jahr 2030 rund 20 Mio. Muslime, im Jahr 2050 rund 50 Mio. Muslime in Deutschland geben. Diese Untersuchungen berücksichtigen – das sei einschränkend bemerkt – allerdings nicht, dass auch in der islamischen Welt die Geburtenraten derzeit mit fortschreitender Entwicklung massiv sinken.

Fazit:

Die demographischen Entwicklungen werden in Mitteleuropa unweigerlich zu einem «Megathema». Wir stehen – so Kurt Biedenkopf in seinem Buch «Die Ausbeutung der Enkel» – nicht vor einer Krise des Arbeitsmarktes, sondern vor einer «demographischen Krise mit unabsehbaren Konsequenzen». Im Bereich Umwelt sei das Erzeugen einer Mentalitätsveränderung gelungen. Davon wären wir im Bereich Demographie fatalerweise innerhalb einer «kinderentwöhnten Gesellschaft» weit entfernt.

Gesellschaftsbereich 2: Ehe und Familie

Die Grundbotschaft:

Die Ehe als unsicheres Lebenskonzept – Kinder in zunehmend schwieriger sozialer Situation

Der Gesellschaftsbereich Ehe und Familie ist neben dem Bereich Individuum der wohl elementarste und existenziellste Lebensbereich des Menschen. Fundamentalkritik an der Institution Ehe ist seit den späten 60er-Jahren des 20. Jahrhunderts selbstverständliches Allgemeingut unserer westlichen Kultur. Waren in den Jahren rund um 1960 Vorbehalte gegen die Institution Ehe begründungspflichtig, so ist heute positives Reden über Ehe und Familie begründungspflichtig.

Die gute Nachricht: Der aktuelle Report «Familienland Deutschland» des Statistischen Bundesamtes in Wiesbaden sagt im Sommer 2008, dass «Ehe» noch «immer die Lebensform der ersten Wahl» sei. Die Zahl der Orte, an denen Kinder mitleben, ist kaum kleiner als vor 30 Jahren. Auch was die Geburtenrate betrifft, ist Schwarzmalerei allein nicht begründet: Nachdem die Geburtenzahl im Jahr 2005 so stark gesunken ist wie nie in den davorliegenden 15 Jahren, kamen im Jahr 2007 in Deutschland 12 000 Kinder mehr zur Welt als 2006. 2008 waren es gar 16 000 Kinder mehr als 2006. Die Anzahl Männer, die sich aktiv um Erziehung kümmern, stieg innerhalb von zwei Jahren um knapp 20 % (DIE ZEIT, 19.2.2009).

Einige weitere Fakten im Zusammenhang mit Ehe und Familie: In den Jahren 2002–2006 haben in Deutschland je zwischen 370 000 und 400 000 Paare geheiratet. Allerdings wurden 2006 auch 191 000 Ehen aufgelöst bzw. geschieden (in der Schweiz variieren die Scheidungsziffern in den Jahren 2005 bis 2007 laut Bundesamt für Statistik zwischen 52,6 und 49,1 %). Aufgrund von Scheidung wurden seit 1990 in Deutschland 2,4 Mio. Minderjährige zu Scheidungswaisen.

Ein Hinweis zur Frage Familienarmut in Deutschland: Diese nimmt offenbar kontinuierlich zu. Der «Kinderreport Deutschland 2007» des Deutschen Kinderhilfswerks berichtet, dass sich seit Einführung des Arbeitslosengeldes II im Jahr 2005 die Zahl der auf Sozialhilfe angewiesenen Jungen und Mädchen auf mehr als 2,5 Mio. verdoppelt hat. War 1965 nur jedes 75. Kind unter sieben Jahren auf Sozialhilfe angewiesen, ist es im Jahr 2008 jedes sechste Kind.

Eine seit Jahren diskutierte brennende Frage betrifft die Thematik der Abtreibungen. Es scheint, dass der Mutterleib so etwas wie der gefährlichste Lebensort eines Menschen ist. Laut Rheinischem Merkur vom 13.9.2007 kommt es pro Jahr in Deutschland zu 124 000 Schwangerschaftsabbrüchen (ergibt pro Tag 340 Kinder). In der Schweiz liegt eine offizielle Zahl für Schwangerschaftsabbrüche pro gebärfähige Frau vor: Im Jahr 2007 wurden in der Schweiz 10 525 Schwangerschaftsabbrüche gemeldet. Die Abbruchrate beträgt demzufolge 6,5 Fälle je 1000 Frauen im gebärfähigen Alter.

Zwei naheliegende Schlussfolgerungen liegen auf der Hand: Die eine findet sich in DIE ZEIT vom 16.3.2006 und lautet: Kinder lohnen sich im Hinblick auf Karriere, Urlaub und Rente nicht. Kinder «machen in einer Zeit der Beschleunigung und der Verdichtung langsamer». Langsamkeit jedoch ist in einer schneller werdenden Welt hemmend, was Kinder automatisch in die Rolle des Hemmschuhs im Hinblick auf Lebenserfüllung drängt. Konsequenz: Kinder zu bekommen ist nicht mit Glück, sondern mit Opfer gleichzusetzen. Der Nutzen für das Gemeinwohl stellt keinen Maßstab dar.

Die andere – optimistische – Schlussfolgerung stammt von Horst W. Opaschowski (in: Stiftung für Zukunftsfragen; Vorstellung des Buches «Deutschland 2030. Wie wir in Zukunft leben») und lautet: «2030 wird die Familie kein Auslaufmodell sein. Und Konsum oder Kinder ist dann auch keine wirkliche Alternative mehr. Wenn sich die Einstellungsänderungen der jungen Generation weiter stabilisieren, werden vielleicht schon im Jahr 2020 drei Viertel der jungen Leute für die Gründung einer eigenen Familie votieren. Und im Jahr 2030 können es achtzig Prozent der unter 34-Jährigen sein, die sich vom Singledasein und der Kinderlosigkeit verabschieden.»

Fazit:

Werden neueste Zahlen aus 2007 und 2008 hochgerechnet, ergibt sich zum Thema Ehe und Familie ein sehr widersprüchliches Bild. Es bleibt unsicher, ob es in der Tat in den kommenden Jahren zu «einem massenhaften Ausstieg aus dem Lebenskonzept der Familie» kommen wird oder ob eher, wie Opaschowski andeutet, das Gegenteil eintreten wird. Dann ließe sich von einer Wiederentdeckung von Ehe und Familie reden.

1. Die Ebene der Fakten und Zahlen – Eine Auswahl

> *Gesellschaftsbereich 3: Bildung*

Die Grundbotschaft:

Bildungsresistenz in unterprivilegierten Bevölkerungsschichten – Fachkräftemangel in anspruchsvollen Berufen

Bildung sei «die soziale Frage des 21. Jahrhunderts» und das «Fundament für die Zukunft unserer Gesellschaft». So und ähnlich lesen wir heute in politischen Grundsatzprogrammen. Das Thema Bildung ist «Megathema» (Altbundespräsident Roman Herzog in seiner präsidialen Rede am 5. November 1997). Im Oktober 2008 ruft die Bundeskanzlerin Angela Merkel die «Bildungsrepublik Deutschland» aus.

Thematisiert wird Bildung seit Jahrzehnten, genau genommen seit dem Vorstoß von Georg Picht im Jahr 1963, als dieser öffentlich von der sog. *Bildungskatastrophe* zu sprechen begann (der Schwerpunkt seiner Anklage lag im Mangel an akademisch gebildeten Menschen). Die Dramatik hat sich im Laufe der vergangenen Jahre trotz unübersehbarer Zunahme der Studentenzahlen verschärft. Von «Bildungskatastrophe» wird sowohl in Bezug auf den ungedeckten Bedarf an Fachkräften als auch – diese Diskussion kam später hinzu – in Bezug auf die Bildung in zunächst bildungsfernen Bevölkerungsschichten gesprochen.

Zum ungedeckten Bedarf an Fachkräften: Laut einer Studie im Oktober 2008 («Recruiting Trends 2008 Schweiz») existieren im Bereich qualifizierte Arbeitskräfte bei jedem vierten Job Einstellungsschwierigkeiten. Bei rund 4 % aller Stellen gilt eine Besetzung innerhalb nützlicher Frist gar als unmöglich. Laut Focus online am 20.8.2007 kostet der Mangel an Fachkräften Deutschland bis zu einem Prozent des Bruttoinlandsprodukts. Allein für 2007 sind das mehr als 20 Mrd. Euro Einnahmeverlust. Besonders schwerwiegend ist der «Fachkräfteschwund» laut dem Kompetenz- und Beratungszentrum für Informatikunterricht der ETH Zürich im Bereich IT. Mindestens so bedeutungsvoll ist der Umstand, dass wir angesichts bevorstehender Pensionierungen europaweit auf einen Lehrermangel in ungeahntem Ausmaß zugehen. In Deutschland beispielsweise sind im Jahr 2008 60 % der Lehrer älter als 50 Jahre. Pro 100 ausscheidende Lehrer stünden allerdings bloß 60 neue Lehrerinnen und Lehrer bereit (Thüringischer Lehrerverband im September 2008). Fachkräftemangel herrscht laut einer McKinsey-Studie schließlich auch im Bereich Behörden. Dieser Mangel drohe in besonderer Weise ab dem Jahr 2011.

Was die Bildung im Bereich der Minderprivilegierten betrifft, so sprechen Zahlen eine deutliche Sprache: Bundesweit kann jeder 10. Jugendliche keinen Schulabschluss vorweisen. In Deutschland leben 4 Mio. Analphabeten. Jedes Jahr kommen rund 400 000 junge Menschen hinzu, die nicht in der Lage sind, richtig zu lesen, zu schreiben und zu rechnen. Im Jahr 2005 hatten 246 000 Jugendliche keine Lehrstelle. Zur Faktenlage in einzelnen Großstädten Deutschlands: In Hamburg ist jedes 5. Kind mit 7 Jahren nicht reif für die Schule. In sozial schwachen Stadtteilen können 95 % der 4-jährigen Kinder schlecht oder gar nicht deutsch sprechen. In Berlin-Schöneberg bekamen von 50 Absolventen der Hauptschule 2005 drei eine Lehrstelle. In einem der Stadtviertel Berlins, dem Stadtteil mit der 2006 vieldiskutierten Rütlischule, verlässt jeder 3. Schüler die Schule ohne Abschluss. Die Ohnmacht von Lehrern wie auch von Eltern ist angesichts von Gewaltanwendungen offenkundig. Die Lehrer haben Angst, minimalste Regeln des Zusammenlebens einzufordern, die Eltern erscheinen ohnmächtig und die Schüler «zelebrieren», so wurde gesagt, «die Zukunftslosigkeit und ihr eigenes Scheitern».

Generell bestätigt das Deutsche Jugendinstitut in München, dass rund 10 % der Jugendlichen nach der Schule keinerlei ausbildungs- oder erwerbsbezogenen Anschluss realisieren können und in Folge dessen noch im zweiten Jahr nach der Schule ohne Ausbildung und Arbeit sind. Aufmerken lässt der Umstand, dass die Bundesagentur für Bildung jährlich 2 Mrd. Euro in Menschen investiert, die ohne Schulabschluss sind, also in die sog. Bildungsverlierer. Offen ist der Nutzen, der dadurch erzielt wird.

Fazit:

Der proklamierten Priorisierung von Bildung innerhalb unserer mitteleuropäischen Länder steht eine krasse Unfähigkeit zu wirklicher Bildung quer durch alle Bevölkerungsschichten gegenüber. Weder kann die Schule die Defizite der Familien noch die Familie die Defizite der Schule wirkungsvoll auffangen.

Gesellschaftsbereich 4: Die Welt der Arbeit

Die Grundbotschaft:

Trotz bemerkenswerter Abnahme von Arbeitslosigkeit in den Jahren 2007 und vor allem 2008 ruht die Zukunft auf ungewissen Prognosen – Der überforderte Sozialstaat

Das Jahr 2008 war zumindest bis kurz vor dessen Ende gekennzeichnet von grundsätzlich guten Nachrichten bezüglich Wirtschaftslage und aktueller Arbeitsmarktsituation. Über Deutschland war etwa zu hören (u. a. DIE ZEIT, 7.8.2008): «Noch nie waren in der Bundesrepublik so viele Menschen erwerbstätig wie heute, nämlich 40,2 Mio. Und seit langer Zeit waren nicht mehr so wenige Menschen arbeitslos. Ende Juni wurden 3,2 Mio. gezählt, so wenige wie seit 16 Jahren nicht mehr.»

Den Optimismus dämpfend wirkt allerdings die Aussage, dass in Deutschland nur 39 % der Bevölkerung Einkommen aus Arbeit bezieht und dass heute 7 Mio. Menschen in Abhängigkeit von Arbeitslosen- und Sozialhilfe («Hartz IV») leben. Wenn 1984 der Arbeitsmarkt den Staat gerade 3,8 % kostete, so sind heute für diesen Bereich 14,6 % des Gesamthaushaltes notwendig. 40 Mrd. Euro werden für sog. Langzeitarbeitslose ausgegeben. Man geht davon aus, dass in jedem 4. Fall ein Missbrauch vorliegt (Rheinischer Merkur, 1.6.2006).

Zur Arbeitsmarktsituation zu Beginn des Jahres 2009: Die Arbeitsorganisation der Vereinten Nationen schätzt, dass die Finanz- und Wirtschaftskrise weltweit rund 50 Mio. Arbeitsplätze

kostet. Nachdem die Arbeitslosenzahl in Deutschland Ende 2008 auf knapp über 3 Mio. gesunken ist, rechnet man für Ende 2009 wieder mit einer Arbeitslosenzahl von 4 Mio. Menschen (Institut für Makroökonomie und Konjunkturforschung; DIE ZEIT, 19.2.2009).
Diese düstere Aussicht paart sich mit der Annahme, dass in 20 Jahren doppelt so viele Menschen den Arbeitsmarkt verlassen werden, als dann noch hineinwachsen. «Das ist keine fröhliche Zukunftsvorstellung – und kann eine Volkswirtschaft ebenso ruinieren wie der Spekulationskapitalismus» (DIE ZEIT, 19.2.2009).

Fazit:

Die Prognosen bezüglich Arbeitsmarkt sind düster. Festzustehen scheint, dass auch im Hinblick auf den Bereich Arbeitslose dem «großzügig umverteilenden Wohlfahrtsstaat (...) bereits der Totenschein ausgestellt werden muss» (Rheinischer Merkur, 8.12.2005).

Gesellschaftsbereich 5: Wirtschaft und Finanzen

Die Grundbotschaft:

Der Ausgang der Finanz- und Wirtschaftskrise ist unabsehbar – Die Verschuldung nimmt überhand

In den Monaten vor Ende 2008 und in den Monaten nach Jahresbeginn 2009 finden sich kaum Gesellschaftsanalysen, in denen nicht die Rede von der allgemeinen Finanz- und Wirtschaftskrise, teilweise von einer Gesellschafts- und Kulturkrise, die Rede ist. Titel von Leitartikeln und dramatische Schlagzeilen übertreffen sich gegenseitig. Beispiele: «Die Weltwirtschaft auf der Kippe ...», so DIE ZEIT vom 12.6.2008. Oder: Die «Vierteljahrhundertparty», bei der «billiges Geld und staatliche Schuldenmacherei (...) den Wahn immerwährenden Wachstums förderten, ist vorbei» (DIE ZEIT, 13.11.2008). Die Finanz- und Wirtschaftskrise ist Resultat einer «Teil-Erblindung» und im Grunde ein «Rückfall in die Normalität» (Jean-Claude Junker im Rheinischen Merkur vom 11.12.2008).

In «Die Weltwoche» vom 31.1.2008 kündigt der amerikanische Ökonom Robert J. Shiller an: «Wir stehen an einem Wendepunkt von historischem Ausmaß.» Für ihn «ist es wie eine Fahrt mit einem Auto, dem das Benzin allmählich ausgeht. Man kommt zwar noch vorwärts, doch die Geschwindigkeit nimmt sukzessive ab. Der Stillstand ist unausweichlich.» Ähnlich bildhaft umschreibt DIE ZEIT vom 16.8.2007 vorausahnend: «Ist die Weltfinanzkrise eben schon überstanden? Nein (...) Sieht so eine weiche Landung aus? Es ruckelt und knallt, das Flugpersonal gerät in Panik, und der Kapitän muss die taumelnde Maschine mehrfach in gewagten Manövern abfangen. (...) Leider ist das Flugzeug noch nicht am Boden. Und so war das wohl nicht die letzte Krise, sondern das erste in einer Reihe von Schreckerlebnissen.»

Aufsehen erregend ist das staatliche Engagement in der nicht nur über die westliche Welt hineingebrochenen Finanzkrise. Täglich werden – zumindest in den angesprochenen Wintermonaten – neue Milliardenbeträge genannt, die Staaten in das Bankensystem und die lädierte Autoindustrie pumpen. Das starke staatliche Engagement im Bereich der Finanzen ist deshalb an Dramatik kaum zu überbieten, weil alle Neuverschuldung auf die bereits vorhandene Altverschuldung aufbaut. Bereits die Altverschuldung ist von der kommenden Generation kaum zu tragen. Dazu einige Fakten:

Der Rheinische Merkur vom 31.8.2006 berichtet lange vor der Finanzkrise, dass «die Staatsverschuldung in Deutschland gerade über die 1,5 Billionen Euro schwappt». Die Verschuldung erreicht «in Kürze 65 % des Bruttoinlandsproduktes». Unübersehbar ist die Zinsbelastung 2007. Diese bewegt sich im Bereich von 65,7 Mrd. Euro, was einer Verdoppelung in 13 Jahren gleichkommt. Die jährliche Neuverschuldung beträgt 23,2 Mrd. Euro. Im Jahr 2000 gab es in Deutschland 14 987 Euro Schulden pro Bewohner (Einwohnerzahl: 82 260 000), im

Jahr 2009 sind es 20 168 Euro (DIE ZEIT, 30.4.2009). Hinzu kommen 470 Mrd. Euro der Länder und 84 Mrd. der Kommunen, was zusätzlich zu folgender Verschuldung pro Einwohner führt: Bremen: 18 249 Euro; Berlin: 16 678 Euro; Hamburg: 11 872 Euro; Saarland: 8461 Euro; Hessen: 6251 Euro; Baden-Württemberg: 4271 Euro; Bayern: 3039 Euro (Quelle: Rheinischer Merkur, 20.4.2006).

Ein Blick in die Schweiz ergibt folgendes Bild zum Thema Verschuldung von Bund, Kantonen und Gemeinden (siehe www.efv.admin.ch): Verschuldung 1970: 36 313 000 (davon Bund: 11 284 000). Verschuldung 1980: 77 080 000 (davon Bund: 31 680 000). Verschuldung 1990: 98 044 000 (davon Bund: 38 509 000). Verschuldung 2000: 207 500 000 (davon Bund: 105 333 000). Verschuldung 2005: 252 605 000 (davon Bund: 129 505 000). Für die Schweiz belegen bereits ältere Zahlen die horrende Zunahme der Verschuldung von Bund, Kantonen und Gemeinden: Diese nämlich hat sich beispielsweise in der Zeit von 1990 bis 1997 auf 191 Mrd. Franken verdoppelt.

Wenn bezüglich des Staates von einer unübersehbaren Alt- und Neuverschuldung die Rede ist, dann darf auch die Verschuldung von Einzelpersonen nicht übersehen werden. Aufmerksamkeit erregend ist beispielsweise eine Studie zur Verschuldung von Jugendlichen bzw. jungen Erwachsenen. Laut Bundesamt für Justiz (Schweiz, Juni 2007) sind 38 % der Personen zwischen 18 und 24 Jahren verschuldet. Rund die Hälfte davon hat Schulden von bis zu 1000 SFr. 25 % haben Schulden in der Größenordnung von 1000 bis 2500 SFr. Die restlichen 25 % schließlich liegen mit ihren Schulden über 2500 SFr. Bei rund jeder 7. Person ist die Verschuldung höher als das eigene Monatsgehalt.

Fazit:

In keinem Gesellschaftsbereich wird ab Herbst 2008 derart deutlich, wie instabil die Grundordnung der modernen Welt geworden ist. Es geht – so die Deutung – um die erste wirklich große Krise der Globalisierung. Von der Notwendigkeit einer neuen Weltfinanzarchitektur und einer neuen finanziellen Weltordnung ist die Rede. Fundamentale Einschnitte in die gesellschaftlichen und kulturellen Selbstverständlichkeiten sind die Folge.

> *Gesellschaftsbereich 6: Der heutige Staat und wie wir zu ihm stehen*

Die Grundbotschaft:

Der Staat als Garant für innere und äußere Sicherheit wird unsicherer – Der Sozialstaat an der Grenze

«Das goldene Zeitalter des Staates geht zu Ende.» So schreibt DIE ZEIT vom 13.7.2006. In der gleichen Wochenzeitung (Ausgabe vom 27.3.2008) weist Michael Naumann auf eine «diffuse Unzufriedenheit der Bürger mit dem Staat» hin. Der alte Staat sei, so die Diagnose noch vor dem Finanzkollaps im Herbst 2008, in Bezug auf Gerechtigkeit und Sicherheit erschöpft. Im Rheinischen Merkur vom 17.7.2008 ist nicht nur von einer Politikverdrossenheit, sondern von «Politik- und Politiker*verachtung*» die Rede. Man unterstelle Abgeordneten «rücksichtslose und instinktlose Raffgier». Gesine Schwan, ehemals Kandidatin für das Amt des Bundespräsidenten, schreibt in ihrem Buch «Politik und Schuld», dass in Deutschland «eine deutliche Skepsis gegenüber der Stabilität der Demokratie» spürbar sei.

Wenn die Frage gestellt wird, «was die Deutschen zufrieden macht», stoßen wir auf «erschreckende» Aussagen bezüglich der Grundhaltung zu unserem politischen System (DIE ZEIT, 19.2.2009): Auf einer Zufriedenheitsskala von 0 bis 10 konnten Lebensbereiche wie Familienleben, Freundes-/Bekanntenkreis, Lebensstandard, Freizeit, Arbeit, Gesundheit, Kinderbetreuung, Haushaltseinkommen *und Demokratie* eingeschätzt werden. Während die allgemeine Lebenszufriedenheit auf dieser

Skala in den alten Bundesländern durchschnittlich den Wert von 6,9 und in den neuen Bundesländern den Wert von 6,3 erreicht, so sind es im Bereich Familienleben 7,5/7,4, im Bereich Freundes-/Bekanntenkreis 7,4/7,3, im Bereich Lebensstandard 7,1/6,6, im Bereich Freizeit 7,0/6,7, im Bereich Arbeit 6,9/6,8, im Bereich Kinderbetreuung 6,5/7,0, im Bereich persönliches Einkommen 6,3/5,6. Der Zufriedenheitsindex bezüglich «Demokratie» jedoch betrug – weit abgeschlagen – in den alten Bundesländern 5,2 und in den neuen Bundesländern 3,9. Deutlicher kann die Haltung des Bürgers zu seinem Staat nicht markiert werden.

Weitere Zahlen, die in der Regel angesichts von Kritik am Staat angeführt werden, betreffen vor allem die zunehmende Bürokratisierung des Staates. Im Jahr 1913 gab es in Deutschland pro 1000 Einwohner 10 Staatsdiener; heute sind es 60 Beamte auf die gleiche Anzahl Bürger. Der Staat ist der größte Arbeitgeber in Deutschland (40 % der Staatskosten betreffen die Gehälter der Beamten).

Der Staat hat unaufgebbare Kernaufgaben. Dazu gehören: die innere und äußere Sicherheit, das Garantieren von Freiheit und die soziale Absicherung. Was Letztere betrifft, scheinen sich in den vergangenen Jahren Ungleichgewichte aufgebaut zu haben. Es ist die Rede vom «asozialen Sozialstaat» (DIE ZEIT, 26.6.2008). In Deutschland fließen «über 40 % des Bruttolohnes in die Sozialkassen. Millionen Armen nützt das aber wenig». Jeder 6. Bundesbürger gilt inzwischen als arm, obwohl der Sozialstaat pro Jahr 700 Mrd. Euro verteilt. Zwischen 1989 und 2005 stieg der Anteil der sog. Armen in der Bevölkerung von 12 auf 18 % (Definition Armut: Einkommen unter 781 Euro im Monat). Unter die Armutsgrenze fallen jeder 2. Arbeitslose, jede 3. Alleinerziehende (ein Fünftel der «neuen Armen» sind Alleinerziehende) sowie jeder 3. Einwanderer. Dass die Schweiz in diesem Zusammenhang kaum besser dasteht, geht aus einer Reihe von Recherchen der Weltwoche in den Jahren 2007 und 2008 hervor. Motto: «Die Sozialhilfe rentiert» (Die Weltwoche, 14.2.2007). Im Jahr 1970 betrugen die Ausgaben für die soziale Sicherheit in der Schweiz 11,2 Mrd. SFr., 1990 waren es

64,5 Mrd. und 2004 bereits 131,8 Mrd. Der Anteil dieser Ausgaben am Bruttoinlandsprodukt stieg von 11,4 % im Jahr 1970 auf knapp 20 % im Jahr 1990. Im Jahr 2004 erreichte die Quote 29,6 %.

Fazit:

Das Verhältnis zwischen Staat und Bürger ist klärungsbedürftig. Die Zukunft der Demokratie und des Sozialstaates ist keinesfalls selbstverständlich. Wenn davon ausgegangen werden muss, dass in besonderer Weise die Staatsform der Demokratie fundamental auf einer positiven Gestaltung der Beziehung zwischen Bürger und Politik aufbaut, dann ist Handlungsbedarf unübersehbar. Der demokratische Staat ist – auf sich selbst gestellt – überfordert.

Gesellschaftsbereich 7: Christentum und Kirche

Die Grundbotschaft:

Zunahme von Spiritualität und Religion – Abnahme kirchlicher Bindung

Je moderner eine Gesellschaft wird, so lautet lange Zeit das Credo einer säkularisierten Gesellschaft, desto überflüssiger ist Religion. Überraschend bis verblüffend ist deshalb die Beobachtung, dass so etwas wie eine «Renaissance der Religion» stattfindet. Dass parallel dazu ein Wiedererwachen eines offensiven und teilweise aggressiven Atheismus (Richard Dawkins u. a.) beobachtbar ist, erstaunt nur zum Teil.

Religiosität sei «Megatrend», bestätigt das Projekt der Bertelsmann Stiftung «Die Rolle der Religion in der modernen Gesellschaft». Eine Fülle von Informationen finden sich im groß angelegten «Religionsmonitor». Beispielhafte Beobachtungen für das Jahr 2009 sind etwa:

- In den beiden großen deutschen Landeskirchen (evangelisch und katholisch) sind je rund 25 Mio. Menschen beheimatet. Ungefähr 1,5 Mio. Menschen bekennen sich zum orthodoxen Christentum. Etwa 3,5 Mio. Menschen bekennen sich zum muslimischen Glauben. Zudem leben in Deutschland rund 300 000 Buddhisten und 100 000 Hinduisten.
- Überraschend ist vor allem die Feststellung, dass 2009 70 % der deutschsprachigen Bevölkerung sich als religiös bezeichnen (52 % religiös, 18 % gar «hochreligiös»). Für 15 Mio. Menschen bildet Religiosität ein «Koordinatensystem des persönlichen Lebens» (Martin Rieger, Leiter des Projektes; Rheinischer Merkur, 22.1.2009). Die sichere Schlussfolgerung: Deutschland ist kein atheistisches Land.
- Interessant ist, dass es zwar Unterschiede zwischen Männern und Frauen gibt, dass es aber keine bemerkenswerten Unterschiede zwischen Älteren und Jüngeren gibt. Bei der jüngsten befragten Altersgruppe zeigt sich gar ein stärkerer Glaube an ein Leben nach dem Tod als bei der Altersgruppe der über 60-Jährigen.
- Von den Zuwanderern engagieren sich 43 % in religiösen Organisationen. Dies ist deshalb von Bedeutung, weil in einzelnen Bundesländern (Deutschland) bis zu 75 % der Menschen einen Zuwanderungshintergrund haben.

Auffällig bei der Betrachtung solcher und ähnlicher Fakten ist, dass zwar Religiosität und Spiritualität tatsächlich so etwas wie einen Boom oder eine Renaissance erleben, dass dies aber keine unmittelbar positiven Folgen für die Kirchen hat. Man spricht sogar von einer «Auswanderung» aus einer «spirituell erschöpften Kirche» (Paul M. Zulehner, Rheinischer Merkur, 22.1.2009). Bei einer Repräsentativumfrage «Perspektive Deutschland» im Jahr 2004 erklärten 58 % der Deutschen, der katholischen Kirche nicht oder «eher nicht» zu vertrauen. 39 % der evangelischen Christen «misstrauen» ihrer Kirche. Laut einer Studie von McKinsey wird die Zahl der Katholiken bis ins Jahr 2025 um 15 bis 20 % sinken. Die Zahl der Priester verringert sich um die Hälfte. Dies ergibt, dass die «konfessi-

1. Die Ebene der Fakten und Zahlen – Eine Auswahl

onslos Gläubigen» einen Anteil von 32 % in unserer Gesellschaft ausmachen.

An dieser Stelle lohnt sich ein kurzer Blick über den Gartenzaun. Vor allem Philip Jenkins versucht in seinem Buch «Die Zukunft des Christentums» eine «Analyse zur weltweiten Entwicklung im 21. Jahrhundert» (so der Untertitel). Aufrüttelnd und schockierend sind seine Aussagen: «Das Zeitalter des westlich geprägten Christentums wird noch zu unseren Lebzeiten zu Ende gehen und das neue Zeitalter des ‹südlichen Christentums› bricht an» (S. 14). Die Zentren sind nicht (mehr) Rom, Genf, London, New York, sondern «Kinshasa, Buenos Aires, Addis Abeba und Manila» (S. 12). Konkrete Zahlen: Laut der «World Christian Encyclopedia» gibt es heute etwa 2 Mrd. Christen weltweit. Der größte Teil mit 560 Mio. findet sich in Europa, dicht gefolgt von Lateinamerika mit 480 Mio. Afrika zählt 360 Mio., Asien 313 Mio. und Nordamerika 260 Mio. Werden «größere Zugewinne (Erweckungen) oder Verluste unberücksichtigt gelassen, ist für das Jahr 2025 weltweit eine Zahl von 2,6 Mrd. zu erwarten, «von denen 633 Mio. in Afrika leben, 640 Mio. in Lateinamerika und 460 Mio. in Asien». Europa wird bereits zu diesem Zeitpunkt mit 555 Mio. den dritten Platz einnehmen. Noch ein Fünftel der Christen wird dann europäischer Abstammung sein.

Fazit:

Es ist deutlich, dass die organisierten Formen der Religion zunehmend Schwierigkeiten haben, die religiösen Bedürfnisse der Bevölkerung aufzunehmen bzw. zu prägen. Nicht nur «der Niedergang des Westens» (Jan Roß), sondern auch der Rückgang organisierten Christentums ist bemerkenswert.

2. Die Ebene der Deutungen und Interpretationen

Fakten und Zahlen werden wertlos, wenn sie nicht eingeordnet, gedeutet und interpretiert werden. Es scheint sich zumindest im säkularen Bereich angesichts der Informationsüberflutung eine sich neu entflammende Sehnsucht nach Orientierungswissen zu zeigen. Dabei werden Fakten in einen größeren Rahmen gestellt und vor allem größere Linien von der Vergangenheit in die Zukunft gezogen. Deutungen haben immer den Zweck,

- *zu erklären:* Bestimmte Fakten und Ereignisse werden in kausale Zusammenhänge gebracht. Erklärungen zeigen auf, warum eine Sache oder Situation so ist, wie sie ist. Viele Menschen verstehen Dinge, sobald gesagt werden kann, wie diese ursächlich zusammenhängen. Fakten werden dann fassbar und verwertbar.
- *vorauszusagen und vorauszuahnen:* Wer ein klares Bild von der Wirklichkeit hat und diese aus einem geschichtlichen Gewordensein heraus versteht und einordnet, kann erahnen, wie eine künftige Entwicklung, zwar niemals zwingend, aber doch mit einer gewissen Wahrscheinlichkeit, verlaufen wird. Im besten Fall sind plötzlich viele Zahlen und Fakten «logisch», da sie sich in eine voraussehbare Reihe einordnen. Überraschungen bleiben buchstäblich «im Rahmen».
- *Veränderungen vorzunehmen:* Wer Ursachen kennt und wer Entwicklungen vorausahnt, kann letztere beeinflussen. Beispiel: Wenn eine Zunahme von Religiosität und eine gleichzeitige Abnahme der Akzeptanz von kirchlichen Organisationen konstatiert wird, scheint weniger eine vertiefte Begründung des Glaubens als vielmehr ein gutes und differen-

ziertes Umgehen mit der Spannung von persönlichem Glauben und gemeinschaftlicher Lebensweise vonnöten zu sein.

Im Folgenden stellen wir zwei mögliche Deutungshorizonte vor. Solche Graphiken, Bilder und Modelle decken zwar keinesfalls alle genannten Fakten ab. Sie bringen lediglich Dinge auf den Punkt und legen – gerade aufgrund ihrer Einfachheit – nahe, worum es in Zukunft gehen könnte und verstärkt gehen müsste.

2.1 Zwei Versuche, die Zeit in eine Graphik zu fassen

Die *Wohlstandskurve* hat sich in den Jahren vor 2009 auf Rekordhöhe gesteigert. Es sind gute Jahre, die seit dem 2. Weltkrieg hier in Westeuropa, insbesondere auch in Deutschland und der Schweiz, hinter uns liegen. Es gab in der Weltgeschichte keine Zeit und es gibt auf der ganzen Welt keinen Ort, an dem es wohlstandsmäßig Menschen im Durchschnitt

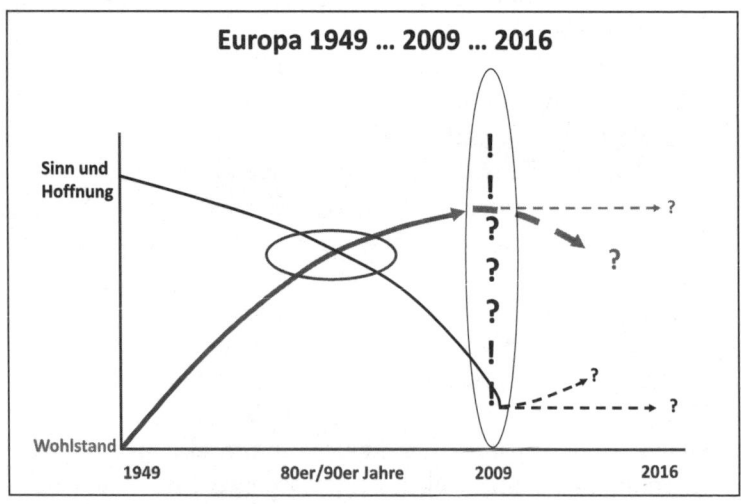

Abbildung 3: Die Wohlstands-Hoffnungkurve

2. Die Ebene der Deutungen und Interpretationen

so gut ging bzw. geht wie den Menschen im heutigen Mitteleuropa. Die Zunahme des Wohlstandes ist messbar etwa an verfügbaren finanziellen Ressourcen eines Privathaushaltes, an der (verhältnismäßig geringen) Lebensarbeitszeit oder an den vorhandenen Freizeitoptionen.

Drastisch weniger erfreulich verläuft die Kurve, mit Hilfe derer die *Sinn- und Hoffnungsperspektive* innerhalb unserer Gesellschaft veranschaulicht werden kann. Diese Kurve war nach dem Drama des 2. Weltkrieges vor etwas mehr als 60 Jahren sehr hoch. Inhalt der Sinn- und Hoffnungsperspektive, die allem damaligen Denken und Handeln zugrunde lag, war unübersehbar: «So etwas wie das soeben zu Ende gegangene Drama darf in der Geschichte der Menschheit nie mehr vorkommen!» Diese Überzeugung war Anlass, dass Menschen nächtelang um Zukunftsperspektive und um eine langfristige Grundordnung von Staat und menschenwürdiger Gesellschaft rangen. Höhepunkt dürfte, was Deutschland betrifft, die Konferenz von Herrenchiemsee im August 1948 gewesen sein. Es gab zu diesem Zeitpunkt kein Deutschland, es gab keine Regierung, es gab keinen Staat. Der Auftrag an die 33 Konferenzteilnehmer lautete entsprechend, das deutsche Staatswesen neu zu erfinden. Ergebnis: Das vom parlamentarischen Rat am 23. Mai 1949 verabschiedete deutsche Grundgesetz.

Atmosphärisch scheinen wir heute an einer völlig anderen Stelle zu stehen. «Die jungen Leute», so Christian Graf von Krockow in seinem Buch «Die Zukunft der Geschichte. Ein Vermächtnis», wissen «sehr gut, was sie brauchen, um ihr Leben zu bestehen, nämlich den Umgang mit Computer und Internet (...) Die Wissensgesellschaft, in der sie einmal leben sollen, richtet sich, so scheint es jedenfalls, technisch beflügelt zur Zukunft und hat mit dem Vergangenen nichts mehr zu tun.» Der Gesellschaftshistoriker Francis Fukayama sprach 1989 vom «Ende der Geschichte». Weder Vergangenes noch Künftiges benötigt in der Folge Konturen. Es genügt das Gegenwärtige. 20 Jahre nach 1989 bzw. nach der Proklamation des Endes der Geschichte muss die Frage erlaubt sein, ob wir als mitteleuropäische Gesellschaft noch imstande sind, von «unserer Fukayama-Stunde», dem Leben im Dämmerzustand, aufzuwachen (DIE ZEIT, 19.2.2009).

Das eigentlich *Dramatische* an dem oben gezeigten Bild ist die weltgeschichtlich mehrfach belegte Gesetzmäßigkeit, dass da, wo der Kern einer menschlichen Gemeinschaft bzw. Gesellschaft ausgehöhlt ist und Sinn- bzw. Hoffnungsperspektiven fehlen, es nur noch eine Frage der Zeit ist, wann die äußeren Umstände (insbesondere der Wohlstand) in sich zusammenbrechen. Beispiele dafür finden sich u. a. in dem von Alexander Demandt herausgegebenen Buch «Das Ende der Weltreiche» oder bei Meinhard Miegel und Stefanie Wahl in ihrem Buch «Das Ende des Individualismus. Die Kultur des Westens zerstört sich selbst».

Bedenkenswerte Schlussfolgerungen bzw. Fragen aus diesem Deutungsrahmen könnten sein:

- Wo und wie kann es gelingen, der von Fatalismus geprägten Mentalität zu entgehen, dass Sinn- und Hoffnungsperspektiven im Grunde genommen hoffnungs- und sinnlos sind?
- Wo und wie kann es dazu kommen, dass Menschen und auch Christen aus ihrer «Fukayama-Stunde», also der Mentalität, in der «das Ende der Geschichte» angenommen und reglosmatt abgewartet wird, herausfinden? Gibt es heute eine Chance zu so etwas wie einem «Geist von Herrenchiemsee» als Hoffnungs- und Aufbruchsgeist? Wenn ja: Wie?
- Wo und wie gestalten wir Orte, die von Hoffnungs- und Sinnperspektiven gekennzeichnet und geprägt sind und von denen aus Hoffnungs- und Sinnperspektiven ausgehen – nicht nur zur eigenen Auferbauung, sondern für diese Welt?

Uns scheint, als würden unserem Kontinent nach den ersten 10 Jahren des 21. Jahrhunderts Orte fehlen, an denen Menschen Hoffnung empfangen und Hoffnung tanken können.

Spätestens seit dem Zeitpunkt, als Peter Gross sein Buch mit dem Titel «Multioptionsgesellschaft» veröffentlichte, können wir nachvollziehen, dass die unzähligen Lebens- und Hand-

2. Die Ebene der Deutungen und Interpretationen   43

Kurzer Abriss der letzten 60 Jahre

[Diagramm mit vier Linien: Sicherheit Staat, Sicherheit Religion, Sicherheit Arbeit, Sicherheit Ehe, auf Zeitachse 1950, 1968, 1989, 2007, 2008, 2009, 2030]

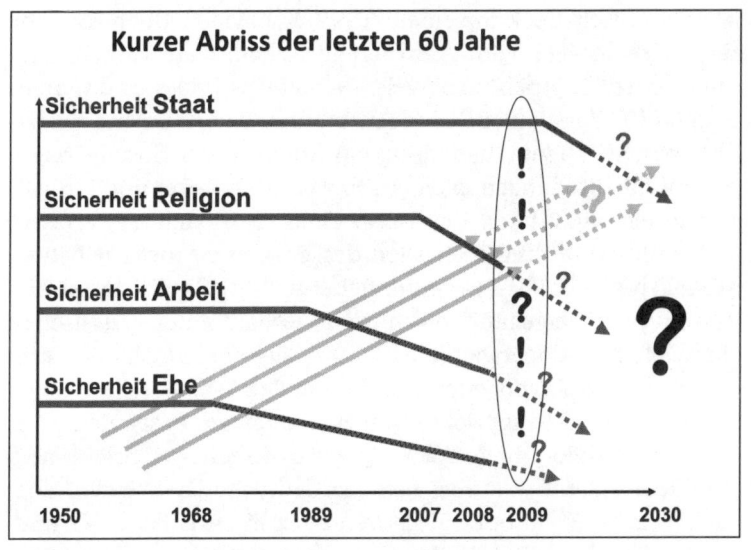

Abbildung 4: Vier Unsicherheiten

lungsvarianten nicht nur ersehnte Freiheit, sondern auch bedrückende Lähmung und Unsicherheit zur Folge haben können. In der oben gezeigten Abbildung verdeutlichen wir vier fundamentale Unsicherheiten und ordnen diese je einer Jahreszahl zu. Die horizontale Achse ist die Zeitachse, die vertikale Achse zeigt das Maß der Sicherheit.

Auffällig ist, dass bis rund um das Jahr 1968 kaum Menschen die Selbstverständlichkeit der Ehe als gesellschaftsschaffende und gesellschaftstragende Institution in Frage gestellt haben. Dies hat sich geändert. Nach dem Jahr 1968 bzw. nach den unmittelbar darauffolgenden Jahren benötigt jemand gute Gründe für sich und sein Umfeld, wenn er bzw. sie bis zur öffentlichen Eheschließung vor Staat und Kirche keine eheähnliche Beziehung eingeht. Begründungsbedürftig ist zudem, wenn diese Ehe lebenslänglich, also in Höhen und Tiefen, Bestand haben soll und eine Trennung nicht in Erwägung gezogen wird.

Analoges kann von der Welt der Arbeit gesagt werden. Ein Einschnitt scheint hier das Jahr 1989 gewesen zu sein. Ab hier spricht Ulrich Beck in seinem 1999 erschienen Buch «Schöne neue Arbeitswelt» vom Anbruch «brasilianischer Verhältnisse» auch in der europäischen Welt. Gemeint ist, dass es durchaus normal ist, dass jemand eine Ausbildung beispielsweise als Bäcker macht, dieser Ausbildung ein Studium der Sozialpädagogik anschließt, danach in einem Reisebüro arbeitet und schließlich in einem anderen Land sein Geld als Taxifahrer verdient. Die Kontinuität und Sicherheit des Berufes ist nicht selbstverständlich und in diesem Sinne sichergestellt. Begründet ist dies sowohl durch eigenen Entschluss innerhalb einer Gesellschaft der vielen Optionen als auch durch äußere Umstände (z. B. Konkurs einer Firma oder Kündigung der Arbeitsstelle).

Eher (noch) ungewohnt ist eine analoge Feststellung im Bereich Religion und Staat. Die zunehmende Unsicherheit, ob Deutschland – etwas weniger deutlich die Schweiz oder Österreich – in 30 oder 50 Jahren ein von christlichen Grundwerten geprägtes Land sein wird, hat gute Gründe. Zum einen verrät uns ein Blick in den Osten Deutschlands, dass eine Verpflichtung auf christliche Grundwerte keineswegs selbstverständlich ist. Zum andern zeugen die Diskussionen rund um eine zumindest teilweise Einführung der Scharia als Rechtsgrundlage für muslimische Bürger in England und der Schweiz davon, dass es keineswegs so sicher ist, dass bisher gängige Annahmen (die Schweiz und Deutschland als unhinterfragt dem Christentum und den Menschenrechten verpflichtete Länder) auch künftig selbstverständlich sein werden.

Was den Staat betrifft, so ist seit ungefähr Mitte der 80er-Jahre in Deutschland die Rede von der sog. Unregierbarkeit von Großstädten. Dass auch Länder an die Grenze der Regierbarkeit kommen können, wussten wir eher von Kontinenten wie Afrika oder Asien. Dass solche Möglichkeiten auch in Europa denkbar sind, zeigten in den vergangenen Jahrzehnten insbesondere das ehemalige Jugoslawien oder Irland. Die Ahnung einer gewissen Unsicherheit auch in mitteleuropäischen Ländern wird zum einen von demographischen Entwicklungen, insbesondere was die Migration betrifft, und zum andern von der vorstellbaren Möglichkeit einer Parallelgesetzgebung genährt (in der Schweiz wurde die Diskussion der Parallelgesetzgebung von Christian Giordiano, Professor für Sozialanthropologie in Freiburg/CH mit dem Grundpostulat eines Rechtspluralismus zumindest für die Bereiche Zivil- und Familienrecht sowie für Finanzbelange Ende 2008 ausgelöst). Es scheint damit durchaus begründet zu sein, von einem Ende der Selbstverständlichkeit eines sicheren Staates zu sprechen.

Vor dem Hintergrund dieser beiden vereinfachenden Skizzierungen der Grundbefindlichkeit unserer Zeit lohnt es sich, zusammenfassend einige Stimmen aus der säkularen Welt zu Wort kommen zu lassen. Damit wird die Notwendigkeit umso ersichtlicher, nochmals tiefer zu schauen und «dahinter zu blicken», wie Karl-Heinz Michel in seinem unübertrefflichen Büchlein «Die Wehen der Endzeit» andeutet.

2.2 Einordnungshilfen vor säkularem Hintergrund

Weder ist es hilfreich, säkulare Literatur zu ignorieren, noch hilft es, sie zu überschätzen. Beiden Versuchungen sind Christen in der Vergangenheit da und dort erlegen. Uns scheint es elementar wichtig zu sein, einige Deutungen – auch wenn diese stets subjektiv und zeitgebunden sind – zur Kenntnis zu nehmen. Ein Statement beispielsweise von einem der bekanntesten französischen Philosophen weist ganz gewiss eine über das Jahr 2005 hinausgehende Bedeutung auf:

Jean Baudrillard kommentiert die Unruhen vom Herbst 2005 in Frankreich folgendermaßen (Rheinischer Merkur, 1.12.2005): «Nicht brennende Autos sind das Problem, sondern eine sich auflösende Gesellschaft ohne Bindekräfte. Die banalisierte Lebensweise hat keine Integrationskraft». «Ist», so fragt Jean Baudrillard, «unser ganzes abendländisches Modell in Auflösung begriffen?» Baudrillard kommentiert: «Nicht durch den 11.9.2001 oder brennende Autos in Frankreich, sondern von innen heraus ist unser Kontinent in Gefahr. (...) Der Europäer lebt im Exil von den eigenen Wurzeln (...) wir integrieren nicht einmal unsere eigenen Werte.» Abgeschlossen wird der Artikel nochmals mit einer sehr grundlegenden Frage: «Ist die westliche Welt seit 400 Jahren zum Scheitern verurteilt?» Diese Anfrage richtet sich an das gesamte Programm der Moderne mit den Grundpfeilern Freiheit, Fortschritt und Individualität.

Im Hinblick auf ein qualifiziertes Vor-Denken seien einige weitere, unsere Zeit deutende Zitate erwähnt. Klar: Solche oder ähnliche Zitate mögen einen fatalistischen Klang haben, uns deshalb abstoßen oder – mindestens so schlimm – in uns bloß das alte Vorurteil bestätigen, dass mit dieser Welt ohnehin «alles immer schlechter und schwieriger» wird. Trotzdem ist es an dieser Stelle und im Hinblick auf eine weitestgehend realistische Einschätzung unserer Zeit nicht akzeptabel, Stimmen von Menschen zu überhören, die als Historiker, Soziologen und Philosophen ihre Leidenschaft über Jahrzehnte hinweg dem Verstehen unserer Welt gewidmet haben. Vier beispielhafte Zitate:

- **Meinhard Miegel** (Sozialforscher sowie Leiter des Instituts für Wirtschaft und Gesellschaft; in: «Epochenwende. Gewinnt der Westen die Zukunft?» S. 9–11): «Die privilegierte Stellung des Westens wird es genauso wenig geben wie die privilegierte Stellung des Christentums. Der über Generationen gehaltene Vorsprung vor dem Rest der Welt hat den Westen müde und mürbe gemacht. (…) Der gesellschaftliche Zusammenhalt (…) die Sozialverbände und an ihrer Spitze die Familie, zerfällt. (…) Vor allem plagt den Westen der Zweifel an der Zukunft. Oft handelt er, als hätte er keine.» An anderer Stelle bemerkt der gleiche Autor (DIE ZEIT, 19.7.2007): Man wechselt in Deutschland «ein paar Zügel am Pferd aus, während die Fundamente ins Rutschen gekommen sind». Kleine Reparaturarbeiten an einem gefährdeten Gebäude also. «Die westliche Welt» treibe, so Miegel, «auf einen Punkt zu (…) mit erheblichen Funktionsstörungen in den frühindustrialisierten Ländern.»
- **Peter Sloterdijk** (Rheinischer Merkur, 18.8.2005): «Seit Jahrzehnten haben sich die Deutschen an einem paradoxen

2. Die Ebene der Deutungen und Interpretationen 47

Trainingsprogramm orientiert, das man als eine Art Unfitnesstraining begreifen muss. So kommt man fabelhaft außer Form.» Dieses Zitat meint in etwa, was oben die «Fukayama-Stunde» genannt worden ist und aus der es, soll ein größeres Fiasko verhindert werden, zu erwachen gilt.
- **Ulrich Beck** («Weltrisikogesellschaft», S. 391–393): Es ist «historisch beispiellos», was sich in den vergangenen 15 Jahren ereignet hat. Innerhalb der Zeitspanne von nur einer Generation hat sich «der anthropologische Kern» des westlichen Sittengesetzes (Zivilrecht, Familienrecht ...) nahezu vollkommen verändert. Dies betrifft die gängige Mentalität genauso wie die den Wandel mitmachenden Gesetzesbestimmungen. Nach dem 2. Weltkrieg «kam es zunächst zu einem Rollback, die Moralgewissheiten der Jahrhundertwende wurden reaktiviert (...) Erst mit dem Wirtschaftswunder der sechziger Jahre (...) und der Friedensordnung des Kalten Krieges öffnet sich der Raum für neue Individualisierungsschübe». Beispiele dafür: Friedensbewegung, Frauenbewegung, Ökologiebewegung, Homosexuellenbewegung, Multikulturalismus. Interessant ist, dass Ulrich Beck an dieser Stelle von einer «Inkubationszeit» spricht. Gemeint ist, dass alles, was heute ist, seine (möglicherweise nicht wahrgenommene) Geschichte hat. Es ist nicht so, dass beispielsweise die legale Trauung von homosexuellen Paaren (in der Schweiz seit 1.1.2007) plötzlich aus heiterem Himmel da war. Wer genau hingeschaut hätte, hätte diese Entwicklung vermutlich 30 Jahre davor erahnen können.
- **Jan Roß** («Was bleibt von uns? Das Ende der westlichen Weltherrschaft», S. 41): Vor dem Hintergrund, dass möglicherweise auf das amerikanische 20. Jahrhundert ein asiatisches 21. Jahrhundert folgt, beschreibt Jan Roß ein Europa, das «von Ohnmacht und Selbstzweifel berührt» ist. Er diagnostiziert (S. 43): «Der Glaubenseifer des Islams und die Wirtschaftskraft Asiens, die Menschen, die an unsere Tür klopfen, und die Waren, die auf unsere Märkte drängen – das ergibt ein Bild des Westens als einer flutbedrohten Insel.» Roß stellt dann die vordringliche Frage nach der «richtigen

Antwort» zum einen auf den Umstand, dass dem Westen «sein eigenes Projekt entgleitet», und zum andern auf die Tatsache, dass es in den letzten Jahren zu einem massiven Aufkommen einer dem Abendland zunächst fremdartigen Religion gekommen ist. Roß skizziert die beiden Alternativen: die Verteidigung einer säkularen Vernunft oder die Wiederentdeckung der christlichen Wurzeln des Abendlandes.

Die vier genannten Anmerkungen hinterlassen durchaus beängstigende Grundgefühle. Genannte wie auch andere Autoren bemühen sich darum, Perspektiven und Auswege aus der wenig hoffnungsvoll erscheinenden Welt aufzuzeigen. Jan Roß beispielsweise mahnt, erworbene Fähigkeiten etwa der dialogischen statt gewalttätigen Konfliktlösung zu praktizieren. Ulrich Beck sieht die Chance darin, Basisprinzipien und Basisinstitutionen einer gelingenden Gesellschaft neu ins Blickfeld zu bekommen (Beispiel: Gastfreundschaft). Meinhard Miegel wiederum plädiert für eine Neudefinition von Wohlstand. «Wohlstand», so meint Miegel («Epochenwende», S. 285), «das sind künftig Menschen, deren Lebenssinn über das Anhäufen materieller Güter hinausgeht». Ohne «diese neue Qualität des Wohlstandes sind rapide alternde, zahlenmäßig schwindende und abnehmend dynamische Gesellschaften trotz materiellen Reichtums arm». Alle Autoren dürften mit der Aussage Jean-Claude Junkers, Premierminister von Luxemburg und wie kaum ein anderer für ein lebensfähiges Europa engagiert, übereinstimmen, dass «die Zukunft dem Weiterdenkenden gehört» (Rheinischer Merkur, 28.6.2007).

3. Einordnungsversuch unter heilsgeschichtlichem Horizont

Wir leben in bewegter Zeit, in einer Zeit tiefgehender Umbrüche und in einer Zeit des Zerbruchs von Gewissheiten, die über Jahrhunderte hinweg als selbstverständlich galten. Es liegt nahe, zu vermuten, dass vergleichbare Erschütterungen – wenn überhaupt – im Abendland bisher nur in der Übergangszeit vom Mittelalter in die Neuzeit erlebt worden sind.

Um nicht voreiligen und oberflächlichen Interpretationen der heutigen Zeit zu verfallen, ist eine heilsgeschichtliche Einordnung unverzichtbar. Dabei ist zu sagen, was wir unter heilsgeschichtlicher Einordnung bzw. der Apokalyptik verstehen (Kap. 3.1). Da der Begriff «Endzeit» stark belegt ist, kommen wir nicht umhin, auf die Einordnung der sog. Endzeitreden Jesu einzugehen (Kap. 3.2). Abschließende Urteile über unsere Zeit sind – das würde solider Apokalyptik grundsätzlich widersprechen – nicht erlaubt. «Handelt, bis ich wiederkomme» (Luk. 19,13) und: «Erhebet eure Häupter» (Luk. 21,28), sagt Jesus zu seinen Jüngern. Damit ist klar: Heilsames Handeln und Leben bzw. die Anleitung dazu sind angesagt, weniger das Pochen auf bis in Details festgelegte und ohnehin oft schon festgefahrene Standpunkte (Kap. 3.3). Die Erwähnung eines mutmachenden Beispiels schließt den ersten Teil dieses Buches ab (Kap. 3.4).

3.1 Grundaussagen der Apokalyptik

Jesus selber lässt keinen Zweifel: Die Weltgeschichte hat Anfang und Ende. Letztes Lehrstück Jesu vor seiner Hingabe am Kreuz auf Golgatha betrifft das Thema dessen, was kommt, bevor das Ende dieser Welt eintreten wird. Wann genau dies sein wird, weiß «ganz allein» der Vater (Matth. 24,34–36). Eine Kirche ist schon aus diesem Gesichtswinkel betrachtet immer zukunftsorientiert. Eine Kirche, die nicht dieses Wiederkommen Jesu erwartet, hat ihren Kern und ihr Wesen verloren. Wo diese Erwartung allerdings klar ist, da wird es leichter, hinter die oberflächlichen Bewegungen unserer Zeit zu schauen und dasjenige wahrzunehmen, was sich in der Tiefe, also unter der Oberfläche und letztlich im Verborgenen, abspielt. Alles heute Wahrnehmbare findet eine wirklich befriedigende Einordnung nur und allein unter diesem Horizont. Das ist apokalyptisches Denken nicht in bedrohlichem, sondern in freiheitsstiftendem Sinn.

In biblischem Verständnis meint Apokalyptik das Aufdecken der verborgenen, tieferen Gründe und Kräfte der Weltgeschichte. Karl-Heinz Michel fasst in seinem eingangs erwähnten Büchlein vier Grundlinien bzw. Grundaussagen der Apokalyptik zusammen. Diese lauten (S. 16–27):

1. Es wird (in der Geschichte dieser Welt) immer wieder zu ähnlichen apokalyptischen Ereignissen kommen, in gesteigerter Form bis zum Ende.
2. Die ganze Menschheitsgeschichte bewegt sich auf ein Ziel zu: Weltgericht und Weltvollendung durch Gott.
3. In den sich steigernden apokalyptischen Ereignissen reift beides zur vollen Gestalt aus: das Böse wie auch die Gemeinde Jesu Christi.
4. Die Entfesselung des Bösen ist den Absichten Gottes eingeordnet und muss der Vollendung der Gemeinde dienen.

In diesem Zusammenhang erläutert Karl-Heinz Michel Hintergründe. Einige davon seien hier wiedergegeben:

Bereits in der Schöpfung geschah ein elementares Zurückweisen der Chaosmächte. In der Schöpfung selber wurde diesen Mächten Macht entzogen, so dass etwas «sehr Gutes» entstehen konnte. Im Auszug des Volkes Israels aus Ägypten offenbarte sich Gott als Gott der Geschichte – und damit als geschichts-

3. Einordnungsversuch unter heilsgeschichtlichem Horizont 51

mächtiger Gott. Auch hier ging es um Entmachtung scheinbarer Allmacht, nämlich des Pharao. Israel lernt wie kein anderes Volk, geschichtliche Ereignisse zu deuten und von Gott her zu verstehen. Wenn Gott handelt, geht es im Tiefsten immer um eine Auseinandersetzung mit widergöttlichen Kräften und Mächten. Wo Gott kommt, müssen widergöttliche Mächte weichen. Die Propheten hatten in diesen Zusammenhängen grundsätzlich drei Aufgaben: Zum einen ging es bei ihnen um eine *wache Wahrnehmung* der gegenwärtigen Ereignisse. Dann bestand ihr Auftrag darin, an das *bisherige Werk Gottes zu erinnern*. Schließlich oblag es ihnen, *das jetzt neue Wort Gottes* auszusprechen. Prophetie hilft damit elementar, mit heute aktuellen Wirklichkeiten umzugehen.

Kernmerkmal apokalyptischen Denkens ist das in unserem Zusammenhang bedeutungsvolle sog. Spiraldenken. Darauf bezieht sich in besonderer Weise Michels erster Grundsatz («Es wird [in der Geschichte dieser Welt] immer wieder zu ähnlichen apokalyptischen Ereignissen kommen, in gesteigerter Form bis zum Ende»). Das sog. Spiraldenken verschafft uns Zugang zum Verständnis der gesteigerten Wiederkehr der Dinge. Widergöttliche Mächte zeigen sich «in gesteigerter Gestalt wieder» (S. 19).

Bildlich die Spirale:

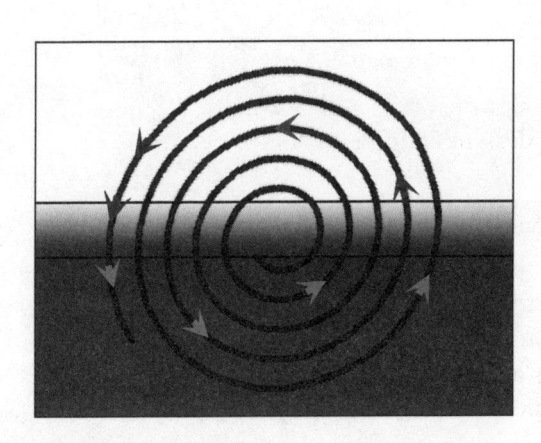

Abbildung 5:
Apokalyptik – Das Spiraldenken

Dazu folgende Erläuterung: Es gibt eine obere und eine untere Hälfte der Skizze. Die obere Hälfte meint die Lichtseiten der Weltgeschichte, die untere Hälfte die Schatten- bzw. die Dunkelseiten und Dunkelzeiten der Weltgeschichte. Dazwischen gibt es Übergangszeiten, angedeutet als Raum zwischen den horizontalen Linien. Lichtzeiten waren beispielsweise die Zeit Jesu, dann vermutlich die Zeiten der Renaissance im 15. Jahrhundert, der Aufklärung im 18. Jahrhundert oder eben die 2. Hälfte des 20. Jahrhunderts. Dunkle Seiten waren sicher erstmalig innerhalb der «Endzeit» (als Zeit nach dem Kommen Jesu) die Zeit der Zerstörung des Tempels in Jerusalem und der damit zusammenhängenden Verfolgungen. Später waren es das ausgehende Mittelalter (siehe die etwa ein Drittel der damaligen Bevölkerung wegraffende Pest), der Dreißigjährige Krieg, der Erste und sicher in besonderer Weise der Zweite Weltkrieg bzw. die Herrschaft des Nationalsozialismus vor und in der Zeit dieses Krieges.

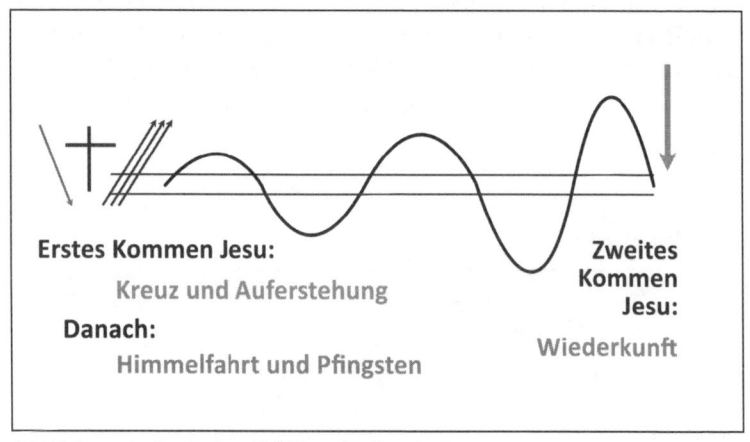

Abbildung 6: Apokalyptik – Das Wellendenken

Nun gibt es weitere «Bilder», die Analoges aufzeigen. Beispiel: das Bild der Wellenbewegungen. Helle und dunkle Zeiten wechseln sich – bis zur vollen Ausreifung des Bösen und der Gemeinde Jesu – ab.

3. Einordnungsversuch unter heilsgeschichtlichem Horizont

Rolf Hille nennt in diesem Zusammenhang als weitere Bilder das «Strukturmodell Wasserfall» und das «Strukturmodell Überblendtechnik» (Rolf Hille: «Lebendige Hoffnung und nüchterne Erwartung. Wege zum sachgemäßen Verständnis biblischer Apokalyptik», S. 70–72). Mit dem «Strukturmodell Wasserfall» meint er, dass die apokalyptische Schilderung der Weltgeschichte sich mit dem Verlauf eines Flusses, bei dem an einzelnen Orten Wasserfälle auftreten, vergleichen lässt. Nach solchen Wasserfällen geht der Fluss «für eine gewisse Zeitspanne» wieder «in ein scheinbar träges, fast strömungsloses Dahinfließen» über.

Beim «Strukturmodell Überblendtechnik» handelt es sich «um eine Projektion der Ewigkeit auf die Dimension der geschaffenen Zeitebene». Die jeweilige Perspektive der Propheten auf die Zukunft ist unterschiedlich. Vergleichbar wäre dies mit dem Blick auf eine Gebirgslandschaft, in der sich unterschiedlich hohe Bergzüge und Gipfel abwechseln. Je nach Richtung und Höhe nimmt der Betrachter die Gebirgsketten und Gipfel sehr unterschiedlich wahr. Abgründige Talschluchten und gewisse Gebirgsformationen können «gänzlich unsichtbar» bleiben, auch wenn sie real existieren und Menschen wie Umstände in ihren Bann ziehen.

Die vier genannten Modelle entbehren im Hinblick auf die Beurteilung unserer Zeit nicht der Dramatik. Sie versuchen, uns eine langfristig realistische Einschätzung der Zeit zu vermitteln. Eine deutliche Warnung wird in jene Richtung abgegeben, in der angenommen wird, dass da, wo «gute Zeiten» zur Selbstverständlichkeit geworden sind, es natürlicherweise und selbstverständlich so immer weitergehen wird. Alle biblisch orientierten Modelle enthalten die Logik, dass – vor der Wiederkunft Jesu – alle Zeiten mit einer Umkehr der Verhältnisse zu rechnen haben: Gute Zeiten kippen in schwierige Zeiten, auf schwierige Zeiten folgen entspannte Phasen. Es wird mehr und mehr notwendig sein, «apokalyptische Zeitansagen anlässlich konkreter historischer Fakten» zu machen. Solche Ansagen sind nicht bloße «Spekulationen, sondern theologisch legitime Erkenntnisse» (Rolf Hille, ebenda, S. 70). Ganz besonders hier halten wir eine solide Theologie für unverzichtbar.

3.2 In welchem Zusammenhang wir über die Endzeit lesen

Der Begriff Endzeit löst bei uns unterschiedliche Assoziationen aus. Ein Blick auf die Einordnung der letzten großen Reden Jesu lohnt sich. Dies ist nicht nur im Hinblick auf neue Einsichten im Zusammenhang mit der Deutung unserer Zeit wesentlich, sondern noch mehr *im Hinblick auf den Umgang mit der Zeit*, in der wir leben und in die wir uns einbringen – nicht als Opfer, sondern als Gestalter der Umstände.

Uns scheint es nicht zufällig zu sein, dass sowohl im Markus- wie im Lukas-Evangelium den (dramatischen) Reden Jesu über die Endzeit die Nennung eines aus der Sicht Jesu offenbar sehr existenziellen Geschehens vorausgeht. Das Ereignis in drei Phasen:

Phase 1: Jesus setzt sich mit den Schriftgelehrten und den Pharisäern auseinander. «Hütet euch», so schlussfolgert Jesus aus der Begegnung, «vor diesen Menschen», die «sich gerne mit tollen Kleidern sehen lassen», die «sich gerne grüßen lassen», die «die vordersten Plätze in den Synagogen einzunehmen lieben», die «bei den Mahlzeiten oben sitzen wollen», die «zum Schein lange Gebete formulieren» und «die auf Kosten von Witwen leben» (Mark. 12,38–40; Luk. 20,45–47).

Phase 2: Jesus setzt sich dem Opferstock des Tempels gegenüber und beobachtet eine zunächst ganz alltägliche Szene: Menschen gehen im Tempel ein und aus und legen beim Verlassen des Tempels eine Gabe in den Opferstock. Plötzlich ereignet sich allerdings etwas Bemerkenswertes. Und zwar derart bemerkenswert, dass Jesus seine Jünger unmittelbar zu sich ruft und ihnen zu sagen beginnt, was er gerade erlebt bzw. beobachtet hat.

Wir lesen (Mark. 12,41–44):

> 41 Und er setzte sich dem Opferkasten gegenüber und sah zu, wie die Leute Geld in den Opferstock warfen. Viele Reiche warfen viel ein.

3. Einordnungsversuch unter heilsgeschichtlichem Horizont

42 Da kam eine arme Witwe und warf zwei Münzen ein, also einen Groschen [was heute zwei Rappen bzw. einem Cent entspricht].

43 Und er rief seine Jünger zu sich und sagte zu ihnen: Es ist wahr, diese arme Witwe hat mehr eingeworfen als alle, die sonst noch etwas in den Opferstock eingeworfen haben.

44 Denn alle haben von ihrem Überfluss eingelegt, sie aber hat aus ihrem Mangel [Armut] alles, was sie hatte, nämlich ihren ganzen Lebensunterhalt, hergegeben.

Auffällig und beachtenswert ist:

- Merkwürdig scheint es nicht zu sein, dass «die Leute Geld in den Opferstock warfen». Auch nicht der Rede wert erschien es Jesus, dass «viele Reiche viel einwarfen». Existenziell bedeutsam gerade angesichts böser Zeiten ist das, was die Witwe tut: Sie gibt, was sie hat.
- Die Witwe scheint alles, was sie war und hatte, gegeben zu haben. Am Beispiel der Witwe zeigt Jesus, worauf es «in der Endzeit» im Tiefsten ankommt. Die Witwe hat – für unser westliches Denken zunächst nur sehr schwer nachvollziehbar – den Worten Jesu gemäß mehr gegeben als die Reichen. Sie nämlich hat ihren Lebensunterhalt, all ihre Habe, ihr ganzes Gut in den Opferstock gelegt. Interessant ist, dass dieses «ganze Gut» in der griechischen Sprache «bios» heißt. Wir kennen Begriffe mit dieser Wurzel (Beispiele: Biologie, Biographie). Die Witwe gab in Form der zwei kleinsten gängigen Münzen – so lässt sich schlussfolgern – alles: ihr ganzes Sein, ihre Geschichte (Biographie), ihr Leben (Biologie), sie gab «Leib und Seele». Sie vertraut, dass der, dem sie alles gibt, sie sieht und für sie sorgt.

Um den kommenden Zeiten vor allem da, wo die «apokalyptische Spirale» auf dunklere Abschnitte hinweist, gewachsen zu sein, ist die Frage, was wir zu geben bereit sind, offenbar entscheidend. Die Witwe hat es uns vorgelebt: Es geht um das Ganze, um die Hingabe nicht von etwas (das wir haben), sondern von uns selbst. Es geht um das Gleiche wie damals, als Jesus Petrus und Johannes rief, alles zu verlassen und ihm nachzufolgen. Dem reichen Jüngling rief er zu: «Verkaufe alles, was du hast». Und Jesus selber war bereit, das Vaterhaus zu verlassen, «Knechtsgestalt» anzunehmen und «gehorsam bis zum Kreuz» zu sein (Phil. 2,7–8). Das ist ungeteiltes, hingegebenes Leben, das Jesus selbst lebte und wozu er uns einlädt – wohl besonders vor zunehmend schwieriger werdenden Zeiten.

Phase 3: Jesus verlässt nach diesem Geschehen den Tempel in Richtung Ölberg. Zum Tempel zurückgewandt sagt er: «Seht ihr nicht dies alles?» Diese Frage ist der Einstieg in die Endzeitreden. Bemerkenswert ist in dem, was Jesus zunächst lehrt, dass kein Wort sich so oft wiederholt wie das Wort bzw. die Aufforderung «Sehet»: *Sehet zu, dass ihr nicht irregeführt werdet.* Oder: *Ihr jedoch: Sehet zu! Ich habe euch alles vorhergesagt!* Dann: *Sehet zu, wachet!* Wer, so ahnen wir, in diesem Sinne sehend ist, darf der sichtbaren, unmittelbaren und erlebten Wirklichkeit des Hier und Heute ins Auge sehen.

Was dann in den sog. Endzeitreden folgt, ist einzigartig und verbietet flache Schlussfolgerungen in Bezug auf heute. Natürlich ist es beängstigend, wenn nicht nur von einer Zunahme der Kriege, Erdbeben und kosmischen Erschütterungen die Rede ist, sondern auch von einer «Geistlosigkeit» und von einem «Überhandnehmen der Gesetzlosigkeit» und einer «Erkaltung der Liebe». Das Ereignis allerdings, das hinter und nach diesen Wirrnissen steht, ist unüberbietbar: Jesus selber, der wiederkommende Herr, «wird sich umgürten und sie heißen, zu Tisch zu sitzen. Er wird hinzutreten und sie bedienen» (Luk. 12,37). Auch die letzte Entfesselung des Bösen muss dazu dienen, dass die Gemeinde Christi «zu ihrer schönsten, vollkommenen Gestalt kommt». Das sind in der Tat «atemberaubende Aussagen» (Michel, S. 26). Die Endzeitreden legen hoffnungsvolle Spuren. Diesen zu folgen ist verheißungsvoll.

3.3 Das Gebot der Stunde: Sehet – und erhebet eure Häupter

Zielpunkt der (Endzeit-)Reden Jesu ist weniger das Wissen, wie weit die Weltgeschichte fortgeschritten ist, sondern die Anleitung, sich in bestimmten Zeiten heilsamen Lebens-, Denk- und Handlungsweisen zu verschreiben. Dies ist in Umbruchphasen aktueller als zu Zeiten, in denen die gesellschaftlichen Verhältnisse stabil zu sein scheinen.

Mindestens drei Dinge sind aufgrund vorangehender Beschreibungen und Erläuterungen bisher klar:

- Den Menschen geht es in Mitteleuropa heute und während der vergangenen 60 Jahre unvergleichlich gut. Es gibt allerdings eine Reihe von Hinweisen, die darauf schließen lassen, dass es in den kommenden Jahren und Jahrzehnten zu gravierenden Umbrüchen kommen könnte und aller Voraussicht nach kommen wird.
- Die Deutung des Zeitgeschehens unter apokalyptischem Horizont macht Sinn und bestätigt, dass die Annahme, alles bleibe so, wie es ist, illusorisch ist. Apokalyptisches Denken hilft, unsere Zeit vom Ende her zu denken. Dieses Ende wird «atemberaubend» sein.
- Die Frage, was das Gebot der Stunde und eine angemessene Einstellung zur bevorstehenden Zeit sind, schlüsselt sich anhand des Einstiegs in die Endzeitreden von Jesus auf. Gebot der Stunde ist die Hingabe und das «Sehen».

Jesus nutzt die Endzeitreden in keinster Weise nur dazu, anzusagen, was kommt. Der eigentliche Schwerpunkt seiner Rede liegt in den Hinweisen zu aufrechtem Gehen in Zeiten, die sich nicht nach unseren Bedürfnissen richten. Insbesondere bei Matthäus finden sich in Form von Gleichnissen einige teilweise drastische Hinweise zu einem Leben in angefochtenen Umständen. Der Hintergrund lautet immer: «Erhebet eure Häupter, denn die Erlösung naht!» (Luk. 21,28). Und: «Handelt, bis ich wiederkomme!» (Luk. 19,13). Drei Beispiele zu solchen Handlungsanweisungen sollen gegeben werden:

Beispiel 1 (Matth. 24,45–51): Der *«treue und kluge Knecht»* wird ein Mensch sein, der den ihm anvertrauten Menschen «Speise zur rechten Zeit» geben wird. Diese Speise kommt, so lernen wir in Psalm 145, von Gott, auf den alle Augen gerichtet sind und der dem Hungrigen «seine Speise zur rechten Zeit» gibt. Das eigentliche Brot – das Brot des Lebens – ist Jesus selber. Er wird dem, der nicht auf sich und sein eigenes Wohlergehen schaut, zum Belohner (V. 47).

Beispiel 2 (Matth. 25,1–13): In diesem *Gleichnis von den zehn Jungfrauen* geht es um das Verhängnis des Verzichtes auf ein Vorausdenken. Es ist töricht, sich vom Moment leiten zu lassen und die Frage zu vernachlässigen, was passiert, wenn nicht alles so läuft, wie man gerne möchte, und «die Zeit sich verzieht». Es gibt ein «zu spät» im Achthaben auf Wesentliches (im Gleichnis ist es das Öl, mit dessen Hilfe die Lampen überhaupt erst Licht spenden).

Beispiel 3 (Matth. 25,14–30): «Heulen und Zähneknirschen» kann die Folge sein, wenn wir *mit dem uns Anvertrauten nicht recht umgehen*. Es gibt eine Ängstlichkeit, die sich nicht mit dem Reich Gottes verträgt. Vergraben – unsichtbar machen, verbergen und Nicht-Beteiligung am Geschehen – ist das Verhängnisvolle im Umgang mit dem, was «der Herr, der außer Landes reisen wollte», den Zurückgelassenen anvertraut hat. Das (sich) Investieren ist die Alternative.

Abschließend zu diesem Einblick in unsere Zeit und in die Art, wie mit Wirklichkeit gut umgegangen werden kann, ein mutmachendes Beispiel:

3.4 Ein bis heute mutmachendes Beispiel

Zu allen Zeiten waren Menschen in der Lage, heilsgeschichtliche Zusammenhänge darzulegen. Auch gab es fast zu allen Zeiten Menschen, die aktuelles Zeitgeschehen in einen heilsgeschichtlichen Zusammenhang eingeordnet haben. Und immer wieder leuchteten Hoffnungsspuren in dunklen Zeiten auf. Alte Kirchenlieder legen hinreichend Zeugnis davon ab.

Jemand, dem ein nachhaltig wirkender Gesamtentwurf gelungen ist, war Philipp Jacob Spener (1635–1705). Die rechte Lehre genügte ihm nicht. Das rechte (und zeitgemäße) Leben stand Spener vor Augen, als er die «Pia desideria», die «frommen Wünsche», 27 Jahre nach dem Ende des fatalen Dreißigjährigen Krieges verfasste. *Hoffnung auf bessere Zeiten* charakterisierte Spener als «Vater des Pietismus». Seine Schrift ist beispielhaft für die Einschätzung der Zeit. Speners Schlussfolgerungen waren derart treffend, dass Menschen bis heute von seinem Erbe zehren.

Die damalige kleine, in sehr kurzer Zeit als Vorwort zu einem andern Buch verfasste Schrift besteht aus Wahrnehmungen, Grundüberzeugungen und richtungsweisenden Einsichten im Jahr 1775, also in einer Zeit der allgegenwärtigen Hoffnungslosigkeit und vor dem Zeitalter der Industrialisierung. Was wollte Spener? Vier Komponenten des Anliegens, das hinter den «frommen Wünschen» steht:

- Spener wollte *Hoffnung stiften* wider die Gleichgültigkeit, die Oberflächlichkeit und den Pessimismus. Hoffnung hängt immer damit zusammen, welche Vorstellungen hinsichtlich des Kommenden vorhanden sind und inwiefern es Wege im Raum des Erahnten, manchmal Befürchteten, gibt. Zentraler Gedanke Speners war «die herrliche Zukunft der Gemeinde Jesu». Daran, dass von Seiten des Menschen «eine fleißige Übung des geistlichen Priestertums» und «die Tat anstelle bloß des Wissens» vonnöten waren, lässt Spener keinen Zweifel.

- Spener suchte nach einer Art tauglichem Koordinatensystem mit prophetischem Weitblick und geistlichem, am Wort Gottes orientiertem Tiefgang. Das aktuelle kirchliche und gesellschaftliche Zeitgeschehen ernst zu nehmen, war genauso Wunsch von Spener wie die Überzeugung, sich in keinem Fall von der sichtbaren Wirklichkeit gefangen nehmen lassen zu dürfen.
- Spener suchte danach, die größeren Zusammenhänge, die den Christen der damaligen Zeit an vielen Stellen abhanden gekommen waren, in Worte zu fassen und nachvollziehbar zu machen. «Theologisch gelehrter Prunk» war genauso wenig verheißungsvoll wie bloßes christliches Wissen.
- Spener wollte das, was Gott für seine Zeit verheißen hat, ernst nehmen – ohne Illusion hinsichtlich Vergänglichkeit dieser Welt. Klar war in jedem Fall, dass Gott dem gläubigen Menschen mehr zumutet und zutraut, als dies die Kirche der damaligen Zeit meist getan hat.

Der Unterschied zur heutigen Zeit – also zum Beginn des 21. Jahrhunderts – liegt darin, dass die Zeit, in der Spener die «Pia desideria» schrieb, immer noch unter den sichtbaren Folgen des Dreißigjährigen Krieges (1618–1648) litt. Zu Beginn des 21. Jahrhunderts gibt es jedoch kaum mehr Zeitzeugen der Kriegskatastrophe in der ersten Hälfte des 20. Jahrhunderts.

Vergleichbar und analog jedoch ist der Notstand der Hoffnungsperspektive. Hoffnung kam der damaligen wie der heutigen Zeit abhanden. Die «Pia desideria» ist deshalb ein Lehrstück auch für heute. Spener war – und das ist beispielhaft – im Gegentakt zu seiner Zeit von der Hoffnung der herrlichen Zukunft der Gemeinde Jesu ergriffen, auch wenn er selbst eine an sich zaghafte, zurückhaltende und manchmal nahezu ängstliche Persönlichkeit war. Seine Antwort von der «Hoffnung zukünftiger besserer Zeiten» umfasste – dies sei abschließend erwähnt – sechs Grundpostulate bzw. «Vorschläge»:

Erstens: «Das Wort Gottes ist reichlicher unter uns zu bringen.» Zweitens: «Aufrichtung und fleißige Übung des geistlichen Priestertums.» Drittens: «Das Christentum besteht nicht

3. Einordnungsversuch unter heilsgeschichtlichem Horizont 61

im Wissen, sondern in der Tat.» Viertens: «Wie wir uns in Religionsstreitigkeiten zu verhalten haben.» Fünftens: «Reform des Theologiestudiums.» Sechstens: «Ausrichtung der Predigt auf die Erbauung anstelle theologisch-gelehrten Prunkes.»

An diesen «Vorschlägen» konnten sich Kirche und Gemeinde messen. Im weitesten Sinne könnten sie Maßstab auch heute sein.

Wenn wir dieses Beispiel nennen (zur Vertiefung siehe: Philipp Jacob Spener: «Pia desideria. Umkehr in die Zukunft. Reformprogramm des Pietismus». Gießen, Brunnen, 1995), dann ausschließlich dazu, Hoffnung zu stiften, dass auch in notvollen Zeiten christliche Klarsicht möglich ist.

Teil II:
Entwicklungslinien –
Einblicke in die kurze Geschichte
der letzten 60 Jahre

Teil II ■ Entwicklungslinien – Die kurze Geschichte der letzten 60 Jahre

Mitteleuropa hat vielfältige, spannende und hochinteressante 60 Jahre hinter sich. Ein möglichst unvoreingenommener Blick in das Geschehen dieser 60 Jahre lohnt sich – immer auch ganz besonders im Hinblick auf die vor uns liegenden 60 (oder weniger) Jahre.

Wir stellen dementsprechend im Folgenden drei spezifische Leitfragen:

- Was ist den Christen in den vergangenen 60 Jahren in besonderer Weise gelungen? Worüber muss geredet werden, wenn von den Christen in den Jahren 1945 bis 2009 gesprochen wird? Wovon wird man in den Jahren 2030 oder 2050 positiv sprechen, wenn über Christen in der zweiten Hälfte des 20. Jahrhunderts nachgedacht wird?
- Gibt es säkulare Bewegungen seit 1945, die über ihre Zeit hinaus Bedeutung haben? Wenn ja: Welche gesellschaftlichen Bewegungen hatten in besonderer Weise nachhaltige Wirkung bzw. haben Spuren hinterlassen, die zumindest die Anfänge des 21. Jahrhunderts maßgeblich prägen?
- Gibt es Dinge, die sich im Leben, Wirken und Handeln der Christen innerhalb der vergangenen Jahrzehnte nicht wirklich bewährt haben? Wo gab es möglicherweise in den vergangenen Jahrzehnten für Christen so etwas wie Fallen, in die wir unreflektiert getappt sind?

Einblicke entlang dieser Fragen werden gleichzeitig das Empfinden von Hoffnung und Ernüchterung hinterlassen. Dennoch liefern sie zusammen mit Erkenntnissen des aktuellen Geschehens die Grundlage, Weichen für die kommende Zeit richtig zu stellen.

1. Was den Christen in den vergangenen 60 Jahren gelungen ist

Schwierige, notvolle und misslungene Dinge aus den vergangenen 60 Jahren sind uns hinreichend bekannt: der Streit beispielsweise um die liberale Theologie, die Grabenkämpfe zwischen mehr charismatischen und mehr evangelikalen Gruppierungen oder die (ziemlich erfolglosen) Versuche, durch Gegenpositionen bestimmte Entwicklungen in unserer Gesellschaft verhindern zu wollen.

Ausgangspunkt unserer Überlegungen im Hinblick auf Gelungenes während der vergangenen 40 bis 60 Jahre war eine kleine Umfrage auf einer Tagung mit ca. 45 pensionierten Predigern und deren Frauen im Frühjahr 2008. Die Frage an die dort versammelten Pensionäre lautete: *Wo empfinden Sie, dass im christlichen Bereich während der vergangenen 60 Jahre Dinge gelungen sind?* Das sich daraus ergebende Gespräch war – spätestens nach Überwindung des Reflexes, immer vor allem das Schwierige und Problematische zu sehen – ausgesprochen aufschlussreich. Lebens- und Aktionsbereiche, die in der Gesprächsrunde genannt worden sind, waren beispielsweise:

- Bibelkurse und Kurzbibelschulen an unterschiedlichen Orten
- Seelsorge und Eheberatung
- ProChrist als Evangelisationsbewegung
- Christival als unübersehbare öffentliche Jugendveranstaltung
- Alpha-Kurse als bewährtes Instrument der Evangelisation
- Frauenfrühstücke mit viel Ermutigung von Frauen
- Medienpräsenz in Form auch von Musik und Kunst
- Idea, ERF, Bibel TV
- Kurzzeiteinsätze in der Mission mit der Folge von Lebensberufungen

- Kongresse u. a. für Führungskräfte
- Christliche Privatschulen
- Die Hauskreisbewegung
- Die Wiedervereinigung in Deutschland, bei der das Gebet eine wesentliche Rolle spielte
- Drogen- und Obdachlosenhilfe
- Die (unauffällige, unspektakuläre) Nachbarschaftshilfe
- Orte der Hoffnung in den neuen Bundesländern (z. B. Prenzlau, Schwedt ...)
- Viele weitere ...

Nachdem diese Stichworte vor Augen geführt und diskutiert worden sind, war der Grundtenor offensichtlich: *Vergiss nicht, was der Herr Gutes getan hat!*

Im Folgenden werden sieben starke Impulse aus den vergangenen 60 Jahren beschrieben. Sie sind immer auch als Teilantworten auf die in Teil I beschriebenen Herausforderungen zu verstehen.

1.1 Kommunitäten nach dem 2. Weltkrieg

In und nach den dramatischen Ereignissen des 2. Weltkrieges und den Entwurzelungs- und «Entheimatungs»-Ereignissen war es irgendwie naheliegend, dem Gedanken neuer Beheimatung Gestalt zu geben. Eine mögliche Form war und ist unübersehbar die Form der Kommunität.

Teilweise bereits während des 2. Weltkrieges, aber vor allem unmittelbar danach bildeten sich im deutschsprachigen Raum eine Reihe verbindlicher Lebensgemeinschaften nicht zuletzt mit dem Wunsch, einen ganzheitlichen, selbstlosen Dienst gemeinsam zu leben. Beispiele für die noch während des Krieges entstandenen Initiativen sind u. a. die (katholische) Fokolar-Bewegung, die Communauté de Taizé und die Marienschwestern in Darmstadt. Direkt nach dem Krieg sind vor allem die Christusbruderschaft Selbitz und die Kommunität Casteller Ring

(Schwanberg bei Würzburg) entstanden, später u. a. die Brüder- und Schwestern-Kommunität der Christusträger, die Jesusbruderschaft Gnadenthal und zuletzt die Offensive Junger Christen in Reichelsheim (OJC; diese ist erst nach 40-jährigem Bestehen im Jahr 2008 offiziell Kommunität geworden).

Die Kommunitäten waren Ausgangs- und Kristallisationspunkte vor allem für zwei Bewegungen. *Zum einen* sind es *verbindliche Netzwerke,* denen sich auch Leitungspersonen anderer erwecklicher Bewegungen in Städten anschlossen. Beispiel dafür ist das sog. «Treffen von Verantwortlichen». Dabei handelt es sich um ein seit 1969 bestehendes Treffen von Kommunitätsleitern (zuerst vor allem Kommunität Gnadenthal und Bruderschaft vom gemeinsamen Leben in Ottmaring), Gemeinschaftsleitern (zuerst die erweckliche Bewegung des CVJM München), Verantwortlichen aus der Gemeindeerneuerungsbewegung sowie aus weiteren missionarischen Initiativen und christlich-therapeutischen Gemeinschaften. Im Mittelpunkt standen – was kommunitärem Leben entspricht – nicht die Organisation und deren Programme, sondern die brüderliche Begegnung, das gemeinsame Hören auf Gott, das Gebet für das Land sowie mögliches, sich daraus ergebendes Handeln. Das «Treffen von Verantwortlichen» verstand sich als «Herzorgan im Reich Gottes», was auf den eher verborgenen Charakter hinweisen soll.

Öffentliche Aufmerksamkeit riefen die beiden vor allem in diesem «Treffen von Verantwortlichen» verankerten Mitarbeiterkongresse bzw. Europatage 2004 und 2007 in Stuttgart mit je knapp 10 000 Teilnehmerinnen und Teilnehmern hervor (mehr Infos dazu siehe beispielsweise www.miteinander-wie-sonst.de).

Zum andern sind die Kommunitäten *Einkehrhäuser,* die Menschen mit unterschiedlichsten Hintergründen zu Tagen der Einkehr und Umkehr einladen. Es sind meist Häuser, deren Wirken – wie das Arbeiten in Netzwerken – verhältnismäßig unauffällig, jedoch umso effektiver ist. Beispiele dafür sind: Communauté de Grandchamp (Kanton Neuenburg/CH) mit dem Retraitenhaus Sonnenhof bei Gelterkinden, Diakonissenhaus der Riehener Schwestern mit der Schwesternkommunität Wildberg (Kanton Zürich), die Pilgermission St. Chrischona mit dem Sunnebad auf dem Sternenberg, das Kloster Wülfinghausen bei Hannover (Selbitzer Schwestern), die Schwestern vom Horodtberg (Elsass) und u. a. die Jesus-Bruderschaft Gnadenthal (Nähe Frankfurt) und Volkenroda (in Thüringen). Eine Reihe von Initiativen schließt sich dem Grundgedanken von Einkehrhäusern an. Beispiel: Betberg im südbadischen Raum.

Generell gilt: Kommunitäten scheinen zumindest teilweise den Gedanken der Diakonissenmutterhäuser abzulösen. Letztere sind meist im 19. Jahrhundert entstanden und fanden sich in den 60er-Jahren und 70er-Jahren des 20. Jahrhunderts vor einer weitreichenden Herausforderung der Neuorientierung. Teilweise veräußerten sie traditionell diakonische Einrichtungen wie Krankenhäuser, teilweise wandelten sie sich selber in Richtung Kommunität.

1.2 Die charismatische Erneuerung seit den 60er-Jahren

Seit der Zeit rund um das Jahr 1960 gibt es auch im mitteleuropäischen Raum sowohl auf katholischer wie auf evangelischer Seite die sog. charismatische Bewegung. Diese Bewegung schien – menschlich gesprochen – eine Antwort auf die in ihrer Tendenz rationalistisch orientierten Kirchen- und Gemeinschaftsformen zu sein. Das Rechnen mit dem unmittelbaren Reden, Eingreifen und Handeln Gottes entsprach einer ureigenen menschlichen Sehnsucht nach Beziehung und Emotionalität.

Eine Tagung, die 1963 im pfälzischen Enkenbach stattfand, gilt als Beginn dieser geistlichen Erneuerungsbewegung im deutschsprachigen Raum. Eine Fortsetzung ergab sich auf evangelischer Seite zunächst auf Schloss Craheim im fränkischen Bayern mit Arnold Bittlinger, Wilhard Becker, Siegfried Großmann und anderen. Dies mündete u. a. in die «Geistliche Gemeinde-Erneuerung in der Evangelischen Kirche» (GGE).

1. Was den Christen in den vergangenen 60 Jahren gelungen ist

Katholischerseits befand sich der Kristallisationspunkt in Paderborn rund um Professor Heribert Mühlen (bekannt durch seine zweibändige Taschenbuchreihe «Einübung in die christliche Grunderfahrung»). Insgesamt gab es kaum eine kirchliche, innerkirchliche oder freikirchliche Gruppierung, die sich der Frage nach der charismatischen Erneuerung entziehen konnte. Die Erfahrungen waren weitreichend:

- Glaube schien in neuer Weise erfahrbar zu sein. Heilung war beispielsweise wie 100 Jahre früher in der Gemeinschaftsbewegung im Horizont des Möglichen. Persönliche Zuwendung Gottes wurde bezeugt. Die Ratio war nicht Kontrollinstanz, sondern Teil der Bedürftigkeit der menschlichen Seele.
- Völlig neuartige Netzwerke sind entstanden. Der charismatische Impuls war stärker als die konfessionelle Umgrenzung. Lokal und regional entstand eine Fülle von Leitertreffen mit landeskirchlichen, freikirchlichen und oft auch katholischen Leiterpersönlichkeiten.
- Eine nicht konfessionell gebundene Gebetsbewegung ist gewachsen. Im Vordergrund standen Gebetshäuser. In diesem Zusammenhang kam es zu einer Reihe von Aktionen wie «Gebet für das Land» (inkl. spezieller Gebetstage) und verschiedenen 24-Stunden-Gebetsketten.
- Übergreifend bemerkbar ist das aus der charismatischen Bewegung hervorgegangene Liedgut. Zunächst waren es Lieder aus dem Missionswerk «Jugend mit einer Mission», später aus sehr unterschiedlichem, oft auch englischsprachigem Hintergrund. Niederschlag finden diese Lieder in nahezu jeder christlichen Gemeinschaft.

Beachtenswert im Rahmen der sog. charismatischen Bewegung ist – vor allem unter dem Gesichtspunkt des öffentlich-politischen Engagements – die Initiative von Pfr. Friedrich Aschoff und Pfr. Dr. Karl-Heinz Michel im Zusammenhang mit den sog. Versöhnungswegen in ca. 22 Ländern. Das Grundanliegen war ein öffentliches, in den jeweiligen Ländern vollzogenes Schuldbekenntnis 50 Jahre nach Kriegsende.

Stark inspiriert wurde die charismatische Bewegung Ende der 80er-Jahre durch die Vineyard-Bewegung mit John Wimber und dessen Kongressen in Deutschland. In der Folge kam es zu unterschiedlichen Gemeindegründungen und -zusammenschlüssen. Weitere Impulsgeber waren später die Toronto-Bewegung sowie Willow-Creek (vor allem mit Bill Hybels) und die Saddleback-Church (insbesondere mit Rick Warren). Den beiden letzten Impulsen ist es, auch wenn sie selber nicht direkt der charismatischen Bewegung zuzuordnen sind, aufgrund des starken Anliegens für Menschen dieser Welt gelungen, eine Art unausgesprochene Versöhnung einerseits zwischen landeskirchlichen und freikirchlichen Gruppen und andererseits zwischen mehr charismatisch orientierten und mehr evangelikal orientierten Gruppierungen zu stiften. Zu Beginn des 21. Jahrhunderts herrscht im Rahmen der charismatischen Bewegung eine eher ruhig-abwartende Grundatmosphäre. Fest institutionalisiert sind lokale, regionale und nationale Leiterkreise.

1.3 Seelsorgebewegungen

Die Seelsorgebewegung im deutschsprachigen Raum konzentrierte sich lange Zeit auf einzelne Personen. Von einer eigentlichen Seelsorgebewegung lässt sich erst seit den 90er-Jahren des 20. Jahrhunderts sprechen. Erst da ist es zudem gelungen, den jahrelang schwelenden Konflikt zwischen streng biblisch orientierter Seelsorge *und* Beratungstätigkeit, die säkulare Ansätze mitberücksichtigt, zu überwinden. Die heutigen Angebote sind vielfältig und reichen von seelsorgerlichen Einzelgesprächen, Gebetsseelsorge, Intensivseelsorge, Eheseelsorge, Telefon- und Notfallseelsorge bis hin zu Internetseelsorge und Member-Care-Angeboten für Mitarbeitende in bestimmten Organisationen.

Zum Urgestein der Seelsorgebewegung im deutschsprachigen Raum zählen insbesondere Jay Adams, Reinhold Ruthe und Lawrence J. Crabb, Ersterer und Letzterer als Impulsgeber aus dem amerikanischen Sprachraum.

Jay Adams legte einen sich vor allem von der nicht-direktiven Gesprächstherapie Carl R. Rogers abgrenzenden Ansatz vor. Sein Grundlagenbuch «Befreiende Seelsorge» (erschienen im Jahr 1972 im Brunnen Verlag) thematisiert eine «nuthetische», am Wort Gottes, speziell der biblischen Weisheit, orientierte und mit dem Heiligen Geist rechnende Seelsorgekonzeption. Jay Adams war damit unbestritten der erste Wegbereiter einer stark biblisch orientierten Seelsorge. **Reinhold Ruthe** gehörte zu jenen Seelsorgern, die unter der bis dahin unter Christen weitverbreiteten Wissenschafts- und Psychologiefeindlichkeit und damit der Geringschätzung der Schöpfungsdimension in der Seelsorge gelitten haben. Ruthe gründete das Institut für therapeutische Seelsorge und entfaltete ein Seelsorgekonzept, das sich durch einen individualpsychologischen Ansatz, geprägt von Alfred Adler, auszeichnet. Ruthe steht für ein stark verbreitetes Schulungskonzept. Schließlich tut sich der Ansatz von **Lawrence J. Crabb** durch die These hervor, dass Therapie emotionaler Störungen wesentlich Sache der Kirche und nicht nur Sache psychologischer Spezialisten ist. Crabb betont, dass zwar psychologische und therapeutische Ansätze ihre Berechtigung haben, aber niemals zum Ersatz für gelebte Gemeinschaft und füreinander wahrgenommene Verantwortung innerhalb des Leibes Christi werden dürfen.

Zu namhaften Verfechtern profilierter Seelsorge gehören zweifelsohne im Anschluss an Adolf Köberle und Erich Schick *Walter Wanner* mit seiner auch für Christen konstruktiven Interpretation der Psychoanalyse, *Dr. Samuel Pfeifer* als Chefarzt der Psychiatrischen Klinik in Riehen bei Basel, *Maria Kaißling* von der Offensive Junger Christen in Reichelsheim sowie *Prof. Michael Dieterich* als Gründer der Deutschen Gesellschaft für Biblisch-Therapeutische Seelsorge (DGBTS).

Im Laufe der letzten 20 bis 30 Jahre entstanden nicht nur eine Reihe von Institutionen, die im seelsorgerlichen Bereich tätig sind, sondern auch zahlreiche Netzwerke. Ohne diese Organisationen und Netzwerke wäre die Seelsorgebewegung kaum unter die fruchtbaren Bewegungen der vergangenen 60 Jahre einzustufen. Einige Organisationen seien hier genannt:

- Das **Weiße Kreuz** ist die «Ur-Einrichtung» auf dem christlichen Seelsorgemarkt (bekannt vor allem durch das Engagement im sexualethischen Bereich). In den letzten Jahren expandierte die Arbeit stark und verfügt 2008 über knapp 60 Beratungsstellen im deutschsprachigen Raum.
- **IGNIS** und **DE'IGNIS** sind zwei Einrichtungen, denen die theoretische Durchdringung seelsorgerlicher und therapeutischer Arbeit in besonderer Weise ein Anliegen war und ist. Ignis versuchte, eine ganz ausgeprägt «Christliche Psychologie» zu entwickeln. Um die Kassenzulassung für die Klinik zu behalten, musste Ignis den klinischen Bereich (neu: seit 1989 DE'Ignis-Klinik in Egenhausen) vom seelsorgerlichen Konzept abkoppeln.
- **Wüstenstrom** gilt als Bewegung, die schwerpunktmäßig das Thema sexuelle Identität als Fachgebiet entwickelte und hilfreich einbrachte. Wüstenstrom ist eine Organisation, die von Betroffenen für Betroffene gegründet wurde. Die Leitfrage: Wie fördern wir die Identität als Frau und als Mann? Bei Wüstenstrom arbeiten rund 15 Personen hauptamtlich und stellen Erfahrung/Professionalität zur Verfügung. Insbesondere homosexuell empfindende Menschen treffen bei Wüstenstrom auf eine Reihe von Hilfsangeboten.
- Das **Institut für christliche Lebens- und Eheberatung** in Steinen bei Lörrach wurzelt im Gedankengut von Reinhold Ruthe und wird als länderübergreifende Initiative von Katharina Schmidt geleitet. Im Vordergrund stehen Schulungen für engagierte Laien und MitarbeiterInnen in Kirchen, Gemeinden und christlichen Werken. Das Ausbildungskonzept beruht auf biblischem Fundament und integriert bewährte Ansätze aus verschiedenen psychologischen Schulen, beispielsweise der Individualpsychologie nach Alfred Adler und Rudolf Dreikurs, der Gesprächstherapie nach Carl R. Rogers, der Logotherapie nach Viktor Frankl, der Kognitiven Therapie nach Beck und Backus oder der Systemischen Familientherapie nach Martin und Kirschenbaum.
- Vor diesem Hintergrund ist der Aufbau der beiden in engem Zusammenhang stehenden Seelsorgestellen in Uster

(Kanton Zürich, Schweiz) und Mücke (Hessen, Deutschland) zu verstehen. Die Pionierarbeiten der beiden aus dem Umfeld von Chrischona stammenden Initiativen beruhen auf den Grundlagen insbesondere von Jay Adams (Schweiz) und Reinhold Ruthe (Deutschland). Beteiligt waren vor allem Leute wie Ernst Gassmann und Christoph Ehrat in der Schweiz sowie Heinrich Kaufmann und Bernhard Kuhl in Deutschland. Im Vordergrund steht die Thematik «Dem Leben auf der Spur – Das Leben als Weg und die Seelsorge als Wegbegleitung» (Ausschreibung). Grundlagenkurse wie auch zweijährige Aufbaukurse gehören genauso wie theologisch-kirchengeschichtliche Reflexion oder eine weiterführende Ehe- und Familienberatung zum Standardprogramm der Initiativen.

- Die **Akademie für Psychotherapie und Seelsorge** wurde im September 2000 als Verein gegründet. Die Akademie hat den Zweck, Begegnungen zwischen Psychotherapie und christlicher Seelsorge in Wissenschaft und Praxis zu fördern. Sie trägt durch ihre Arbeit dazu bei, Sinn- und Werteorientierung in psychotherapeutisches, therapeutisches und seelsorgerliches Denken, Wissen und Handeln zu integrieren. Austausch und gemeinsame Arbeit unter Therapeuten und Seelsorgern sollen eine qualitative Verbesserung der Beratung und Behandlung von Ratsuchenden in verschiedenen Fachgebieten erreichen.

Zunehmend erkennen christliche Gemeinden die Brisanz und Dringlichkeit von seelsorgerlichen Hilfsangeboten für einzelne Personen, für Ehen und Familien sowie verstärkt auch für Menschen, die gescheiterte Ehebeziehungen hinter sich haben. Interessant ist die Feststellung, dass der Bereich Seelsorge aus dem Blickwinkel des Mannes spätestens seit den Nöten rund um das Internet nicht mehr nur als «Frauensache» verstanden wird. Die nahezu unüberschaubaren Kursangebote auf gemeindlicher und übergemeindlicher Ebene fallen dadurch auf, dass eine philosophische Grundlagenarbeit und eine methodische Kompetenzvermittlung, aber auch ein Beitrag zu eigener Mündigkeit, zu geistlicher Reifung und zur Glaubensvertiefung von Gemeindegliedern vermittelt wird. Das sog. Priestertum aller Gläubigen wird im Bereich der Seelsorge wie kaum woanders wahrgenommen und gelebt.

1.4 Diakonische Initiativen

Wenn Seelsorge sich primär an der Not meist christlich geprägter Personen orientiert, so richtet sich eine Reihe diakonischer Initiativen zusätzlich an Menschen, die, *unabhängig* von ihrer Prägung und ihrem weltanschaulichen Hintergrund, mit dem eigenen Leben und dessen Herausforderungen nicht oder kaum (mehr) zurechtkommen. Diakonische Initiativen leisten damit einen Beitrag, der gesellschaftlich relevant ist.

Sowohl in Deutschland als auch in der Schweiz gibt es eine nahezu unüberschaubare Anzahl größerer und kleinerer diakonischer Initiativen. Viele Dienste, die innerhalb von Familien und Nachbarschaft, in Form von Vereinen oder Stiftungen in Dörfern und Städten und in bestimmten Regionen von christlichen Gemeinden wahrgenommen werden, zielen weniger auf die große Aufmerksamkeit in der Öffentlichkeit als vielmehr auf den konkreten Dienst am Nächsten.

Klassisch und gut bekannt sind die in zahlreichen Städten engagierten und längst vor dem 2. Weltkrieg tätigen Sozialdienste der Heilsarmee und des Blauen Kreuzes. Vor allem drei Bewegungen hatten und haben in der Nachkriegszeit nachhaltige Wirkung. Sie werden hier beispielhaft beschrieben. Ihre Bedeutung liegt entweder im Bereich der Fragen rund um Drogen oder aber – mindestens ebenso aktuell – im Bereich der Eingliederung von Jugendlichen in den Arbeitsmarkt. Es sind zum einen die Arbeit von Teen Challenge, dann das aus dem Weizenkorn in Basel hervorgegangene Projekt «Jobfactory» und die gesamtschweizerisch relevante Arbeit der Stiftung Wendepunkt. Alle drei Initiativen gründen in elementar christlichem Engagement.

Die Arbeit von **Teen Challenge:** Als Ende der 60er-Jahre und anfangs der 70er-Jahre die Drogenwelle in der Schweiz und in Deutschland anrollte, begannen *zum einen* Christen verschiedener Prägung an verschiedenen Orten ihre Wohnungen und Familien zu öffnen, um Drogenabhängigen eine Chance zu einem Neuanfang zu bieten. Daraus entstanden therapeutische Wohngemeinschaften, die Vereine gründeten und sich verschiedenen Trägern anschlossen. *Zum andern* fasste das 1958 in den USA gegründete Werk Teen Challenge in den Jahren rund um 1970 in Deutschland (zuerst in München, dann in Berlin) Fuß. Teen Challenge hatte aufgrund seiner während über zehn Jahren gesammelten Erfahrungen in der Arbeit mit Drogenabhängigen bereits ein verhältnismäßig klares und hilfreiches therapeutisches Konzept, welches den ganzen Menschen im Blick hatte und nicht nur die Symptombekämpfung verfolgte. Zudem bestand bei Teen Challenge ein Bewusstsein, dass die Drogenproblematik, die zunehmend auch Deutschland und die Schweiz betraf, nicht mit einer Welle zu vergleichen war, die schnell wieder abebbt (so wurde es verschiedentlich ausgedrückt und naiverweise geglaubt). Innerhalb der Arbeit von Teen Challenge entstand eine Reihe von Kontaktstellen (Teestuben), Schulungszentren und Therapieeinrichtungen.

Zeitgleich entstanden weitere sozialdiakonische Einrichtungen mit einem seelsorgerlich-therapeutischen Angebot für junge Menschen in Not. Gemeinsamer Nenner waren der persönliche Glaube, das gemeinsame Leben und Hilfsangebote für Drogenabhängige, psychisch Kranke und Ex-Gefangene. Diese Einrichtungen schlossen sich 1974 zu einem netzwerkähnlichen Verbund unter dem Namen «Arbeitsgemeinschaft christlicher Lebenshilfen» (ACL) zusammen.

Jobfactory in Basel: Bei diesem Projekt geht es darum, Jugendlichen ohne Lehrstellen eine Perspektive zu ermöglichen. Robert Roth, Leiter der Organisation, ist als «erster ‹Social Entrepreneur› des Jahres» in der Schweiz ausgezeichnet worden. In diesem Zusammenhang wurde Roth im Jahr 2005 von der Schwab Stiftung zum Weltwirtschaftsforum (WEF) in Davos eingeladen. Bei rund 70 % der von der Jobfactory erreichten Jugendlichen gelingt es, ihnen innerhalb von durchschnittlich 6 Monaten eine weiterführende Ausbildung zu vermitteln (Lehrstelle, Handels- und Diplomschule oder Anlehre). Bemerkenswert ist, dass über die Jobfactory in Zeitungen nicht primär im Kultur- oder gar Kirchenteil berichtet wird, sondern im Wirtschaftsteil. Damit wird auch öffentlich bestätigt, dass es bei dieser Arbeit nicht nur um eine neue Facette sozialer Arbeit, sondern in der Tat um eine neue Form der Diakonie an der Schnittstelle zwischen Wirtschaft und Sozialem geht.

Die Stiftung Wendepunkt ist im Jahr 1993 gegründet worden. Der Wendepunkt, beheimatet im Kanton Aargau/CH, hat sich als christliches Sozialunternehmen dazu verpflichtet, kontinuierlich nach neuen Lösungen zu suchen, welche den Menschen und der Gesellschaft als Ganzes dienen sollen sowie wirtschaftlich nachhaltig sind. Im Jahr 2008 arbeiteten beim Wendepunkt insgesamt rund 120 Fachpersonen. Schwerpunkt der Arbeit ist zum einen die berufliche und zum andern die soziale Integration. Bei Ersterer liegt der Schwerpunkt auf der Unterstützung der öffentlichen Hand bei der beruflichen Integration von Stellensuchenden und von Menschen mit einer psychischen Beeinträchtigung. Unter den Überbegriff «soziale Integration» fallen die Tätigkeitsfelder «sozialdienstliche Beratung», «betreutes und begleitetes Wohnen», eine Kindertagesstätte für Kinder berufstätiger Mütter sowie ein Begegnungszentrum, das einerseits Arbeitsplätze für Personen mit einer psychischen Beeinträchtigung schafft und zum andern einen Ort der Begegnung darstellt. Eine der Tochterfirmen ist die Fachschule für Sozialmanagement GmbH. Diese Fachschule bietet eine integrierte, berufsbegleitende Weiterbildung für Projektverantwortliche und Führungspersonen in Sozialunternehmen an.

Im sozialdiakonischen Bereich merken wir wie an kaum einer anderen Stelle, wie Gott Bewegungen ins Leben ruft, die bestimmte Bedürftigkeiten zu bestimmten Zeiten aufgreifen und fachkompetent darauf eingehen. Angesichts der Begrenzungen des (Sozial-)Staates ist die Wahrscheinlichkeit hoch, dass in den kommenden Jahren gerade in diesem Bereich eine starke Kreativität unter Christen vonnöten sein wird.

1.5 Theologie: Aufwind auch durch evangelikale Akzente

Nachdem in der Katastrophe des 2. Weltkrieges alle herkömmlichen Sicherheiten ins Wanken geraten waren, stellte sich der Theologie ganz neu die grundlegende Frage, wie in einer von Naturwissenschaft und Technik bestimmten Welt überhaupt noch von Gott zu reden sei. Die theologische Diskussion wurde dabei dominiert von den Thesen des Marburger Neutestamentlers Rudolf Bultmann (1884–1976). Dieser forderte in diesen Thesen eine sog. Entmythologisierung des Redens von Gott. Man könne von Gott nicht gegenständlich reden, wie es die Wissenschaft von ihren Gegenständen tue, sondern nur in den Kategorien menschlicher Erfahrung. Soweit die Bibel objektivierend von Gott und seinem Handeln in der Welt rede, sei dies, wie die kritische historische Forschung zeige, nur zeitbedingt und heute nicht mehr nachvollziehbar.

Bultmanns Programm erfuhr neben viel Zustimmung auch manche Kritik. Besonders im Bereich des Pietismus sah man sich zum Widerspruch herausgefordert. Man meinte in Bultmanns Programm nicht – wie er und seine Schüler der Auffassung waren – eine zeitgemäße Möglichkeit der Verkündigung des Evangeliums, sondern seine grundlegende Infragestellung sehen zu müssen. Obgleich der neuere Pietismus bis dahin an theologischen Fragen eher uninteressiert gewesen war, kam es von ihm aus nun nicht nur zu vehementen öffentlichen Protesten, sondern aus seinen Reihen auch zu durchaus ernst zu nehmenden positiven und weiterführenden Beiträgen. Einige Beispiele seien erwähnt:

Die Entmythologisierung geht von der philosophischen Annahme der prinzipiellen Unerkennbarkeit Gottes in der Welt aus. Diese Annahme hat ihre Wurzeln vor allem in der Philosophie Kants (1724–1804). Auf Anregungen ihres Lehrers, des Tübinger Neutestamentlers Otto Michel (1903–1993), zeigten H. Lindner (1936–2008) und K.-H. Michel (1946–2006) die Fragwürdigkeit dieser Voraussetzung auf (siehe H. Lindner: «J. G. Hamann. Aufbruch zu biblischem Denken in der Zeit der Aufklärung», 1988; K.-H. Michel: «Immanuel Kant und die Frage der Erkennbarkeit Gottes», 1987). In ähnliche Richtung führen Arbeiten Heinzpeter Hempelmanns zur Wissenschaftstheorie (besonders: «Kritischer Rationalismus und Theologie als Wissenschaft. Zur Frage nach dem Wirklichkeitsbezug des christlichen Glaubens», 1980).

Da die Entmythologisierung der biblischen Botschaft wesentlich auf eine historische Kritik der biblischen Schriften aufbaut, kommt neben der systematisch-theologischen Frage der Erkennbarkeit Gottes auch der Frage der Bibelauslegung große Bedeutung zu. Rudolf Bultmann hatte seine Kritik der Evangelien vor allem mit der Annahme begründet, dass die erste Christenheit an historisch sorgfältiger Überlieferung gar nicht interessiert gewesen und vieles in den Evangelien deshalb nur aus späteren Bedürfnissen der Gemeinde heraus entstanden sei (etwa als erbauliche Predigtbeispiele). Demgegenüber wies Rainer Riesner, Neutestamentler an der Universität Dortmund, in einer großen wissenschaftlichen Untersuchung nach, dass die Evangelienüberlieferung auf einen sorgfältigen Überlieferungsprozess zurückgeht, der seinen Ursprung in der Unterweisung der Jünger durch Jesus selbst hat (R. Riesner: «Jesus als Lehrer», 1981; die 4. Auflage ist in Vorbereitung). Einen grundsätzlichen Angriff auf die historische Bibelkritik wagte der Tübinger Theologe und spätere württembergische Landesbischof Gerhard Maier in seiner Schrift «Das Ende der historisch-kritischen Methode», herausgegeben 1974. Maier führte sein Konzept einer historisch-biblischen Methode in seiner – mittlerweile in 6. Auflage erschienenen – «Biblischen Hermeneutik» (1990) positiv aus.

Neben der Debatte um Entmythologisierung und Bibelkritik stellten sich auch in der Ethik drängende Fragen. Diese hängen einerseits mit der Herausforderung durch die nach dem Krieg zur Weltmacht aufgestiegenen Ideologie des Marxismus, andererseits mit der zum Teil durch R. Bultmann angeregten sog. Situationsethik und der von ihr geforderten Relativierung oder gar Auflösung sittlicher Normen zusammen. In diesem Bereich kamen wichtige Beiträge besonders vom Chrischona-Dozenten Klaus Bockmühl (1931–1989, zuletzt Professor für Theologie und Ethik in Vancouver). Er lieferte in seiner Basler Dissertation «Leiblichkeit und Gesellschaft. Studien zur Religionskritik und Anthropologie im Frühwerk von Ludwig Feuerbach und Karl Marx» (erschienen 1961) eine eindringliche Analyse und Kritik des frühen Marxismus und seiner philosophischen Voraussetzungen. Bezeichnend für seine Marxismuskritik ist vor allem, dass er den Marxismus in mancher Hinsicht auch als positive Herausforderung an Christen versteht, ihre Weltverantwortung neu wahrzunehmen («Herausforderungen des Marxismus», 1977; siehe dazu auch verschiedene Aufsätze zur Neubegründung der sozialen Verantwortung des Christen. In: Klaus Bockmühl: «Leben nach dem Willen Gottes». Bockmühl-Werk-Ausgabe II,3, 2006). Die Situationsethik unterzog Bockmühl ebenfalls einer sorgfältigen Analyse in «Gott im Exil?» (1975), bezeichnenderweise wieder mit der positiven Würdigung eines Wahrheitsmoments dieser Konzeption und dem Hinweis auf die persönliche Führung durch den Heiligen Geist als biblische Alternative zur Situationsethik. Die bis auf die Reformationszeit zurückreichenden theologiegeschichtlichen Wurzeln der Situationsethik zeigte Bockmühl schließlich in seinem großen Hauptwerk «Gesetz und Geist» (1987) auf. Die ethischen Anliegen Bockmühls versucht heute Helmut Burkhardt in seiner mehrbändigen systematischen Ethik weiterzuführen («Einführung in die Ethik», 1996; «Das gute Handeln», 2003/2008).

Wichtige Beiträge zur Missionswissenschaft lieferte der Tübinger Missionstheologe Peter Beyerhaus (geb. 1929) mit seiner «Frankfurter Erklärung zur Grundlagenkrise der Mission» (1970), die ein weltweites Echo fand und u. a. zum Zusammenschluss aller deutschen evangelikalen Missionen in der «Arbeitsgemeinschaft evangelikaler Missionen» (AEM) führte. Im Werk

«Er sandte sein Wort. Die Bibel in der Mission» (1996) fasste er seine missionstheologischen Forschungen in einem großen Entwurf heilsgeschichtlicher Begründung von Mission zusammen.

Ein monumentales Standardwerk zur Missionsgeschichte legte der derzeit an der Trinity Evangelical Divinity School in Deerfield/Chicago lehrende Neutestamentler Eckhard Schnabel (geb. 1954) vor, und zwar mit seiner Arbeit über «Urchristliche Mission» (2002).

Beachtung verdient schließlich die in den letzten beiden Jahrzehnten einsetzende Wiederentdeckung des Tübinger Theologen Adolf Schlatter (1852–1938), dessen zukunftsträchtige Bedeutung nicht nur als Bibelausleger, sondern auch als Philosoph (besonders in seiner Kritik an Kant) und als systematischer Theologe neu erkannt und fruchtbar gemacht wird (siehe u. a. Klaus Bockmühl: «Die Aktualität der Theologie Adolf Schlatters», 1988; dann Einzelstudien zu Schlatter von W. Neuer, J. Walldorf, H. M. Rieger, D. Rüegg, A. Loos und C. Hägele sowie insbesondere die 1996 erschienene große wissenschaftliche Schlatter-Biographie von Werner Neuer).

Parallel zu den Beiträgen genannter (und nicht-genannter) Theologen kam es in den vergangenen Jahrzehnten zu einer Reihe institutioneller Initiativen. Zu nennen sind:

Erstens: Die Wahrnehmung der Verantwortung für die Theologie im Pietismus begann mit der Wahrnehmung der Verantwortung für den theologischen Nachwuchs. 1961 begann die Pfarrer-Gebetsbruderschaft mit ihren *Ferienseminaren* für Theologiestudenten (in verhältnismäßig kurzen Intensivseminaren bis heute fortgeführt) und mit der *Zeitschrift «Theologische Beiträge»*, die sich inzwischen mit einer Auflage von 4000 Exemplaren als eine der auflagenstärksten theologischen Zeitschriften im deutschsprachigen Bereich etabliert hat. 1968 gründete der Evangelist Heinrich Kemner mit der von ihm geleiteten Ahldener Bruderschaft das auf ein Theologiestudium vorbereitende *Geistliche Rüstzentrum Krelingen*. Bald danach entstanden in einigen Universitätsstädten *studienbegleitende Häuser,* allen voran 1969 das vom württembergischen Pietismus getragene Tübinger Albrecht-Bengel-Haus, seit 2009 mit einem eigenen Zweig zur Betreuung von Doktoranden.

Zweitens: 1970 wurde als bewusst alternative Ausbildung zur Universität die Freie Theologische Akademie in Riehen gegründet (heute: *Staatsunabhängige Theologische Hochschule, STH*). Aus ihr ist nicht zuletzt eine Reihe wichtiger Nachwuchstheologen hervorgegangen. In Deutschland entstand 1974 in Gießen die 2009 als Hochschule staatlich anerkannte Freie Theologische Hochschule (*FTH*) mit einer Reihe wissenschaftlich beachtlich qualifizierter Professoren (neben dem Rektor H. Stadelmann etwa der Sprachwissenschaftler H. v. Siebenthal oder der Historiker L. v. Padberg). Erwähnenswert ist in diesem Zusammenhang das vom Dekan der FTH Stefan Holthaus geleitete *Institut für Ethik und Werte* in Gießen.

Drittens: Neben den Bemühungen um die Unterstützung von Theologen an den Universitäten und parallel zum Entstehen freier Fakultäten begannen zunehmend auch die traditionellen außeruniversitären Ausbildungsstätten, also die klassischen Bibelschulen und Seminare, ihr theologisches Niveau anzuheben. Die Herausforderung bestand darin, die jeweils spezifische Eigenart (z. B. die Möglichkeit des zweiten Bildungswegs ohne Abitur) und ihr geistliches Profil zu bewahren (die Jesus-Liebe als Voraussetzung eines Studiums, das eine langfristig taugliche Vorbereitung auf den hauptamtlichen Dienst in Gemeinde und Mission bietet). Einige freikirchliche Seminare (z. B. Elstal, Reutlingen) erreichten bereits staatliche Anerkennung als Fachhochschule. Andere versuchten, entsprechende akademische Anerkennung durch eine Verbindung mit ausländischen Universitäten zu erreichen, so etwa der Verbund Chrischona, Tabor und Liebenzell – CTL – mit der Middlesex University in England. Von ihnen hat inzwischen Tabor auch direkt die deutsche staatliche Anerkennung als Fachhochschule erlangt.

Viertens: Auf internationaler und dann auch nationaler Ebene entstand als Frucht des Lausanner Kongresses 1974 und auf spezielle Anregung des englischen Theologen John Stott hin zunächst 1976 die *Fellowship of Evangelical European*

Theologians (FEET), die evangelikale Theologen in ganz Europa zu theologischer Arbeit ermutigen und anregen will (Konferenzen in zweijährigem Turnus; seit 1995 mit einem eigenen Publikationsorgan, dem «European Journal of Theology»). Auf nationaler deutscher Ebene bildeten sich kurz darauf mit entsprechendem Ziel der deutsche *Arbeitskreis für evangelikale Theologie (AfeT)* und in der Schweiz die *Arbeitsgemeinschaft für biblisch erneuerte Theologie (AfbeT)*. Beide geben zusammen ein «Jahrbuch für evangelikale Theologie» heraus.

Fünftens: Außer in den genannten Periodika fand dieser Neuaufbruch evangelikaler Theologie seinen literarischen Niederschlag vor allem in der von den Verlagen Brockhaus und Brunnen 1978 gegründeten *Theologischen Verlagsgemeinschaft (TVG)*. Beide Verlage hatten schon vorher ihr ursprünglich mehrheitlich erbaulich-missionarisches Programm durch die Veröffentlichung theologischer Arbeiten erweitert, Brockhaus durch sein «Theologisches Begriffslexikon», Brunnen durch die von Klaus Bockmühl 1973 initiierte Heftreihe «Theologie und Dienst». Inzwischen erschienen in der TVG mehrere Reihen wissenschaftlicher Monographien, theologische Lexika und die ersten Bände eines Kommentars zum Neuen Testament.

1.6 Evangelistisch-missionarische Projekte und Initiativen

Die vergangenen Jahrzehnte waren im christlichen Bereich von einer Anzahl Projekte und Initiativen geprägt, in denen das evangelistisch-missionarische Anliegen im Vordergrund stand. In der Betrachtung der entsprechenden Entwicklungen kann es nicht nur um die Frage gehen, wie viele Menschen neu eine Liebe zu Gott und zu Jesus gewonnen haben, sondern auch, was alles *nicht* wäre, wenn solche Projekte und Initiativen nicht stattgefunden hätten.

Zwei Eckdaten sind von besonderer Bedeutung: Zum einen der im Juli 1974 durchgeführte Internationale Kongress für

Weltevangelisation in Lausanne (mit Nachfolgekonferenzen in Manila und – 2010 – in Kapstadt) und zum andern die EKD-Synode in Leipzig im November 1999. Von Ersterem ging die sog. Lausanner-Verpflichtung mit 15 Artikeln zum Thema Evangelisation aus (Beispiele: Die Einzigartigkeit und Universalität Jesu Christi / Das Wesen der Evangelisation / Gemeinde und Evangelisation / Dringlichkeit der evangelistischen Aufgabe / Evangelisation und Kultur / Die Kraft des Heiligen Geistes). Die EKD-Synode war insofern bedeutungsvoll, als mit dem Schwerpunktthema «Reden von Gott in der Welt – Der missionarische Auftrag der Kirche an der Schwelle zum 3. Jahrtausend» das Thema Mission in Deutschland auch aus der Sicht der Kirche wieder salonfähig geworden ist.

Drei Projekte bzw. Initiativen sind innerhalb des deutschsprachigen Raumes im Laufe der vergangenen 40 Jahre in besonderer Weise von Bedeutung:

1. **Das Großprojekt «ProChrist».** ProChrist ist zunächst eine Bewegung von Christen verschiedener Kirchen und Gemeinden, die gemeinsam für den Glauben an Jesus Christus werben wollen. Die Initiative wurde 1991 auf Anregung zweier evangelischer Bischöfe mit dem Ziel gegründet, den christlichen Glauben in Deutschland und Europa zu fördern. Der Verein hat hauptsächlich zwei Aufgaben: Als *Organisator* entwickelt und koordiniert er Ereignisse wie die europaweit per Satellit übertragene Zentralveranstaltung «ProChrist20xx – Der Event», aber auch die speziell zu diesem Zweck ins Leben gerufenen eigenen Radio- und Fernsehsendungen. Im Mittelpunkt stehen konsequent die evangelistische Verkündigung, am Anfang durch Billy Graham, später durch Ulrich Parzany. Als *Unterstützer* hilft der Verein christlichen Gemeinden, die lokal, regional oder international unter dem Label «ProChrist» eine Veranstaltung für Menschen auf der Suche nach einem tieferen Sinn im Leben anbieten wollen. Die ProChrist-Veranstaltungen finden seit 1993 durchschnittlich alle 2 bis 3 Jahre statt, zuletzt vom 29. März bis 5. April 2009 in der «Chemnitz-

Arena». Bei diesem siebten Mal verfolgten 1,1 Mio. Besucher «den größten Gottesdienst Europas». Beteiligt waren 1300 Übertragungsorte aus 18 Ländern. Erstmals wurde von den ProChrist-Veranstaltern eine Übertragung der Abendprogramme per Satellit ins Wohnzimmer ermöglicht.
2. **Das Projekt Alphalive:** Hinter dem Konzept stehen einerseits die unerfreuliche Erfahrung im Gemeindeleben, kaum Menschen, die dem Evangelium fernstehen, zu erreichen, und andererseits die Sehnsucht, einen Weg zu finden, wie solche Menschen der befreienden und lebensverändernden Kraft Gottes begegnen können. Mit dem Alphalive-Kurs wurde ein Weg gefunden, der Menschen erlaubt, auf eine unbedrohliche Art den christlichen Glauben für sich selber zu entdecken. Jedes Treffen beginnt mit einem Essen. Man kommt ins Gespräch und lernt sich auf unkomplizierte Weise kennen. Keine Frage ist zu schlicht, zu schwierig oder zu frech. Die Inhalte thematisieren grundsätzliche Fragen und Inhalte des christlichen Glaubens. Der im Vordergrund stehende kostenlose Kurs erstreckt sich in der Regel über einen Zeitraum von zehn Wochen und beinhaltet auch ein Wochenende. Die Grundkonzeption wurde in der Holy Trinity Brompton, einer anglikanischen Kirchengemeinde in London, gestartet und entwickelt. Der Kurs wird mittlerweile in über 150 Ländern angeboten. In der Schweiz haben seit 1998 über 40 000 Menschen an 580 Orten teilgenommen.
3. **Die Initiative Frauenfrühstück:** Eine dritte bemerkenswerte und nachhaltig wirkende Form, Menschen das Evangelium nahe zu bringen, sind die Frauenfrühstücks-Treffen, die meist unter der Woche stattfinden. Das Motto: Evangelisation praktisch. Ambiente, Vortrag und Austausch sind Kernstücke der Initiative. Unter der Bezeichnung «Frühstücks-Treffen von Frauen für Frauen» treffen sich seit 1983 an rund 40 Orten der Schweiz – und seither auch in acht weiteren europäischen Ländern – regelmäßig Frauen verschiedener sozialer und konfessioneller Herkunft. In Deutschland gibt es mittlerweile über 7000 ehrenamtliche Mitarbeiterin-

nen an ca. 220 Orten. Sie haben sich in dem gemeinnützigen Verein «*Frühstücks-Treffen für Frauen in Deutschland e.V.*» zusammengeschlossen.

Eine knappe Übersicht über wesentliche, primär evangelistische Aktionen in der Schweiz findet sich in der vom Brunnen Verlag Basel herausgegebenen Schrift «Stand der Dinge – 14 christliche Führungspersonen im persönlichen Interview über ihr Wirken, ihre Hoffnung und ihre Sehnsucht». Darin sind als weithin wahrnehmbare evangelistisch-missionarische Aktionen unter anderem erwähnt:

- In den 70er- und 80er-Jahren des 20. Jahrhunderts: Evangelisationen mit dem Janz Team und Wilhelm Pahls, was zu Gemeindegründungen in unterschiedlichen Regionen der Schweiz geführt hat.
- 12.1.1975: Gründung von «Christus für alle (CFA) – Das Evangelium in alle Häuser». Seit 1991 sind die Patenländer in Osteuropa Schwerpunkt der Arbeit. Im Zentrum der Bewegung stehen christliche Literatur, Bibelkurse und persönliche Kontakte.
- 8.6.1980: Erster Christustag in Bern mit rund 15 000 Beteiligten. Vier weitere Christustage folgten, zuletzt am 13.6.2004 im Basler «St. Jakobs-Park» mit 40 000 Teilnehmerinnen und Teilnehmern.
- CREDO 91 als evangelistisches Groß-Projekt mit allerlei Aktivitäten in verschiedenen Gegenden der Schweiz und dem 4. Christustag in Bern mit 30 000 Teilnehmerinnen und Teilnehmern.

Auch wenn da und dort eine gewisse Konferenz- und Kongressmüdigkeit vorhanden ist, scheinen sich doch in den vergangenen Jahrzehnten Formen von Evangelisation und Mission in Deutschland und der Schweiz etabliert zu haben, die sich bewähren, die von einem starken Miteinander unterschiedlicher Leiter getragen werden und die nachhaltige Wirkung haben.

1.7 Initiativen in den Bereichen Ehe und Familie, Beruf und Politik

Neben den eher klassischen Initiativen im Hinblick auf Gemeindebau und Evangelisation haben sich im Laufe der vergangenen Jahrzehnte zunehmend Initiativen hervorgetan, die angesichts unterschiedlicher Notsituationen innerhalb unserer Gesellschaft die Bewährung des christlichen Glaubens in einzelnen gesellschaftlichen Verantwortungsbereichen betonen. Motiv ist dabei oft das Empfinden, dass solche Lebensbereiche von der Gemeinde vor Ort nur ungenügend abgedeckt werden. Es kommt zu überregionalen Zusammenschlüssen. Sie betreffen

- den Bereich Ehe und Familie,
- den Bereich Beruf, mit Schwerpunkt Führungsverantwortung,
- den Bereich Politik.

Zum ersten Bereich: Nicht nur das Scheitern von Ehen, sondern gelingendes **Ehe- und Familienleben** steht einer Reihe von Organisationen vor Augen. In Deutschland haben sich seit dem Jahr 2007 insgesamt 16 Initiativen zusammengeschlossen. Sowohl konfessionell wie von den Wurzeln her sind diese Bewegungen breit. In der Schweiz sind es insbesondere die von Campus für Christus initiierte Bewegung «FamilyLife» mit dem Schwerpunkt «Ehe mit Vision» und «Familie mit Vision» sowie die von Manfred Engeli initiierte Bewegung «Finale Eheseelsorge» (siehe dazu das 65 Seiten umfassende Büchlein). Auf Engeli geht der im Mai 2005 gegründete Verein «LiSa Eheatelier» zurück. Dieser bildet die Trägerschaft für die parallel in der Schweiz und in Deutschland durchgeführten Kurse für «Finale Eheseelsorge». Neben einer Vielfalt von Kursen und Seminaren existieren eine nahezu unübersichtliche Anzahl Zeitschriften und Bücher zu Themen wie: «Die Kunst zu kommunizieren und Konflikte zu bewältigen», «Die Kraft der Vergebung» und «Liebe in Aktion». Elterntrainings enthalten Schwerpunkte wie

Leben in verschiedenen Welten, Kommunikation im Teenageralter, Spannungen, Konsum, Geld und Cyberspace. Zu Beginn des Jahres 2009 läuft die über den deutschen Bundes-Verlag initiierte Aktion «treue.liebe» (www.treueliebe.ch) mit einer Fülle von Ideen. Außerdem gewinnt die sog. «Marriage Week» (www.marriage-week.de) zunehmend an Bedeutung. Dabei handelt es sich um eine Initiative, die auch im säkularen Bereich Fuß fassen soll. Die Idee «Gutes für Ehepaare» geht auf den Engländer Richard Kane zurück und stellt seit 1996 das «Abenteuer einer gelingenden Ehebeziehung» in den Mittelpunkt einer landesweiten Themenwoche. Höhepunkt der Woche ist der Valentinstag. Marriage Week Deutschland ist eine Initiative von Personen und Institutionen aus den Bereichen Kultur, Kirche, Politik und Wirtschaft mit dem Ziel, «den Wert der Ehe in der Gesellschaft zu stärken».

Im Bereich **Beruf** mit dem Schwerpunkt Führungsverantwortung waren in den vergangenen Jahren insbesondere die Organisationen von IVCG (Internationale Vereinigung christlicher Geschäftsleute) und «Christen im Beruf» (früher: Internationale Vereinigung christlicher Geschäftsleute bzw. Geschäftsleute des vollen Evangeliums) aktiv. Beide Vereinigungen arbeiten international und verfolgen das Ziel, Menschen in Verantwortung zu verbinden. Neben diesen größeren Zusammenschlüssen gibt es spezifische Initiativen. Beispiele: Christen im Gesundheitswesen, Christen in der Wirtschaft sowie IVCG Young Professionals (mit den Schwerpunktthemen Gesellschaft, Karriere, Familie sowie einem Mentoringkonzept und Möglichkeiten zum Erfahrungsaustausch). In diesem Bereich unübersehbar ist der Kongress christlicher Führungskräfte. Dieser Kongress fand zuletzt im Februar 2009 zum 6. Mal mit insgesamt 3854 Besuchern statt. Das Leitmotto seit dem 1. Kongress im Jahr 1999 dreht sich um die Fitness für die Zukunft bzw. die Thematik «Mit Werten in Führung gehen». Der Kongress ist eine große Ermutigung für viele Führungspersonen im Bereich kleinerer und mittlerer Unternehmen. Nicht nur die durch diese Firmen produzierten Produkte und Dienstleistungen, sondern auch die in solchen Unternehmen praktizierten Grundwerte sind von fundamentaler Bedeutung für eine künftig lebenswerte Gesellschaft.

Hinsichtlich der **Politik** haben u. a. die *Nationalen Gebetsfrühstücks-Treffen* Tradition. Die Wurzeln finden sich in Amerika. Während des 2. Weltkrieges standen die Mitglieder des US-Kongresses vor schwerwiegenden Entscheidungen: Sollte man in diesen Krieg mit allen Folgen eintreten? Einige der Parlamentarier kamen zu dem Schluss, dass zur Entscheidungsfindung Gebet weiterhelfen würde. Man beschloss, sich informell zum Frühstück zu treffen, die Hilfe Gottes zu suchen und einander persönlich zu ermutigen. Die Begegnungen der Politiker waren und sind bis heute stets privater Natur und haben vielfältige Nachahmung gefunden. Einmal im Jahr laden Mitglieder des Kongresses zu einem «National Prayer Breakfast» ein. Der Präsident wie auch der Vizepräsident der Vereinigten Staaten, Regierungsmitglieder und Parlamentarier sowie bedeutende Repräsentanten aus den 50 US-Bundesstaaten besuchen dieses jährliche Ereignis. 1979, als deutsche Politiker nach Amerika zum National Prayer Breakfast eingeladen wurden, entstand ein analoges Treffen in Deutschland. Mit Unterstützung des damaligen Vorsitzenden der CDU-Landtagsfraktion und späteren Ministerpräsidenten von Baden-Württemberg, Erwin Teufel, entstand eine erste Frühstücksbegegnung im Landtag von Baden-Württemberg. Mit entscheidend waren unter anderen die Landtagsabgeordneten Rudolf Decker (CDU) und Dr. Hermann Precht (SPD). Nach den positiven Erfahrungen in Stuttgart griffen im Jahr 1981 einige Abgeordnete des Deutschen Bundestages in Bonn diesen Gedanken auf. Seitdem treffen sich deutsche Parlamentarier regelmäßig zu einem Gebetsfrühstück auf interfraktioneller und überkonfessioneller Basis. Im Jahr 2005 wurde zusammen mit Prof. Dr. Lothar Späth und Dr. Hans-Jochen Vogel eine «gemeinnützige Stiftung für Grundwerte und Völkerverständigung» gegründet. Ziel ist die Förderung des Bewusstseins für die Verantwortung vor Gott und den Menschen in Gesellschaft, Politik und Wirtschaft. Folgende Aktivitäten – siehe Jahresbericht 2008 – stehen unter anderem im Vordergrund: das regelmäßige Gebetsfrühstück für

Abgeordnete des Deutschen Bundestages, vergleichbare Treffen für Abgeordnete in Landtagen sowie «Kaminabende» auf Einladung von Parlamentariern.

1.8 Fazit

Was Christen in den vergangenen 40 bis 60 Jahren getan und gewirkt haben, ist nicht hoch genug zu schätzen. Unübersehbar ist der Bezug zu aktuellen Zeitereignissen. Gott hat immer wieder Antworten auf bestimmte Zeiten bereitet. Dies zu sehen gehört zu unserem Privileg *und* zu unserer Pflicht.

Die Frage liegt in der Luft, ob es uns im Hinblick auf die kommenden Jahre und Jahrzehnte gelingt, die Stimme Gottes genügend zu hören und dann – als Antwort auf die Bedürftigkeiten unserer Zeit – das zu tun, was von Gott her richtig ist. Zwei Geheimnisse werden auch in Zukunft entscheidend sein:

1. **Das Geheimnis, auf Gott zu hören und zu tun, was Gott sagt.** Wo dies geschieht, ist fruchtbare und wirkungsvolle Tätigkeit auch in einer menschlich undurchschaubaren Gesellschaft möglich.
2. **Das Geheimnis, sich an der richtigen Stelle zu vernetzen.** Viele bisherige und kommende Initiativen sind als Perlen zu sehen. Perlen gehören allerdings aufgereiht. Schlimm, wenn Perlen «unaufgekettet», also unverbunden und unvernetzt, ihre Wirkung verlieren. Und gut, wenn es zu einer sichtbaren und nachhaltig wirkenden Perlenkette kommt.

Wird im Anschluss an die bemerkenswerten Bewegungen und Initiativen der letzten 60 Jahre ein Gesamtblick versucht, muss festgestellt werden, dass nachhaltig wirkende Bewegungen niemals ohne unspektakuläres und kontinuierliches christliches Gemeinschafts- und Gemeindeleben denkbar wären. Landauf und landab, in Städten und in Dörfern, treffen sich unzählige Menschen oft wöchentlich zu Gottesdiensten, zu Jugend-, Bibel- und Seniorenstunden, zu missionarischen und diakonischen Einsätzen vor Ort, zu Lagern und Freizeiten sowie zu Schulungstreffen unterschiedlichster Art. Unzählige Menschen sind – neben- und hauptberuflich – an unterschiedlichster Stelle engagiert. Dieses unscheinbare, kontinuierliche und wenig Aufsehen erregende «stille» Dasein erst ermöglicht auffälliges und größer angelegtes Handeln von Christen innerhalb unserer Gesellschaft.

Diese Hinweise leiten uns über zu der Frage nach erfolgreichen und nachhaltig wirkenden Gesellschaftsbewegungen. Parallel zu diesen Bewegungen und innerhalb dieser Bewegungen hat sich der christliche Glaube zu bewähren.

2. Fünf erfolgreiche und nachhaltig wirkende Gesellschaftsbewegungen

Mit der Formulierung «erfolgreiche und nachhaltig wirkende Gesellschaftsbewegungen» meinen wir benennbare Glaubens-, Denk- und Handlungskonzeptionen, die vorangehende Lebens- und Gesellschaftsentwürfe nicht nur theoretisch in Frage stellen, sondern im Lebensvollzug an den Rand drängen und damit Meinungsführerschaft in unserer Gesellschaft übernehmen. Sie prägen öffentliche Meinungsbildungsprozesse und bestimmen das politische Geschäft. Bisherige Selbstverständlichkeiten werden begründungspflichtig.

Christen sind nicht selten gewohnt, gesellschaftliche Bewegungen von der bedrohlichen, schwierigen und gegebenenfalls gefährlichen Seite her wahrzunehmen. Schon nur deshalb, weil es *keine* Bewegung gibt, die nicht auch etwas Positives in sich hat, ist es ausgesprochen lohnenswert, den Bewegungen nachzuspüren, die im mitteleuropäischen Raum während der vergangenen 60 Jahre einen wesentlichen gesellschaftlichen und infolgedessen auch politischen Einfluss hatten oder dabei sind, unüberhörbaren Einfluss zu gewinnen. Gemeinsames Merkmal all dieser Bewegungen sind zum einen Hinweise zu defizitären Erscheinungen und zum andern die Idee eines (alternativen) Idealzustandes der Gesellschaft.

Die für uns spannendste Frage lehnt sich an die Beobachtung an, dass jede gesellschaftliche Bewegung *aufgrund einer zurückliegenden «Inkubationsphase»* (Ulrich Beck, «Weltrisikogesellschaft», S. 392) das geworden ist, was sie ist. Genauso wie ein Kind nicht von einem Tag auf den andern da ist, sondern bereits eine Schwangerschaft von durchschnittlich neun Monaten hinter sich hat, so sind auch gesellschaftliche Umbrüche nicht einfach plötzlich da. Sie haben bereits Wege zurückgelegt und haben sich über mehr oder weniger lange Zeit angebahnt. Eine der aufregendsten Fragen besteht dementsprechend darin, heute zu erahnen, was sich in den kommenden Jahren entwickeln könnte bzw. was sich heute – jetzt noch unsichtbar – in der Inkubationsphase befindet. Solches Denken bedingt, die in den vergangenen Jahren und Jahrzehnten bedeutungsvoll gewordenen Bewegungen zu verstehen.

Vorab sei angemerkt, dass sich gesellschaftliche Bewegungen nicht unabhängig von technischen Entwicklungen verstehen lassen. Im 20. Jahrhundert sind dank den Fortschritten der Technik historisch ein- und erstmalig bestimmte Dinge möglich, insbesondere etwa bezüglich Mobilität, Kommunikation und Naturbeherrschung (beispielsweise in der Beeinflussung der Fortpflanzung). Der wissenschaftlich-technische Fortschritt hat zum einen die Vielfalt von Lebens- und Freizeitoptionen um ein Vielfaches gesteigert, unser Leben zum andern aber auch wesentlich risikoreicher gemacht. Kritische bzw. warnende Stimmen gab es in der Nachkriegszeit fortwährend. Beispiele: Romano Guardini fragt in seiner Schrift «Das Ende der Neuzeit», ob der Mensch die Macht über die Technik behält oder ob eines Tages der Mensch zum Sklaven der Technik wird. Oder: Carl Friedrich von Weizsäcker hat als Physiker bereits in den 60er-Jahren in seinem Buch «Die Tragweite der Wissenschaft» vor der «Religion der Wissenschaft» gewarnt und dabei wissenschaftlichen Veröffentlichungen den Platz der «heiligen Schriften», den Wissenschaftlern die Stelle der «Priester» und der «scientific community» den Platz der «Gemeinde» zugestanden. Offensichtlich ist, dass ohne den wissenschaftlich-technischen Fortschritt die Welt in all ihren positiven und negativen Erscheinungsweisen, wie wir sie heute vorfinden, nicht denkbar wäre.

Die wissenschaftlich-technische Revolution schaffte die Voraussetzungen für eine Reihe gesellschaftlich nachhaltig wirksamer Bewegungen in den zurückliegenden 60 Jahren. Im Hinblick auf unsere konkrete Frage, in was für einem Umfeld sich Christen der kommenden Jahre zu bewähren haben, sind folgende fünf teilweise sehr vergleichbare, teilweise völlig unter-

2. Fünf erfolgreiche und nachhaltig wirkende Gesellschaftsbewegungen 95

schiedliche Bewegungen zu nennen und in ihrer einzigartigen Dynamik zu beschreiben:

- die sog. 68er-Bewegung;
- die sexuelle Revolution in drei unterschiedlichen Schüben;
- die Esoterik;
- der Islam als Erfolgsbewegung in Europa;
- die Postmoderne.

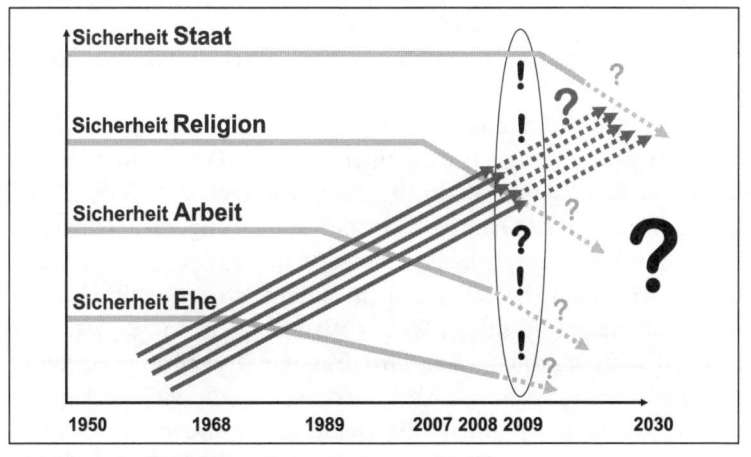

Abbildung 7: Ein kurzer Abriss der letzten 60 Jahre

Kommentar: Zu allen Zeiten gab es in ihrem Einfluss abnehmende und in ihrem Einfluss zunehmende Bewegungen. Die fünf hier zu skizzierenden Bewegungen sind mit Sicherheit auch heute noch zunehmend wirksame und Einfluss gewinnende Erscheinungen. In der Graphik sind diese Bewegungen mit den (grauen) aufwärtsgerichteten Pfeilen angedeutet.

Dass sich nicht nur der durchschnittliche Bürger, sondern auch christlich geprägte Menschen sowohl durch eine pointierte Bejahung als auch durch eine strikte Verneinung dieser Bewegungen auszeichnen, zeigt deutlich, wie berechtigt die Beschreibung unserer heutigen Gesellschaft als sog. Multioptionsgesellschaft ist (Peter Gross). Die «Risiken» sowohl im individuellen wie auch im sozialen, familiären, beruflichen und politischen Bereich werden insbesondere von Ulrich Beck («Risikogesellschaft» und «Weltrisikogesellschaft») beschrieben.

2.1 Die sog. 68er-Bewegung

Das Jahr 1968 ist als epochemachendes Jahr in die Geschichte der Nachkriegszeit eingegangen. Menschen, die gegen Ende der 60er-Jahre Einfluss nahmen, hatten einen unübersehbaren Drang, der Geschichte nicht einfach ihren Lauf zu lassen, sondern sie neu (und anders) zu gestalten. Die damals 18- bis 30-Jährigen fühlten sich zum einen von der Tradition, zum andern von «Vater Staat» bedroht. Die vorherrschende Befindlichkeit der Zeit findet sich u. a. in der Einleitung zum Jahrbuch 1968 der EKD beschrieben. Dort ist nachzulesen: «Die Welt, in der wir leben, befindet sich in einem Prozess stürmischer, weitreichender und tiefgreifender Wandlungen. Vieles, was früher selbstverständlich war, wird fraglich. Auskünfte, Antworten, Entscheidungen und Verhaltensregeln, die vielen Generationen genügten, können uns heute nicht mehr befriedigen. Unbehagen am Bestehenden meldet sich überall nicht nur zu Wort, sondern gibt sich nicht eben selten in Akten der Gewalttätigkeiten Ausdruck. (…) Das Schiff der Kirche befindet sich keinesfalls und keineswegs mehr auf ruhiger, sicherer Fahrt, sondern ist Stürmen und Fluten ausgesetzt, die es auf harte Zerreißproben stellen.»

Was geschah? Eine kurze Chronik wesentlicher Ereignisse des Jahres 1968:

- Der «Prager Frühling» als Versuch des «Reformkommunismus mit bürgerlichen Freiheiten» beginnt unter dem neuen Parteichef Alexander Dubček – im August beenden russische Panzer das Experiment mit Unterstützung des Warschauer Paktes.

2. Fünf erfolgreiche und nachhaltig wirkende Gesellschaftsbewegungen   97

- In Frankfurt kommt es zu Kaufhausbränden. Namen wie Andreas Baader oder Gudrun Ensslin tauchen erstmals auf.
- Martin Luther King wird als führender schwarzer Bürgerrechtler in den USA von Weißen ermordet.
- Rudi Dutschke, einer der bekanntesten Wortführer der westdeutschen Studentenbewegung und Sprecher der außerparlamentarischen Opposition (APO), wird bei einem Attentat in Berlin lebensgefährlich verletzt (er stirbt an dessen Folgen am 24.12.1979).
- In Frankreich werden heftige Studentenunruhen durch die Schließung einer Fakultät hervorgerufen – es kommt zu bürgerkriegsähnlichen Auseinandersetzungen mit der Polizei.
- In Bonn werden Notstandsgesetze verabschiedet, die im Spannungs- und Kriegsfall zahlreiche Grundrechte außer Kraft setzen können.
- In den USA wird der Präsidentschaftskandidat Robert Kennedy ermordet.
- Das Hippie-Musical «Hair» propagiert ein neues Wassermann-Zeitalter des Friedens.

Im Jahr 1969 kommt es in der Folge zu einer Strafrechtsreform, aufgrund derer «Gotteslästerung», «Homosexualität» und «Ehebruch» nicht mehr strafbar sind. Am Festival der Popmusik bei Woodstock (USA) feiern im selben Jahr 400 000 Menschen unter dem Motto «Love and Peace». 1970 kommt es, was die nicht gelöste Spannung der damaligen Zeit anzeigt, zur Bildung der «Rote Armee Fraktion» (RAF).

Später, nämlich 1989, beschreibt Matthias Horx in seinem Buch «Aufstand im Schlaraffenland» rückblickend das «soziale Laboratorium» zwanzig Jahre zuvor mit fünf Kernmerkmalen (S. 16–19):

- der Kampf gegen die Eltern (der sog. Aufbaugeneration) und damit gegen Geschichte und Tradition (Motto: «Trau keinem über 30»);
- die Erfahrung mit der Droge;
- die Freizügigkeit mit der Sexualität;

- das Reden-Dürfen über alles (es geht auch ohne Tabus), und
- der Verzicht auf den Mittelpunkt des Lebens in Form von Elternhaus, Schule und Universität.

Die Welt nach 1968 war nicht mehr die Welt von vor 1968. Wohl treffend charakterisiert Hans Maier (ehemals Inhaber des Guardini-Lehrstuhles in München und Kultusminister in Bayern) zusammenfassend «1968 – das wilde Jahr» mit den Worten (Rheinischer Merkur, 3.1.2008): «Vereinfachend könnte man sagen: Vor 1968 war Veränderung begründungspflichtig – nach 1968 das Festhalten an Traditionen.» Sicher: Die Gegenkultur der 68er war Reaktion auf eine zunehmend säkulare, sich in Routine erschöpfende und materialistisch orientierte Gesellschaft. Am Beispiel der Urlaubsfaszination der Bundesbürger greift Christian Graf von Krockow in seinem Buch «Die Deutschen in ihrem Jahrhundert – 1890–1990» das Motto «Bloß raus hier» auf. Deutschland ist nicht nur Weltmeister des Exports, «sondern auch des Verreisens» (S. 323). Dieses «Raus hier» – aus Elternhaus, Tradition, Pflichtkultur – ist charakteristisch für die Jahre rund um 1968. Und das mit sehr großen Auswirkungen.

Diese Auswirkungen waren in unterschiedlichsten gesellschaftlichen Feldern offensichtlich: Zunächst war es das Laboratorium *Universität*. Professoren, die Tradition oder traditionelle Werte hochhielten, mussten u. a. in München, Berlin und Frankfurt damit rechnen, mit Tomaten und faulen Eiern beworfen zu werden. Sitzungen und Feiern wurden gestört. Monatelange Vorlesungsstörungen zermürbten Professoren (siehe Hans Maier: Als Professor im Jahr 1968; Vortrag am 23. Juni 1998 im Rahmen der Ringvorlesung der Universität München mit dem Titel «1968 – 30 Jahre danach»). Der Sozialistische Deutsche Studentenbund (SDS) gewann Zulauf und forderte ein Mitspracherecht in der Besetzung von Lehrstühlen. Gezielte Solidarität mit der Studentenschaft durch die Professorenschaft kam insbesondere von Seiten der «Kritischen Theorie» in Frankfurt (später bekannt als die «Frankfurter Schule»). Die Kritische Theorie entwickelte sich in Abgrenzung vom «Kritischen Rationalismus». Die Grundthese: Es gibt keine wertfreie Wissenschaft. Wissenschaft und Wahrheit sind normativ gebunden. Ihre Werte bedürfen des herrschaftsfreien, also nicht von Autoritäten und Ämtern diktierten Diskurses. Namen damaliger Wortführer waren Jürgen Habermas (insbesondere mit seiner Theorie des diskursiven Streitgesprächs) und Herbert Marcuse (mit seinem Buch «Der eindimensionale Mensch»). Niederschlag fand das Gedankengut der Kritischen Theorie vor allem im Bereich der emanzipatorischen Pädagogik und demzufolge in Schulgesetzen und Schulbüchern.

Nicht nur in der Soziologie und der Pädagogik kam es zu massiven Umwälzungen der Denkweisen. Auch *Theologie und Kirche* waren betroffen. Es war vor allem die sog. Befreiungstheologie mit ihren Bezügen zur Dritten Welt. Liest man etwa den Bericht der Synode der EKD 1968 «zur Weltverantwortung der Kirche in einem revolutionären Zeitalter», spürt man im Zusammenhang der damals getroffenen Entschlüsse die mentale Veränderung. Die Beschlüsse betrafen etwa «einen höheren kirchlichen Beitrag zur Bekämpfung der Not in der Welt», die «Bildung einer Arbeitsgruppe für Entwicklungspolitik», die «Errichtung eines sozialwissenschaftlichen Instituts». Unüberhörbar war der Appell, auch kirchlicherseits der Umgestaltung der gesellschaftlichen Verhältnisse Priorität einzuräumen.

Schließlich wurzelt die große Thematik des bis heute heiß diskutierten *Wertewandels* in den im Jahr 1968 angestoßenen Umwälzungen. Das Wertesystem in der Zeit nach 1948 lässt sich mit Recht als «Ausnahmezustand» (Helmut Klages in seinem Buch «Wertedynamik. Über die Wandelbarkeit des Selbstverständlichen»; S. 48) beschreiben. Der Druck zum Wiederaufbau seit 1945 legte Pflicht- und Akzeptanzwerte nahe (Beispiele solcher Werte sind Disziplin, Gehorsam, Demut, Bescheidenheit, Maßhalten). Genau diese Werte lösten in den 60er-Jahren das bekannte Unbehagen aus und führten zu einer neuartigen Wertedynamik rund um den Leitbegriff der Selbstentfaltung (mit den Begleitwerten von Partizipation, Emanzipation, Autonomie, Ungebundenheit, Genuss und Selbstbestimmung). Durch keinen anderen Begriff wurde der damals artikulierte Wertewandel so präzise auf den Punkt gebracht wie mit dem Reizwort der «antiautoritären Erziehung». Spannend dann, wie rund 10 Jahre nach 1968 der damals hochgehaltene Begriff «Aufstand» mehr und mehr abgelöst worden ist vom Leitbegriff «Bedürfnis» (siehe Horx 1989, S. 30). Zentraler Wert wurde das Bedürfnis des Menschen.

Drei Fragen drängen sich auf:

- Wie wird die Bewegung der sog. «68er» im Jahr 2008 gedeutet?
- Was haben Christen bereits 1968 gesehen und getan? Und:
- Was könnte oder müsste daraus gelernt werden?

Was **Deutungen 40 Jahre danach** betrifft, so herrscht ein eher skeptischer Blick vor. Kein Zweifel herrscht darüber, dass auch zum Zeitpunkt, zu dem Woodstock längst in Vergessenheit geraten ist und viele 68er ein gutbürgerliches Leben führen, fundamentale Auswirkungen spürbar sind. Roger Kimball als einer der einflussreichsten amerikanischen Kunst- und Kulturkritiker schreibt in der Weltwoche vom 24.1.2008: «Das Zeitalter des Wassermanns lebt fort in unseren Werten und Gewohnheiten, in unseren Vorlieben, Freizeitvergnügungen. (...) Vor allem lebt es fort in unseren Schulen, in den Kulturinstitutionen und in der armseligen Popkultur (...) Die Kulturrevolution befreite uns von gesellschaftlichen Konventionen, moralischer Verklemmtheit und Ehrfurcht vor der Hochkultur.» An deren Stelle trat «die endlose Pubertät, intellektuelle Verwilderung und die Meinung, Bob Marley und Beethoven stünden auf der gleichen Stufe». Fazit: «Der lange Marsch der Kulturrevolutionäre war erfolgreich – weit über die kühnsten Träume der Utopisten hinaus.» Hans Maier gesteht – ergänzend – im bereits erwähnten Artikel ein: Das kulturelle Getriebe hat sich «fundamental verändert», auch wenn sich bereits 10 Jahre nach 1968 das revolutionäre Ethos verflacht hat. Die «gesamte Kultur» sei «umgepflügt» worden. Viel «tradiertes Weltwissen» sei «fahrlässig entsorgt worden». Maier warnt aber auch: «Wie es schon immer war, so soll es auch bleiben – *das genügt nicht, um Zukunft zu gewinnen.*»

Im Bereich der **Christen**, denen die Jesusliebe brennendes Anliegen war, sticht der Beitrag der Offensive Junger Christen (OJC, damals Bensheim, heute Reichelsheim im Odenwald) heraus. Unter der Leitung von Horst-Klaus Hofmann wurden in Kooperation mit dem Chrischona-Theologen Klaus Bockmühl, den Marienschwestern in Darmstadt und der «Moralischen Aufrüstung» in der französischsprachigen Schweiz die gesellschaftlichen Ereignisse nicht nur zur Kenntnis genommen. Vielmehr wurde versucht, ebenso revolutionär Antworten auf die aktuellen Herausforderungen zu geben. Das Grundmotto: «Dagegensein ist nicht genug – der Kampf um das Leben und Denken der jungen Generation» (so ein Referat von Hofmann bereits im Jahr 1967; siehe «Anstiftungen. Chronik aus 20 Jahren OJC»). Es war klar: «Es geschieht etwas.» Nachdem sich viele Christen beschwichtigend, skeptisch und abweisend äußerten, wagte Horst-Klaus Hofmann mit den «Jungen Christen» den Weg zur «OJC-Kolonie» (siehe die Jubiläumsschrift) als Weg des Teilens, des gemeinsamen Lebens und der gesellschaftlichen Verantwortung aus dem gemeinsamen Leben heraus. Öffentliche Streitgespräche, Referate an den Universitäten sowie Einmischungen auf den Straßen weisen auf die offensive Strategie damaliger Christen hin.

Was lernen wir? Abwehr und Verteidigung bloß mit dem Traditionsargument konnten nicht genügen. Die spannende, vielleicht unbequeme und irritierende Frage muss erlaubt sein, was es aus der Zeit rund um 1968 zu lernen gilt. Fünf Gesichtspunkte, die Anreiz liefern, eigenes Denken zu überprüfen und sich herausfordern zu lassen:

- Bei den Achtundsechzigern handelt es sich um eine Generation, die bereit war, ohne Verordnung «von oben» das Letzte für eine Sache zu geben. Bekanntlich haben das einige Vertreter der Bewegung mit dem Leben bezahlt, so unter anderen

Benno Ohnesorg und Rudi Dutschke. Vergleichbares ist unter den Christen – möglicherweise mit Ausnahme des Engagements von Christen im Zusammenhang mit dem Mauerfall 1989 – während der vergangenen Jahre in Mitteleuropa kaum wahrnehmbar gewesen.
- Die Bewegung hatte ein Leitbild von künftiger Gesellschaft. Es existierte ein Bild, das sich nicht nur am gängigen Denken und an der gängigen Kultur ausrichtete. Ein solches Bild in Form einer Utopie war gewollt sowie deutlich benannt und bekannt.
- Es gab Vor-Denker, denen sich viele «Nach-Denker» angeschlossen haben. Zwischen den beiden Gruppen herrschte Vertrauen. Professoren waren sich nicht zu gut, in studentischen Wohngemeinschaften zu lehren, und der gewöhnliche Student war sich nicht zu schade, genau hinzuhören.
- In der Theorie Gedachtes musste seine Gestalt im Leben finden, und der Alltag musste Ausdruck dessen sein, was Menschen geglaubt, behauptet und proklamiert haben. Was nicht alltagstauglich war, war mit Skepsis zu betrachten. Die «Theorie» reflektierte die Praxis. Es gab nichts Praktischeres als eine gute Theorie. Theorie ohne Praxis galt als irrelevant, und Praxis orientierte sich an geglaubter Theorie.
- Der lange Atem und das «Bohren dicker Bretter» waren selbstverständlich. In der Tat hat sich der «lange Marsch durch die Institutionen» gelohnt. Menschen der 68er-Bewegung befanden und befinden sich heute sowohl in Deutschland als auch in der Schweiz in höchsten Regierungsämtern.

Zweifelsohne waren die 68er aufs Ganze gesehen eine gesellschaftlich erfolgreiche Bewegung. Es genügte nicht, die schwierigen Dinge zu benennen. Veränderung war beabsichtigt, und Veränderung wurde erreicht, wohl am erfolgreichsten und nachhaltigsten im Bereich der Praxis von Sexualität. Die sexuelle Revolution hat sich in den 80er-Jahren angebahnt, ist in den 90er-Jahren ausgewachsen und wurde im ersten Jahrzehnt des 21. Jahrhunderts gesetzlich verankert.

2.2 Die sexuelle Revolution in drei unterschiedlichen Schüben

Matthias Horx nennt als eine der fünf Errungenschaften der 68er-Generation «die Freizügigkeit mit der Sexualität». All das, was sich im Bereich der Sexualität in den vergangenen 40 Jahren ereignet hat, kommt in der Tat einer sehr erfolgreichen Revolution gleich. Drei Aspekte bzw. Facetten springen in besonderer Weise ins Auge:

- die sexuelle Freizügigkeit außerhalb der Institution Ehe;
- die Gleichstellung homosexueller Partnerschaft mit der Ehe;
- Gender Mainstreaming oder die Selbstbestimmung der eigenen Geschlechtlichkeit.

a) Die sexuelle Freizügigkeit ohne die Institution Ehe

Herbst 2008: Die Aufschrift auf einem in jeder Bahnhofsbuchhandlung auffindbaren Buchcover gibt die konsternierte Aussage und Frage eines 11-jährigen Mädchens wieder: «Ich hatte noch nie Sex. Bin ich normal?»

Der Vergleich der beginnenden 1960er-Jahre mit dem Beginn des 21. Jahrhunderts lässt sich auf einen Nenner bringen: 1960, auch noch 1970, war es begründungspflichtig, wenn jemand mit einem Partner zusammenlebte, ohne dies innerhalb der Institution Ehe zu tun. 40 Jahre später ist es begründungspflichtig, wenn jemand die Ehe als exklusiven Raum für die Sexualität betrachtet.

Das Bild von Ehe und Familie hat sich in den vergangenen 40 Jahren fundamental verändert. Beispielhaft zeigt sich das etwa im Leitantrag zum Thema Gesellschaft und Familie, den die GRÜNE JUGEND auf ihrem 29. Bundeskongress am 19.11.2007 in Würzburg verabschiedet hat (siehe www.gruene-jugend.de/beschluesse). Im Folgenden einige Auszüge:

- Der Grundpfeiler einer freien und toleranten Gesellschaft ist eine freie und tolerante Familie. ... Der Begriff «Familie» wird bei uns in erneuerter Definition verwendet: Wir verstehen darunter sowohl das klassische Vater-Mutter-Kind-Bild als auch gleichgeschlechtliche Partnerschaften mit oder ohne Kind, polygame Lebensgemeinschaften, Patchworkfamilien, Alleinerziehende, aber auch Wohngemeinschaften wie Studierenden-, Mehrgenerationen- und Senioren-Gemeinschaften oder ganz einfach der engste Freundeskreis. Im Mittelpunkt der Definition steht die Solidarität untereinander, das Füreinanderdasein. Dies wollen wir rechtlich mit einem Familienvertrag absichern und damit die Ehe ersetzen. ...
- Bisher können nur zwei Menschen, die sich lieben, einen Vertrag aufsetzen oder «die Ehe eingehen», um zu zeigen, dass sie sich zusammengehörig fühlen und um bei Krankheits- oder Todesfall füreinander da sein zu dürfen. Diese Grundideen unterstützen wir als GRÜNE JUGEND. ... Die Berücksichtigung von Familienformen mit mehr als zwei sozialen Elternteilen ist dabei ein zentrales Anliegen von Patchwork- und Regenbogenfamilien. Auch Geschwister, die sich lieben, sollen Familienverträge abschließen und Kinder bekommen können ...
- Es darf in unserer Gesellschaft nicht der Anschein entstehen, dass, um ein Kind erziehen zu können, es dafür einer Mutter und eines Vaters – wie es konservative Kräfte gerne hätten – bedarf. Wir leben in einer modernen Gesellschaft, und in dieser soll es auch möglich sein, dass homosexuelle Paare, Alleinerziehende oder platonische Zweier- oder Dreierkonstellationen Kinder adoptieren dürfen. Der Mensch – in diesem Fall das Kind – muss im Zentrum des Adoptionsrechts stehen, nicht überkommene Familienvorstellungen!

Die Frage drängt sich auf: «Neigt sich das Zeitalter der Monogamie dem Ende zu?» (so im Titel eines Artikels der Weltwoche vom 16.5.2007). Es gibt heute ein gesellschaftliches Plädoyer, der Verlogenheit entgegenzutreten und neben der Homosexualität auch die Polygamie zu legalisieren. «In Tat und Wahrheit» würde unsere westliche Gesellschaft ohnehin bereits polygame Lebensentwürfe praktizieren, zurzeit «in einer Art serieller Polygamie» mit insbesondere für Kinder «dramatischen Trennungsschicksalen». In einer polygamen Ehe würden die Partnerinnen und Partner nicht ausgewechselt, sondern «quasi summiert». Der Artikel der Weltwoche schließt mit einer Ahnung: «Möglicherweise neigt sich heute (...) das Zeitalter der Monogamie und der klassischen Kleinfamilie dem Ende zu – um einer Art liberaler Polygamie oder Polyamorie Platz zu machen.» Die «Polyamorie-Bewegung» plädiert für die Freiheit, mehrere Beziehungen gleichzeitig zu leben, mit vollem Wissen und Einverständnis aller Beteiligten. Versucht wird, Besitzansprüche an den Partner zu überwinden und «die Geborgenheit der Zweierbeziehung mit Freiheit und Offenheit zu kombinieren».

Dass die sexuelle Revolution erfolgreich ist, bedarf keiner weiteren Begründung. Ehe und Familie sind in ihrer zentralen Stellung innerhalb unserer westlichen Gesellschaft in Frage gestellt. Ihre privilegierte Stellung in Grundgesetz und Verfassung steht zur Disposition. Sogar wenn es zu einer «Renaissance der Familie» etwa im Sinne der Interpretationen von Horst W. Opaschowski (siehe Teil I) käme, würde sich das erst in rund 20 bis 30 Jahren auswirken.

Wie eine logische Konsequenz erscheint die Gleichstellung homosexueller Partnerschaften mit der Ehe. Es ist die zweite Facette der sexuellen Revolution innerhalb der vergangenen 40 Jahre.

b) Die Gleichstellung homosexueller Partnerschaft mit der Ehe

Im Jahr 2001 erregte das Bekenntnis von Klaus Wowereit, erster Bürgermeister von Berlin, Aufsehen, als er geschichtsträchtig die Aussage machte: «Ich bin schwul, und das ist auch gut so.» Mit diesen Worten bekannte sich Klaus Wowereit auf einem SPD-Parteitag öffentlich zu seiner Homosexualität. Guido Westerwelle als Vorsitzender der deutschen FDP nutzte den 50. Geburtstag von Angela Merkel im Jahr 2004, um mit seinem Partner zu erscheinen. Die Ministerpräsidentin von Island ist seit 2002 mit einer Frau verheiratet. Städte wie Berlin (Klaus Wowereit), Hamburg (Ole von Beust), Paris (Bertrand Belanoe) sowie Zürich (Corine Mauch) werden von homosexuell empfindenden Menschen regiert bzw. präsidiert.

In Deutschland ist es seit 2001, in der Schweiz seit dem 1.1.2007 so, dass sich homosexuell empfindende Paare standesamtlich, also legal, trauen lassen können. Die «rosa Welle» bzw. Homosexualität als gesellschaftliche Realität ist zur selbstverständlichen und unwidersprochen akzeptierten Lebensform geworden. Der Fernseh- bzw. «Arena»-Moderator in der Schweiz, Patrick Rohr, hält emotionslos fest: «In der Schweiz hat sich in sehr kurzer Zeit generell ein großer gesellschaftlicher Wandel vollzogen.» Das ist «liberal und fortschrittlich».

Einige Zahlen (siehe Macher, Salzkorn der OJC Nr. 224, S. 202): 25,9 % der 12-Jährigen geben in einer Untersuchung in den USA an, in der geschlechtlichen Identität unsicher zu sein. Bei den 18-Jährigen sind es noch 5 %, die sich bezüglich ihrer sexuellen Orientierung im Unklaren sind. Zahlen im Hinblick auf die sexuelle Orientierung bei Erwachsenen sind schwer erhältlich. Laut repräsentativen Untersuchungen leben 2,5 % der Männer und 1,4 % der Frauen in homosexuellen Beziehungen.

Aufsehen erregend war im Jahr 2008 eine «Kleine Anfrage» im deutschen Bundestag (Deutscher Bundestag Drucksache 16/7917; 16. Wahlperiode). Diese bezog sich auf die von rund 20 000 Personen besuchte Jugendveranstaltung «Christival» und wurde konkret durch ein Seminar zum Thema Homosexualität ausgelöst. Die obligatorischen 27 Fragen waren von einer bisher im mitteleuropäischen Raum nicht gekannten Emotionalität und Aggressivität geprägt. Beispiele: Bereits der Titel der «Anfrage» lautet tendenziös: «Antihomosexuelle Seminare und pseudowissenschaftliche Therapieangebote religiöser Fundamentalisten.» Das «Deutsche Institut für Jugend und Gesellschaft» der Offensive Junger Christen wird von vornherein als «sogenanntes» Institut bezeichnet. Zitiert wird verkürzt. Unterschoben wird, dass die Offensive Junger Christen, auch die Bewegung Wüstenstrom, Homosexualität unreflektiert mit Alkoholismus, psychischen Krankheiten und Süchten gleichsetzen würde. Weiter wird suggeriert, dass «Fachleute» vor «den psychischen Gefahren von solchen Therapien» warnen. Wer sich für Wege der Veränderung homosexuell empfindender Menschen einsetzt, wird – so in der Frage 24 – mit «fundamentalistischen Heilungs-Scharlatanen» gleichgesetzt. Ähnliches Vokabular findet sich im Zusammenhang mit den Verhinderungsversuchen des 6. Internationalen Kongresses für Psychotherapie und Seelsorge im Mai 2009 in Marburg.

Der in besonderer Weise häufig verwendete und emotional stark belegte Begriff ist das Reizwort «Homophobie». Damit wird die «irrationale Furcht vor und Abneigung gegen Homosexualität und Lesben, Schwule, Bisexuelle und Transsexuelle» umrissen. Homophobie ist laut einer EU-Resolution vom 18.1.2006 ähnlich wie Fremdenfeindlichkeit, Antisemitismus oder Sexismus einzustufen. Homophob sind beispielsweise all jene Menschen, die therapeutische Alternativen zur Homosexualität anbieten. Perfid, wenn jemand als krank erklärt wird, der sich darum bemüht, ungewollte Empfindungen bei Menschen ernst zu nehmen, und Angebote macht, etwas zu unternehmen.

Dass der Bewegung nachhaltige Wirkung zuerkannt werden muss, ist fraglos. Ulrich Beck hält die gesetzliche Absicherung der homosexuellen Partnerschaft in den vergangenen Jahren für «historisch beispiellos» (S. 391). Derart radikale Umwälzungen in derart kurzer Zeit sind in der Geschichte der Menschheit so noch nicht vorgekommen. Auffällig ist die gesellschaftliche Widerstandslosigkeit.

Auch die dritte Facette der sexuellen Revolution bzw. deregulierter Sexualität innerhalb der vergangenen 40 Jahre ist eine logische Konsequenz:

c) Gender Mainstreaming oder die Selbstbestimmung der eigenen Geschlechtlichkeit

Die Gender-Perspektive, auch Gender Mainstreaming genannt, sickert in Analogie zur Homosexualität ohne viel Getöse, quasi als «lautlose Revolution», in unser Denken und in unsere Kultur ein. Die These: Weiblichkeit und Männlichkeit sind nicht in unveränderlichen biologischen Gegebenheiten verankert, sondern lediglich Folgen psychischer und kultureller Aneignung: «Man kommt nicht als Frau auf die Welt, man wird dazu gemacht» (Simone de Beauvoir).

Eine zugespitzte Beschreibung der neuartigen Perspektive findet sich bei Helmut Burkhardt in seiner mehrteiligen Ethik (Band II/2, S. 46–47): «Gegenwärtig am stärksten gesellschaftspolitisch wirksam ist die sog. Gender-Theorie, in der konsequent die Ansicht propagiert wird, dass die traditionelle Geschlechterdifferenzierung nichts als ein kulturelles Erzeugnis des ‹gesellschaftlichen Machtdiskurses› sei (Kuhlmann 275), eine ‹soziokulturelle Konstruktion› (Kuster 368), ein zu überwindendes ‹Zwangssystem› (Butler 205). Gesellschaftspolitische Zielvorstellung ist, eine allgemeine ‹psychische Androgenität› (...) und damit eine androgyne Gesellschaft herzustellen, in der die herkömmliche Heterosexualität durch sexuelle Pluralität ersetzt wird (Kuster 369).»

Die Ursprungsgedanken entstammen zweifelsohne dem Feminismus mit seinem Grundanliegen, das Patriarchat abzuschaffen. Innerhalb des Gender-Feminismus wird die Ursache aller Unterdrückung der Frau durch den Mann in der Unterscheidung von Frau und Mann gesehen. Schlussfolgerung: Im Hinblick auf die absolute Gleichheit von Mann und Frau genügt die Abschaffung männlicher Privilegien nicht. Es geht darum, *den Geschlechtsunterschied abzuschaffen.*

Historisch gesehen dürfte es die amerikanische Philosophin und Professorin für Literaturwissenschaft Judith Butler gewesen sein, die den wesentlichen Impuls gesetzt hat. Judith Butler gehört zur Führungsspitze einer internationalen Homosexuellenorganisation, der IGLHRC (International Gay and Lesbian

2. Fünf erfolgreiche und nachhaltig wirkende Gesellschaftsbewegungen

Human Rights Commission; diese Organisation war als Nicht-Regierungs-Organisation von der UN akkreditiert und an der Vorbereitung der 4. Weltfrauenkonferenz 1995 in Peking beteiligt). Judith Butlers 1990 in Amerika unter dem Titel «Gender Trouble» erschienenes Buch wurde in Deutschland bereits 1991 aufgelegt (Titel: «Das Unbehagen der Geschlechter»). Die Grundthesen lauten:

1. Es gibt beliebig viele frei wählbare Geschlechter.
2. Es gibt kein «wahres» männliches oder weibliches Geschlecht. Diese Worte sind nur gesellschaftlich konstruierte Begriffe, um Machtverhältnisse, nämlich die Herrschaft des Mannes über die Frau, aufrechtzuerhalten.
3. Ziel muss die «Dekonstruktion» sein, d. h. die Auflösung von Mannsein und Frausein.

Um deutlich zu machen, wie sehr Gender-Mainstreaming längst politische Wirklichkeit geworden ist, wird im Folgenden eine kleine Zusammenstellung mit wesentlichen öffentlich-politischen Stationen vorgenommen (siehe Website des Bundesministeriums für Familie, Senioren, Frauen und Jugend). Die Tabelle:

Jahr	Maßgebliche Beschlüsse
1995	4. Weltfrauenkonferenz der UNO in Peking: Das Prinzip des Gender-Mainstreaming wird in der verabschiedeten Arbeitsplattform verankert. Alle Mitgliedstaaten verpflichten sich, eine nationale Strategie der Umsetzung zu entwickeln.
1996	Europäische Union: Mitteilung der Europäischen Kommission zur «Einbindung der Chancengleichheit in sämtliche politische Konzepte und Maßnahmen der Gemeinschaft»: Verpflichtung der Mitgliedstaaten auf das Konzept «Gender Mainstreaming».
1999	«Amsterdamer Vertrag»: Der Gender-Mainstreaming-Ansatz wird in rechtlich verbindlicher Form festgeschrieben (Art. 2 und 3, Absatz 2 des EG-Vertrags).

Jahr	Maßgebliche Beschlüsse
2000	Bundesregierung Deutschland: Konstituierung einer interministeriellen Arbeitsgruppe Gender Mainstreaming der Bundesregierung. Das Konzept wird in die Arbeit aller Ressorts implementiert (nachdem bereits 1999 das Bundeskabinett Gender Mainstreaming zum durchgängigen Leitprinzip der Bundesregierung erklärt hatte).
2001	Die deutsche Gewerkschaft ver.di verankert als erste Gewerkschaft Gender Mainstreaming in der Satzung.
2001	Deutschland: Das Lebenspartnerschaftsgesetz bzw. das «Gesetz zur Beendigung der Diskriminierung gleichgeschlechtlicher Lebenspartnerschaften» tritt in Kraft.
2002	Deutschland: Abschluss des Koalitionsvertrages zwischen SPD und Bündnis 90/Die Grünen. Zitat (Kapitel VII): «Gender Mainstreaming soll als Methode zur Umsetzung von Artikel 3 des Grundgesetzes in allen Ressorts der Bundesregierung nachhaltig verankert werden ...».
2003	Deutschland: Einrichtung des GenderKompetenzZentrums der Humboldt-Universität zu Berlin (Forschungs- und Beratungseinrichtung). Die Finanzierung geschieht mit Mitteln des Bundesfamilienministeriums.
2005	Deutschland: Im Koalitionsvertrag zwischen CDU, CSU und SPD ist nachzulesen (VI Nr. 5): «Wir wollen die Gender-Kompetenz stärken und werden zur wirksamen Umsetzung (...) sicherstellen, dass dafür notwendige und angemessene Instrumente zur Verfügung stehen, wie zum Beispiel das GenderKompetenzZentrum ...».
2006	Europäische Union: Der Bericht zur Gleichstellung von Frauen und Männern wird den europäischen Staats- und Regierungschefs vorgelegt.
14.1. 2009	Parlamentarier der EU verabschieden einen Beschluss, in dem gleichgeschlechtliche Partnerschaften in jeder Hinsicht der Ehe gleichzustellen sind.

2. Fünf erfolgreiche und nachhaltig wirkende Gesellschaftsbewegungen

Erste Schritte zu einer Aufhebung der Zwei-Geschlechter-Ordnung innerhalb unserer Gesellschaft sind damit längst vollzogen. Dass dies derart unauffällig geschehen konnte, ist vornehmlich der Tatsache zu verdanken, dass Gender Mainstreaming unter der Flagge der Gleichberechtigung, Gleichstellung und Chancengleichheit fährt. Hintergründe und eigentliche Absichten bleiben diffus oder gänzlich ungenannt.

Was liegt in der Luft? Drei Dinge sollen hier zumindest angedeutet werden:

Erstens: Freundschaftliche Beziehungen ohne sexuelle Komponente werden mehr und mehr die Ausnahme. Zitat von Shulamit Firestone: «Adult/child and homosexual sex taboos would disappear, as well as nonsexual friendship. (...) All close relationships would include the physical» (zit. nach Vonholdt, Bulletin Nr. 13, 2007, S. 240; deutsch: Tabus im Bereich der sexuellen Beziehung zwischen Erwachsenen und Kindern sowie Tabus bezüglich gleichgeschlechtlichem Sexualverhalten verschwinden, genauso wie die nicht-sexuelle Freundschaft. Jede enge Beziehung wird das Körperliche mit einbeziehen).

Zweitens: Wenn die Erschaffung des Menschen als Mann und Frau in Frage gestellt wird, muss unweigerlich nachgefasst werden, ob damit nicht der Mensch insgesamt «abgeschafft» wird (siehe C.S. Lewis: «Die Abschaffung des Menschen»). Der Angriff auf die schöpfungsmäßige Grundverfassung des Menschen beinhaltet einen Angriff auf die im Grundgesetz festgeschriebene Würde des Menschen als Mann und Frau in ihrer Unterschiedlichkeit.

Drittens: Eine zusätzliche Verunsicherung des Menschen in seinem intimsten Selbstverständnis als Mann und Frau wird keinen Beitrag zur Selbstvergewisserung des Westens leisten. Der Kampf mit dem Vorwurf «politischer Unkorrektheit» wirkt sich auf ein traditionelles Selbstverständnis verhängnisvoll aus.

Von ganz anderer Art ist die Welle der Esoterik, die westliche Denkweisen grundlegend in Frage stellt. Diese Bewegung wird im Folgenden beschrieben.

2.3 Die Esoterik

Die westliche Welt versteht sich – zumindest von ihrem Programm her – als säkularisierte, von Religion und Religiosität losgelöste und unabhängige Wirklichkeit. Es sei eine Frage der Zeit, wann die letzten religiösen Restbestände definitiv der Vergangenheit angehören. Überraschend und irritierend ist nur, dass das Phänomen Religion und Religiosität zu Beginn des 21. Jahrhunderts eine Renaissance erlebt und dass ein Gang durch Buchhandlungen und ein Durchblättern des Zeitschriftenmarktes es nicht mehr zulassen, die Chiffre «Esoterik» zu übersehen. Längst suchen Menschen, die krank sind, nicht nur Hilfe beim Arzt, sondern wie selbstverständlich genauso bei Heilpraktikern, Heilern, Therapeuten, Meditationslehrern und Energetikern.

1990 sollen bereits über 10 000 Buchtitel zum Thema Esoterik auf dem Markt gewesen sein. Im Jahr 1996 sollen in der Esoterik-Branche 18 Mrd. DM umgesetzt worden sein. 2001 und 2004 sieht sich Campus für Christus Schweiz aufgrund des «esoterischen Booms» veranlasst, zwei Sondernummern zum Thema Esoterik herauszugeben. 2008 veröffentlicht die Buddhistische Union e.V. die Zahlen von «ca. 130 000 deutschen Buddhisten und ca. 120 000 hier lebenden asiatischen Buddhisten (vorwiegend Vietnamesen und Thais)».

Für die Evangelische Zentralstelle für Weltanschauungsfragen in Berlin ist Esoterik Dauerthema. Das «neu erwachte religiöse und spirituelle Interesse» ist Grund dafür, einen 688 Seiten umfassenden Sammelband mit dem Titel «Panorama der neuen Religiosität. Sinnsuche und Heilsversprechen zu Beginn des 21. Jahrhunderts» herauszugeben. Wesentliche Stichworte, denen wir in unserem Alltag laufend begegnen, lauten: Homöopathie, Akupunktur, Reinkarnation, Anthroposophie, Theosophie, Kinesiologie, universelle Energie, positives Denken, Bach-Blüten, Wiederkehr der Zauberer und der Orakel, unterschiedlichste Heilpraktiken, Spiritismus und Okkultismus, Yoga, Buddhismus, Transzendentale Meditation, Zen-Meditation u. v. a. m. Eine Fülle von Methoden wird beschrieben, die alle

2. Fünf erfolgreiche und nachhaltig wirkende Gesellschaftsbewegungen

die Absicht haben, die dauernde Grundsehnsucht des Menschen nach Harmonie, Wohlergehen und religiöser Erfahrung zu befriedigen.

Schlussfolgerung: Sanft und unterschwellig, ohne großes Aufsehen und ohne klare Gegner ist die Esoterik Grundbestandteil unserer Kultur geworden. Ein Missionar beispielsweise, der 27 Jahre in Asien gelebt hat und in die Schweiz zurückgekehrt ist, beobachtet, dass sich das religiöse Leben in der Schweiz in manchen Bereichen kaum vom asiatischen Raum unterscheidet. Die Allgegenwart des Religiös-Esoterischen war für ihn augenfällig.

Der Begriff Esoterik geht auf das griechische Wort «eso-terikos» zurück und heißt wörtlich «Inneres» als das «Verborgene, Geheime und nur den Eingeweihten Zugängliche». Das Stichwort ist seit Mitte der 80er-Jahre des 20. Jahrhunderts bekannt und löste damals den davor üblichen Begriff «New Age» als Leitbegriff mit vergleichbarem Inhalt ab. Hauptbotschaft von «New Age» war: Die Moderne und mit ihr das naturwissenschaftliche Zeitalter bzw. das «Zeitalter der Fische» geht zu Ende. Es beginnt das «Zeitalter des Wassermannes» als ganzheitliches Zeitalter. Das nunmehr verstärkt auftretende Wort Esoterik wird zur «Chiffre religiöser Individualkultur» (Ruppert im genannten Sammelband, S. 201). Im populären Wortgebrauch gilt Esoterik als Inbegriff für religiösen Subjektivismus und Individualismus nach dem Motto: «Meine Religion mache ich mir selbst.» Neben der Romantik rund um den Übergang vom 18. ins 19. Jahrhundert scheint die Esoterik die «zweite große Gegenströmung gegen die Aufklärung» zu sein (ebenda, S. 202).

Historisch gesehen hat, so die Grundthese von New Age, 1975 ein neues Zeitalter begonnen: Dieses Zeitalter ist geprägt von Kreativität, Freizügigkeit, Spiritualität, Einheit von Person und Kosmos und Aufhebung von Systemen. Vorschub leisteten solchem Denken u. a. Veröffentlichungen wie diejenige von Herbert Pietschmann («Das Ende des naturwissenschaftlichen Zeitalters») oder des Physikers Fritjof Capra mit seinem Buch «Wendezeit». In diesem Zusammenhang kristallisierte sich, von der Öffentlichkeit kaum bemerkt, auch eine akademische Forschungslandschaft heraus, die sich intensiv mit dem nicht mehr übersehbaren Phänomen Esoterik beschäftigt.

Auch die Sorbonne in Paris ließ es sich nicht nehmen, einen Lehrstuhl für «Geschichte der esoterischen und mystischen Strömungen im neuzeitlichen und zeitgenössischen Europa» einzurichten. Esoterik wird dabei als eine Denkform verstanden (siehe K. von Stuckrad im Materialdienst der EZW 9/2004, S. 403ff.). Grundelemente bestehen darin, dass alles mit allem zusammenhängt, dass sich sichtbare und unsichtbare Wirklichkeiten entsprechen und gegenseitig beeinflussen, dass der Kosmos ein komplexes beseeltes System darstellt, dass die Vorstellungskraft (Imagination) entscheidendes Mittel der Wirklichkeitserfassung ist, dass spirituelle Autoritäten (Götter, Engel, Meister, Geistwesen) Wissen offenbaren, dass es auf diese Weise möglich ist, die «Hieroglyphen der Natur» zu entziffern, und dass der Mensch sich auf seinem spirituellen Weg (also nicht auf dem rein rationalen Weg, wie ihn die Aufklärung als Weg zur Mündigkeit versprach) zu läutern vermag. Sog. «Meister» spielen eine entscheidende Rolle.

Religiöse Pluralität, also die Entgrenzung bzw. Nicht-Abgrenzung, ist Kernmerkmal der Esoterik. Generell gilt, dass sich Esoterik – etwa im Unterschied zu Christentum oder Judentum oder Islam – nicht präzise definieren lässt. Demzufolge wird – laut dem bereits zitierten Stuckrad – tendenzmäßig vom Begriff Esoterik Abstand genommen und lieber von «Esoterischem» gesprochen. Esoterisches sickert auf unterschiedliche Art in unterschiedlichste Zusammenhänge ein. Dies macht den Erfolg der Esoterik und ihre nachhaltige Wirkung aus.

Die Frage nach der Triebkraft dieser die Fundamente unserer Gesellschaft in Frage stellenden Bewegung ist unumgänglich. Vier dieser Triebkräfte seien hier genannt.

1. Spiritualität entspricht im Westen einer zunehmenden Bedürftigkeit sowohl des säkularen als auch des christlichen Menschen. Spiritualität versteht sich als Alternative zu trockener Theologie und moralisierender Kirche. Sie wird mit

2. Fünf erfolgreiche und nachhaltig wirkende Gesellschaftsbewegungen 115

religiösem Erleben in Verbindung gebracht. Spiritualität ist attraktiv – im wörtlichen Sinne.
2. Hinduistische und buddhistische Gruppierungen fassen auch im Westen Fuß. Bereits 1893 spricht ein junger Inder auf dem Weltparlament der Religionen. In der Folgezeit wurde die «westliche Projektion», der «Traum vom ganz anderen», genährt (Dehn, «Panorama der neuen Religiosität», S. 306). Westeuropa wird zum Missionsland für asiatische Religiosität. So etabliert sich beispielsweise im Jahr 1960 die Transzendentale Meditation in Form einer ersten Landesgruppe in Deutschland. 1969 wird der deutsche Zweig der Internationalen Gesellschaft für Krishna-Bewusstsein geschaffen.
3. Im beziehungsmäßig kalten Westen gewinnen Bewegungen, die anstelle von Programmen Personen in den Mittelpunkt stellen, hohe Wertschätzung. Esoterisches Denken ist nicht ohne den bzw. ohne die Meister denkbar. Sie sind Mitte eines geschlossenen Kreises von Suchenden (Beispiel: Bhagwan Shree Rajneesh mit seinem für westliche Anhängerschaft konzipierten Meditationszentrum in Poona, Indien).
4. Das Vakuum einer pluralisierten, multioptionalen, globalisierten Gesellschaft hinterlässt zwingend eine Orientierungsarmut. Klare Aufforderungen wie: «Erlaube der Natur, von dir Besitz zu ergreifen. Sei keine Persönlichkeit. Wenn du dir selbst gegenübertrittst, enthüllt sich der Buddha in dir» (so Rajneesh), greifen unterschiedliche Ebenen von Orientierungsbedürftigkeiten des westlichen Menschen auf.

Wenn das «Esoterische» als nachhaltige Erfolgsbewegung der vergangenen 60 Jahre zur Kenntnis genommen werden muss, dann liegen zumindest zwei Fragen in der Luft. Erstens: Was sind Kernmerkmale und Kernkonstitutiva, die wir zur Kenntnis nehmen und kennen müssen? Und zweitens: Welche Konsequenzen könnte dies für unser Denken haben?

Hinsichtlich der ersten Frage, also der Frage nach Kernkonstitutiva, fällt zunächst das Nicht-Festgelegte, das Nicht-Abgegrenzte, das Relativierende, die Innenbestimmtheit und damit die fundamentale Anthropozentrik auf (auch Gott existiert nicht außerhalb, sondern innerhalb von uns Menschen). Wenn es stimmt, dass die Hauptspur, auf der sich die heutige Esoterik entwickelt hat, der Hinduismus ist, werden diese Merkmale sofort deutlich. Wesentliches Kennzeichen des Hinduismus ist, keinen Gründer zu haben. Auch eine in sich geschlossene Schrift fehlt. Von Anfang an prägt das Konzept des Relativen und des Wachstümlichen Denken und Handeln. Auch wenn die Anzahl Götter in die Millionen geht, wird an der Vorstellung eines allumfassenden, alles durchdringenden und allwissenden Gottes festgehalten. Dieses Wesen ist «Summe aller Schöpfung». Die Welt hat weder Anfang noch Ende. Sie ist Teil eines evolutionären, zyklischen Prozesses. Das Hauptanliegen des Hindus ist die Suche nach dem Brahman, dem ewigen Wesen. Um dieses Ziel zu erreichen, sind Hindus bereit, der Welt zu entsagen und Familie und Komfort zu verlassen, Pilgerfahrten zu heiligen Flüssen (Ganges, Godavari) und in den Himalaya zu unternehmen oder in dichtem Dschungel ein Einsiedlerdasein zu fristen. Das ganze Leben wird beherrscht vom Gesetz des Karmas.

Karma ist die Übertragung des Prinzips von Ursache und Wirkung auf den geistigen Bereich. Was ein Mensch sät, wird er ernten. Schlechte Taten bringen Leid und Bindung in die menschliche Existenz, gute Taten führen zur Freiheit von dieser Bindung. Das ewige Rad der Wiederverkörperung umfasst sowohl Götter wie Menschen wie Tiere. Etwas für westliche Augen Zwanghaftes tritt auf, wenn Krankheit, Leid und Katastrophen auf Missstimmungen von Göttern zurückgeführt werden. Diese Missstimmung kann nur durch erhöhte ethische Anstrengung ausgeglichen werden.

Welche Konsequenzen könnte dies für unser Nach- und Vordenken haben? Wenn es stimmt, dass die Schweiz und Deutschland sich in der zweiten Hälfte des 20. Jahrhunderts von weitgehend christlich geprägten zu vorwiegend religiös pluralen Ländern verwandelt haben (für die Schweiz siehe das von Martin Baumann und Jörg Stolz herausgegebene Buch «Eine Schweiz – viele Religionen»), dann muss nach den möglichen

2. Fünf erfolgreiche und nachhaltig wirkende Gesellschaftsbewegungen 117

Schlussfolgerungen und Lernmöglichkeiten gefragt werden. Dazu fünf Hinweise:

Hinweis 1: Es ist uns als Christen offenbar nicht oder nur begrenzt gelungen, Grundsehnsüchte des Menschen (insbesondere Erlebbarkeit und existenzielle Orientierung) hinreichend zu befrieden. Die rationale Kultur des Westens vermochte zwar einen wesentlichen Beitrag zur Erleichterung des Lebens und zur Steigerung des Wohlstandes zu geben, nicht aber die über das Rationale hinausgehenden Grundsehnsüchte des Menschen zu befriedigen. Eine an Rationalität und Institution interessierte Kirche (und Freikirche) vermochte hier nicht grundlegend andere Wirkung zu haben.

Hinweis 2: Zu lange wurde unter uns geglaubt, dass der Sinn des christlichen Glaubens innerhalb der deutschsprachigen Bevölkerung vorausgesetzt werden kann und weder einer Begründung noch einer existenziellen Verankerung bedarf. Es schien zu genügen, wenn etwas theologisch richtig und moralisch korrekt war. Unmittelbar konkrete Lebenshilfe war zwar stets beabsichtigt, scheint aber den Boden der gesellschaftlichen Wirklichkeit nicht erreicht zu haben.

Hinweis 3: Den Umgang mit dem Irrationalen bzw. den Umgang mit der unsichtbaren Welt haben wir zu lange den Spezialisten aus anderen religiösen Hintergründen überlassen. Irrationales war uns suspekt. Auch der Umgang mit dem Heiligen Geist als dritter Person des dreieinigen Gottes war unter uns westlichen Christen oft eher von defensiven als von befreienden Zugangsweisen gekennzeichnet.

Hinweis 4: Während sich das asiatische Gedankengut durch eine Unmenge von methodischen Variationen hervortut, ist der Westen arm bis ausgetrocknet, was die Erlebnisformen betrifft. Uns scheint es generell lieber zu sein, um Ideale und Ziele zu streiten, als Erlebniswelten zu ermöglichen. Sich in besonderer Weise hier herausfordern zu lassen, könnte gesund sein.

Hinweis 5: Uns ist es wenig bis nicht gelungen, den Umgang mit der unsichtbaren Welt und dem Absoluten in einer Art zu gestalten, dass es öffentlich akzeptabel und persönlich attraktiv ist. Schnell wird beispielsweise der christliche Glaube – in welcher Ausprägung auch immer – mit dem Etikett «fundamentalistisch» assoziiert und disqualifiziert. Dieser Vorwurf ist im Bereich des Esoterischen kaum anzutreffen. Christlicher Glaube wirkt angeblich nach außen disharmonisierend, während Esoterik einen Beitrag zur ersehnten Harmonie zu leisten vermag.

Wenn im Folgenden auf den Islam als «erfolgreiche Bewegung» eingegangen wird, dann wird sofort deutlich, dass es sich zwar auch hier um Religiöses handelt, jedoch in völlig anderer Erscheinungsform. Der wohl entscheidende Unterschied besteht darin, dass die Esoterik und der Aberglaube an unsere Wurzeln gehen und den (christlichen) Baum unsichtbar von innen her aushöhlen, während der Islam eine sehr viel direktere und offensichtlichere Konfrontation kennt und sucht. Nichtsdestotrotz ist der Islam in den vergangenen Jahren zu einer gesellschaftlich unübersehbaren Größe geworden, die bisher als selbstverständlich Angenommenes radikal in Frage stellt.

2.4 Der Islam als Erfolgsbewegung in Europa

Nach relativer Bedeutungslosigkeit in der Weltgeschichte während rund drei Jahrhunderten meldete sich der Islam am Ende des 20. Jahrhunderts im Westen zurück. Spätestens seit dem 11. September im Jahr 2001 ist diese neue Wirklichkeit unwiderruflich im westlichen Bewusstsein. Speziell Westeuropa sieht sich in den vergangenen 10 Jahren zunehmend mit der Tatsache konfrontiert, dass jenen Menschen, die eigentlich im Westen nur arbeiten sollten, ihre (muslimische) Religion lieb ist und sie diese gerne auch in der neuen Heimat leben und praktizieren möchten.

Vorbereitet waren wir für eine Renaissance der Religion nicht. Der Westen muss sich aufgrund dieser neuen Tatsachen mit Fragen auseinandersetzen, die er bisher nicht kannte, weshalb er entsprechend kaum Übung im Umgang mit ihnen hat. Zu solchen Fragen gehören: Soll und darf es neben den christlichen Kirchen unter uns Moscheen und Minarette geben? Wie wollen wir es mit religiösen Symbolen – in der Zeit nach der Entfernung der Kreuze aus unseren Klassenzimmern – halten (Beispiel Kopftuch)? Was heißt Religionsfreiheit? Muss oder darf es ein Recht auf eigene Rechtsprechung für Menschen anderer Religionen geben (Beispiel Scharia)? Wie ist es mit der (staatlich geförderten) Ausbildung von Religionslehrern mit anderer Religion (Beispiel Imam-Ausbildung)?

Angesichts des Umstandes, dass sich der Islam als *welthistorische Alternative zur westlichen Zivilisation mit ihrem Individualismus und Pluralismus versteht* und damit in unserer mitteleuropäischen Kultur im Gefolge absoluter Gewissheiten fundamentale Unsicherheiten auslöst, wird im Folgenden auf vier Schwerpunkte dieser erfolgreichen und nachhaltig wirkenden Bewegung eingegangen:

a) Aktuelle Zahlen und Fakten
b) Zur Entwicklung des Islams in Europa
c) Hinweise zur Grundkonstitution des Islams
d) Offensichtliche Herausforderungen

Zunächst zum Bereich der aktuellen Zahlen und Fakten:

a) Aktuelle Zahlen und Fakten

Von den weltweit 1,2 Mrd. Muslimen leben rund 15 Mio. innerhalb Europas. In Deutschland sind es 3,5 Mio., in der Schweiz rund 350 000 Personen (Frankreich: 5 Mio., Großbritannien: 1,5 Mio.). Im Durchschnitt beträgt der Bevölkerungsanteil der Muslime innerhalb der Europäischen Union 3 bis 4 Prozent (mit steigender Tendenz durch fortgesetzte Zuwanderung und durchschnittlich höhere Geburtenrate). In Deutschland und der Schweiz stellt der Islam die zweitgrößte Religion dar.

Ethnisch gesehen stammen die in Deutschland lebenden Muslime aus rund 50 verschiedenen Nationen. Der Islam in Deutschland ist allerdings stark türkisch geprägt: Ungefähr zwei der dreieinhalb Mio. Muslime in Deutschland sind Türken. Fast eine Million davon ist in Deutschland geboren, etwa

700 000 besitzen die deutsche Staatsbürgerschaft. Von den ca. 6000 Moscheen, Gebetshäusern und Versammlungsräumen sind ungefähr die Hälfte im Zusammenhang mit Menschen aus der Türkei entstanden. In Deutschland arbeiten aktuell 500 vom Religionsministerium der Türkei abgesandte Imame (zum Vergleich: In der Türkei leben aktuell 75,9 Mio. Muslime, 65 000 armenisch-apostolische Christen, 17 000 Syrisch-Orthodoxe, 25 000 Juden, 2500 Protestanten, 2500 Katholiken und 2000 Griechisch-Orthodoxe; Priester und Pfarrer auszubilden und anzustellen ist in der Türkei offiziell verboten). Weitere Zahlen verdeutlichen die Dringlichkeit, sich mit der Realität des Islams zu befassen. Beispiele (siehe Frank Sen, Zentrum für Türkeistudien in Deutschland; in: Der Spiegel Nr. 46, S. 56): «Seit dem Jahr 2000 ist der Anteil der Muslime in Deutschland, die sich als «sehr religiös» verstehen, von 8 auf 28 % gestiegen (...) Fanden im Jahr 2000 noch 27 % der Befragten, eine muslimische Frau solle ihr Haar verhüllen, so waren es 2005 mit 47 % fast doppelt so viele.»

Was die Schweiz betrifft, so lebten 1970 in der Schweiz (zit. nach VFG-Stellungnahme: Muslime in der Schweiz – Veränderung in den letzten 40 Jahren) 17 000 Muslime. Im Jahr 2000 waren es 310 807, und im Jahr 2007 schließlich rund 350 000 Personen. Davon besitzen 12 % die schweizerische Staatsbürgerschaft. Insgesamt zählen sich in der Schweiz 4,3 % der Bevölkerung zum Islam. 50 % der Muslime stammen aus Ex-Jugoslawien, 20 % aus der Türkei. Im Hinblick auf Interessenvertretungen existieren etwa 300 muslimische Organisationen.

Zwei Hinweise sollen die Faktenlage in Deutschland und der Schweiz ergänzen. *Zum einen* geht es um die Beobachtung, dass «Evangelikale» und «Islamisten» innerhalb unserer westlichen Welt auf die gleiche Ebene gestellt und im gleichen Atemzug genannt werden. So holt beispielsweise der Präsident der Bundeszentrale für politische Bildung, Thomas Krüger, in einem Rundschreiben an die Lehrer und Schüler sämtlicher Schulen der Sekundarstufen I und II in Deutschland zu einem Rundumschlag aus und schreibt von «islamistischen und evangelikalen Gruppen», die «wichtige Freiheitsrechte in Frage stellen». Gleichzeitig mitversandt wird die Zeitschrift «Q-Rage» in der Auflage von einer Million Exemplaren mit einem polemischen Artikel über das Christival 2008 einerseits und der Verharmlosung einer Konversion Jugendlicher zum Islam andererseits. *Zum andern* diskutieren Ende 2008 Medien in der Schweiz die Frage einer möglichen Einführung der Scharia für Muslime, die in diesem Land leben. Auslöser der Diskussion war Christian Giordiano, Professor für Sozialanthropologie in Freiburg/CH. Das Grundpostulat betrifft den einzuführenden Pluralismus im Rechtswesen. Konkret zielt Giordianos Plädoyer auf die Einführung der Scharia insbesondere in den Bereichen Zivil- und Familienrecht sowie Finanzbelange. Damit ergäbe sich erstmalig seit Bestehen der Eidgenossenschaft die Situation von zwei parallelen Rechtssystemen.

b) Zur Entwicklung des Islams in Europa

Der Empfang des Korans durch Mohammed geht auf die Jahre 610 bis 632 zurück. Mohammed selber, der Prophet, lebte von 570 bis 632. Erste Teile des Korans – die meist friedlichen Verse – entstanden während Meditationen des Propheten in einer Höhle nahe Mekka. Nach der Vertreibung Mohammeds aus Mekka und der darauffolgenden militärischen Aufrüstung der Männer im Umfeld des Propheten in Medina kam es zur Eroberung der arabischen Halbinsel. Im Hinblick auf Europa gab es drei bedeutende Epochen:

Epoche 1 wurde im Jahr 711 durch das Überqueren der Straße von Gibraltar eingeleitet. Der «Siegeszug im Abendland» wurde allerdings 732, genau 100 Jahre nach dem Tod Mohammeds, bei Tours und Poitiers im Herzen Frankreichs zum Stehen gebracht. Muslimisch beherrschte Gebiete in Spanien gab es bis ins 16. Jahrhundert. Architektonisch einzigartige Bauten können vor allem in Südspanien bis heute bewundert werden (u. a. in Malaga, in Cordoba und in Sevilla).

Epoche 2 setzt mit dem Jahr 1453 ein, also dem Jahr der Einnahme Konstantinopels durch Sultan Mehmet II. Athen, Belgrad und Budapest gehörten zum osmanischen Reich. Zweimal standen die Türken vor Wien: Im Jahr 1529 und im Jahr 1683. Bei der zweiten Belagerung war es Prinz Eugen, der mit polnischer Hilfe das türkische Heer vor Wien besiegte. In den darauffolgenden 300 Jahren spielte der Islam in Mitteleuropa kaum eine Rolle.

Epoche 3 setzt Mitte der 60er-Jahre des 20. Jahrhunderts im Zusammenhang mit dem wirtschaftlichen Aufschwung in Westeuropa ein. Es entstand ein Bedarf an Arbeitskräften, durch die Arbeiten erledigt wurden, die der westeuropäische Mensch lieber von sich wies und delegierte. Es kam zu mehreren Einwanderungswellen, insbesondere aus dem mehrheitlich moslemischen Südjugoslawien und aus der Türkei.

Fazit aus den drei Epochen im Zusammenhang mit dem Islam: Heute steht der Islam Europa im Unterschied zur Vergangenheit erstmalig nicht als Armee gegenüber. Vielmehr sind die Moslems zunächst unauffällige Menschen, die das Funktionieren unserer technisierten und zivilisierten Gesellschaft sicherstellen. Spätestens rund um das Jahr 2007 registrieren wir, dass Menschen nicht nur ihre Arbeitskraft, sondern auch eine Religion mitbringen. Es kam zu nicht weniger als einer «Götterdämmerung» innerhalb eines «bequemen Multikulturalismus», der alles andere automatisch als Bereicherung einstufte und sich für das Eigene schämte (Jan Roß, S. 75). Die Auswirkungen – das kann mit Sicherheit gesagt werden – sind unumkehrbar: Der Islam ist eine ernst zu nehmende Größe in Europa. In diesem Sinne ist der Islam erfolgreich.

c) Hinweise zur Grundkonstitution des Islams

Jede Fremdartigkeit, auch jede fremdartige Religion, hat zunächst etwas Faszinierendes an sich. Es ist recht, das Gute und Konstruktive zu sehen, und es ist nicht recht, Fremdartiges unmittelbar mit einer Reihe von schnellen, oberflächlichen und manchmal fatalen Vorurteilen zu überziehen. Um zu einem zu-

2. Fünf erfolgreiche und nachhaltig wirkende Gesellschaftsbewegungen

kunftsträchtigen Umgang mit dieser erfolgreichen Bewegung zu finden, ist es elementar wichtig, die Grundstruktur und in diesem Sinne das Erbgut (als das, was einer Sache – der Religion, der Gesellschaft – von Anfang an mit auf den Weg gegeben ist) zu verstehen. Am Rande sei angemerkt, dass es sehr wohl ganz unterschiedliche Formen der muselmanischen Religionsausübung gibt, es an dieser Stelle aber lediglich um Grundzüge der Religion geht; und dass jede Person mit islamischem Hintergrund je eine individuelle und von dem Gott, der sich in Jesus offenbarte, geliebte Person ist.

Wir nennen fünf konstitutive Grundelemente des Islams:

Das erste Konstitutivum gründet sich und ergibt sich aus der Entstehung des Korans. Letzterer entstand im Laufe von 22 Jahren in drei sehr unterschiedlichen Lebensphasen des Propheten Mohammed.

In einer *ersten Phase* ab dem Jahre 610 – der Prophet lebte in Mekka unter seinem eigenen Volksstamm – war Mohammed Prediger und proklamierte Reue, Abkehr von Vielgötterei, Geduld und Gericht. Mohammed meditierte in einer Höhle und empfing dort (friedliche) «Worte des wahren Gottes». In dieser Anfangszeit (ca. 10 bis 12 Jahre) entstand der erste Teil des Korans. Während dieser Zeit wandte sich eine Reihe von Volksgenossen vom Götzendienst ab und folgte dem Islam. Dies allerdings missfiel den herrschenden Stammesführern. Mohammed wurde mit Dreck beworfen und bespuckt. Da es trotz massiver Lockungen für Mohammed (ihm wurde bei Verzicht auf das Reden vom Islam ein hohes Regierungsamt angeboten) zu keiner Einigung kam, verließ er mit seinen Anhängern und späteren Kriegern Mekka und ging nach Yathrib, heute Medina.

In Medina sammelte der Prophet – das ist die *zweite Phase* – eine Kriegsmacht. Das Ziel: sich am Volksstamm, der den Islam verabscheut, zu rächen. In dieser Phase begegnet Mohammed Juden und realisiert, dass sich ihr Glaube doch von dem unterscheidet, was er verkündigt. Er beginnt den Glauben von Juden und Christen als Verfälschung abzulehnen. Vor diesem Hintergrund entstehen weitere Koranverse. In der Folge kommt es zu einem (misslungenen) Überfall auf eine Karawane und zu einem Krieg, den Mohammed und seine Leute unerwartet gewinnen.

Damit beginnt die *dritte Phase* der Offenbarungen an Mohammed. Dieser war der Überzeugung, dass es in Arabien keine zwei Religionen mehr geben darf. Damit wird der Grundstein zur Konfrontation mit Andersglaubenden gelegt. Der Kampf gilt nicht mehr primär dem Götzendienst, sondern den andern Religionen. In dieser Zeit entstehen die kämpferischen Teile des Korans bis hin zu den Versen, die den Dschihad proklamieren. Zwei Beispiele: *Sure 8,39:* Und kämpfe wider sie, bis es keine fitna (Unglaube und Vielgötterei) mehr gibt und die Anbetung allein Allah (auf der ganzen Welt) gehört. Und *Sure 9,29:* Vier Arten von Menschen sind zu bekämpfen: Solche, die nicht an Allah glauben, solche, die nicht an den jüngsten Tag glauben, solche, die Dinge tun, die Allah und Mohammed verboten haben, und solche, die den Islam nicht als Wahrheit anerkennen (vor allem die «Schriftbesitzer» Juden und Christen). In dieser dritten Phase der Entstehung des Islams bestehen drei Möglichkeiten für Andersdenkende und Andersglaubende: Erstens den Islam anzunehmen, zweitens – als Christen und Juden – Kopfsteuer zu bezahlen oder drittens den Tod auf sich zu nehmen.

Zusammengefasst gibt es also drei Phasen der Entstehung des Korans. Diese bilden sich manchmal deutlicher, manchmal weniger deutlich in der Entfaltung des Islams an unterschiedlichen Orten dieser Welt ab. Die drei Phasen:

- Phase 1: *Die friedliche, religiöse Phase.* Der Westen, insbesondere Europa, neigt dazu, Verse aus der ersten Offenbarungsphase zu zitieren. Ein Euro-Islam bzw. ein «christianisierter Islam» (innerhalb des Rahmens einer westlichen, christlich geprägten Verfassung) ist dann grundsätzlich denkbar. Diese Verse sind insbesondere in einer Situation attraktiv, in der Moslems in einer Minderheit sind. Sure 2,256 sagt beschwichtigend, dass es keinen Zwang zum Glauben gibt.

2. Fünf erfolgreiche und nachhaltig wirkende Gesellschaftsbewegungen 125

- Phase 2: *Vorbereitungs- bzw. Rüstungsphase* (Phase Medina). Eine Minderheit wird mächtiger. Sure 8,59–60 redet davon, dass Ungläubige nicht denken sollen, dass sie dem Islam entgehen können.
- Phase 3: *Verpflichtung, gegen den Feind zu kämpfen*. Die Götzendiener sind zu töten, wo immer sie gefunden werden (etwa Sure 9,5).

Länder, in denen sich zumindest stellenweise beobachten lässt, wie sich einzelne Phasen konkret ereignen, sind u. a. der Libanon (mit der Hauptstadt Beirut, ehemals das «Paris des Nahen Ostens»), der Sudan, punktuell Ägypten und Afghanistan.

Das **zweite Konstitutivum** besteht im sog. Naskh-Prinzip. Das Problem, das durch das Werden des Korans über einen längeren Zeitraum hinweg auftritt, heißt: Wer entscheidet, welche Koranverse dann, wenn einzelne Verse nicht übereinstimmen, in Geltung stehen? Jedem Leser des Korans fällt auf, dass es beispielsweise im Bereich Alkoholkonsum oder Kopftuch bzw. Unterordnung der Frau (inkl. Pflicht, zu Hause zu bleiben) oder Beziehung zu Juden/Christen sehr unterschiedliche Koran-Aussagen gibt. Entsprechend dem ersten von uns genannten Konstitutivum finden sich in frühen Suren eher freiheitliche Gesichtspunkte, in später offenbarten Suren kämpferische Vorgaben. Mindestens 114 Verse sprechen vom Frieden, von Liebe, von Vergebung. Umgekehrt handeln rund 60 % des Korans vom Gotteskrieg (Dschihad).

Gelehrte haben sich diesem Problem gestellt und zum Umgang mit Widersprüchen *das Prinzip Naskh* vorgegeben. Dieses Prinzip besagt, dass im Falle eines Widerspruches *immer das später offenbarte Wort Vorrang vor dem früher offenbarten Wort* hat. Damit ist klar: Ein späterer Koranvers setzt einen früher empfangenen Vers außer Kraft.

Das **dritte Konstitutivum** betrifft das Verständnis des Staates. Die westliche Welt kennt die konsequente Trennung von Staat und Kirche bzw. Religion. Unsere Staatenwelt steht in der Pflicht, zwar nicht wertneutral, aber weltanschauungsneutral zu sein. Dies will sagen, dass sich der Staat zwar zu den Werten beispielsweise der Verfassung bekennt und diese auch schützt, dass der Staat aber weder einer Weltanschauung noch einer Religion einen prinzipiellen Vorzug gewährt.

Ganz anders lautet das Staatsverständnis im Islam. Der Islam ist revolutionärer bzw. totalitärer Glaube, der antritt, um Lebensweise, Kultur, Religion und Staatsform in ein in sich geschlossenes System zu bringen. Demokratie, aber auch andere westliche Staatsformen, sind Menschenwerk und deshalb – weil nicht vereinbar mit der islamischen Religion – inakzeptabel. Religion hat, darin besteht die nicht hinterfragte Grundannahme, Vorrang vor dem Staat mit allen Konsequenzen etwa im Rechtswesen. Die Rechte im Staat gründen nach islamischer Vorstellung auf der sog. Scharia als islamischem Gesetz. Es gilt, was die Religion vorgibt.

Ein **viertes Konstitutivum** ergibt sich unmittelbar aus dem Gesagten. Es betrifft die Verheißung für den Dschihad-Kämpfer. In Mekka gelang es dem Islam im Laufe seiner Entstehung nicht, die Stammeskultur umzuprägen. Die mentale Verankerung blieb in dieser Kultur verhaftet. Beispiel: Das von außen Kommende ist bedrohlich und deshalb zu bekämpfen. Toleranz ist nicht vorstellbar. Auch wenn 113 von 114 Suren mit der Aussage «Im Namen Gottes, des Gnädigsten und Barmherzigen» beginnen, ist der Glaubenskrieg, genannt Dschihad, der bestimmende und naheliegende Kerngedanke der islamischen Religion. Das Motto heißt, sich dem allmächtigen Gott zu unterwerfen, was dem Kampf für dessen Sache gleichkommt. Der Dschihad ist vergleichbar mit dem «Haupt des Islams». Entfernt oder ignoriert man diese Zuspitzung, «enthauptet man den Islam» (zit. nach Gabriel 2004, S. 44).

Die große und auf der Hand liegende Frage: Wie kommt es, dass sich eine Person – seit 2004 ist dies auch für eine Frau denkbar – zu einem Selbstmordattentat hingibt? Konstitutiv für den Islam ist, dass es unter bestimmten Bedingungen einen direkten Weg ins Paradies gibt. Wer im Dschihad stirbt, wird unmittelbar mit einer Direktbegegnung mit Allah beschenkt. Dies wirkt sich bis hin zum Bestattungsritual aus: Wer im Dschihad umkommt, wird weder gewaschen noch in saubere Leintücher gehüllt. Er wird so in den Sarg gelegt, wie er gestorben ist. Das dem Kämpfer noch anhaftende Blut ist Zeugnis vor Allah, der unmittelbar mit unvorstellbarer Manneskraft belohnt. Sieben Jungfrauen stehen in der ersten Nacht zur Verfügung. Dieser Tod, so das begründende Element im Islam, ist etwas Schönes, auf das der Gotteskämpfer und dessen Verwandtschaft stolz sein können (man vergleiche etwa das in der ZEIT vom 8.1.2009 beschriebene Ergehen der Mutter einer islamischen Selbstmordattentäterin und der Mutter der etwa gleichaltrigen Tochter, die Opfer des Anschlages war).

Schließlich besagt das **fünfte Konstitutivum**, dass der Islam keine Vergebung bzw. Gnade kennt. Es gibt sehr wohl die Grundpflichten eines Gläubigen. Letztere sind: das täglich gesprochene Glaubensbekenntnis (es gibt keinen Gott außer Allah, und Mohammed ist sein Prophet), das fünf Mal täglich gesprochene Gebet mit Blickrichtung Mekka, das Almosengeben, das Fasten und die Pilgerschaft (nach Mekka oder Medina). Der Islam ist eine Religion der Werke. Am Tag des Gerichtes wiegt Allah die guten und die schlechten Werke ab und entscheidet über das Schicksal entweder in Form des angenehmen Lebens im Paradies oder des ewigen Lebens mit Wohnort im «Abgrund», sprich: in der Hölle. Der sicherste Weg, den qualvollen Ort der Hölle zu vermeiden, ist ein Beitrag im Kampf gegen jeden, der der Ausbreitung des Islams im Wege steht oder sich weigert, den Islam als allein wahre Religion anzunehmen.

Aufgrund der fünf genannten Konstitutiva wird deutlich, welch krasser Widerspruch sich zwischen islamischer und westlicher Welt auftut. Im Islam finden wir einen Glauben vor, der das ganze Leben und alle damit zusammenhängenden Lebenswelten meint. Der islamische Glaube ist Grundgerüst des Lebens. Glaube und Leben sind eins. Eine Trennung zwischen dem, was ich glaube, und dem, was ich lebe, findet nicht statt. Es existieren keine Parallelwelten. Der Islam zielt auf das Ganze, und dafür wird das Leben investiert.

d) Mögliche Lernfelder und offensichtliche Herausforderungen

Andreas Baumann sieht in seinem Buch mit dem Titel «Der Islam – Gottes Ruf zur Umkehr? Eine vernachlässigte Deutung aus christlicher Sicht» acht notvolle Bereiche, u. a. unsere Frömmigkeit, den Umgang mit dem westlichen Lebensstil, die Theologie, die Einheit der Christen, die gesellschaftliche Einflussnahme, den Umgang mit dem Judentum, die Mission. Vor diesem Hintergrund sehen wir zugespitzt fünf Herausforderungen vor uns:

Herausforderung 1 ist das sorgfältige Bedenken und Verstehen des Islams. Christlicher Glaube heißt, mit der Wirklichkeit umzugehen. Scheuklappen, das Schüren von Ängsten und vorschnelle politische Lösungen sind dem christlichen Glauben fremd. Wesentlich zukunftsträchtiger ist ein qualifiziertes Abwägen der Grundannahmen, Grundabsichten und Vorgehensweisen jener Religion, die Europa zum dritten Mal grundsätzlich in Frage stellt.

Herausforderung 2 besteht darin, in «Friedenszeiten» (was immer das genau ist) die Frage zu stellen, mit Hilfe welcher Mittel und Methoden wir einer möglichen Konfrontation mit der Religion des Islams begegnen wollen. Es ist anzunehmen, dass es sich um fundamental andere Mittel und Methoden handelt als jene Mittel und Methoden, die im Islam bzw. im Dschihad zur Anwendung kommen.

Herausforderung 3 scheint uns in der Selbstvergewisserung zu liegen. Die Grundfrage: Was glauben wir? Ist Frömmigkeit nur ein Abwickeln von Pflichtübungen oder aber eine unsere ganze Existenz betreffende und alle Lebensbereiche fundierende Lebenshaltung? Es geht um die Sicherheit in den eigenen «Grundkonstitutiva», ohne die weder Dialog noch andere Formen der Auseinandersetzung denkbar sind. Dies wiederum setzt Bildung im besten Sinne des Wortes voraus.

Herausforderung 4 besteht im «Wir» der westlichen Welt. Der Westen hat – so schreibt DIE ZEIT vom 7.8.2008 – «die Kontrolle über das Wir verloren». Wir sind «vielstimmig», und zwar so weit gehend, dass wir als westliche Gemeinschaft nicht mehr erkenn- und identifizierbar sind. Die herausfordernde Frage: Worin besteht das, was uns zusammenhält? Selbstkritik ist an dieser Stelle Gebot der Stunde.

Herausforderung 5: Wie der Islam, so zielt auch der christliche Glaube auf das Ganze des Lebens. Zu Recht gibt es im christlichen Glauben eine *gesunde und unaufgebbare Tradition des Unterscheidens, ohne zu trennen und abzukoppeln.* Dass gerade dies in der westlichen Kultur und auch unter Christen nur begrenzt gelungen ist, deutet auf die ernst zu nehmende Herausforderung hin: das Auseinanderbrechen der unterschiedlichen Lebensbereiche. Diesem gilt es entgegenzuwirken.

Nochmals grundlegend anders gibt sich eine fünfte hier zu skizzierende Bewegung innerhalb Europas. Es handelt sich um die sog. Postmoderne.

2.5 Die Postmoderne

«Wir müssen die Sinnsuche als Irrweg erkennen. Wir müssen uns jenseits von Sinn einrichten. Sinnlosigkeit entlastet. Sinnlosigkeit macht frei. Die Suche nach Sinn ist ein überwundenes Stadium der Menschheitsgeschichte. Die Zukunft kommt ohne Sinn aus.» So lautet das Zitat (von Wulff Rehfus), das der Theologe Heinzpeter Hempelmann seinem ersten Band einer vierteiligen Buchreihe zur Postmoderne voranstellt. Der Titel dieses Bandes: «Wir haben den Horizont weggewischt». Mit genanntem Zitat und Buchtitel ist der Grundton dessen, was mit Postmoderne gemeint ist, umrissen.

Die Geburtsstunde dieser neuartigen Denk- und Lebenskonzeption ortet Hempelmann bei Friedrich Nietzsche (1844–1900). Nietzsche war jener Mensch und Philosoph, der als Erster den Ausgang aus der Moderne vorausahnte und systematisch beschrieben hat. Kernbestandteil seiner Philosophie war der proklamierte Tod Gottes und die Vision des «tollen Menschen».

Als Begriff, der eine neue Epoche charakterisieren könnte, tritt «postmodern» bzw. «die Postmoderne» am Ende der fünfziger Jahre in Amerika innerhalb der Literatur in Erscheinung. Im deutschsprachigen Raum findet er sich ab 1975 zunächst im Bereich der Architektur. Postmoderne galt zunächst als Negativ-Vokabel, die unterschiedlichste Erschlaffungsphänomene der Moderne registrierte (siehe Hans Joachim Türk: «Postmoderne», S. 39).

Mehr und mehr jedoch erhielt der Begriff eine positive Deutung, und zwar unter dem Motto einer radikalen, alles umfassenden Individualisierung und Pluralisierung. Die Vorherrschaft der Rationalität und die Notwendigkeit von Einheitsstiftung unter einer allumfassenden Leitidee sind typische Kennzeichen der Moderne. Nach mehrfachen Kränkungen solchen Bewusstseins (Beispiele dafür sind die Klimakatastrophe, das weltgeschichtliche Eckdatum des 11.9.2001 oder die zunehmende Konkurrenz im Bereich der Wirtschaft durch den asiatischen Raum) war die Zeit reif für ein alternatives Denk- und Lebenskonzept.

Die Leitfragen im folgenden Abschnitt sind:

a) Was war die sog. Moderne?
b) Auf welchen Säulen fußt postmodernes Denken?
c) Was könnten und sollten wir lernen?

a) Was war die sog. Moderne?

Ein Blick in die vergangenen 500 Jahre lässt schnell deutlich werden, welches die philosophischen Grundpfeiler der Moderne sind. Einige Zitate der «Väter der Moderne»:

- **Mirandola** (1463–1494): «Der Mensch ist sein eigener Werkmeister und Bildner.» Die geglaubte Verheißung: Der Mensch ist Mittelpunkt der Weltgestaltung und übernimmt die bisher allein Gott zugestandene Position.

2. Fünf erfolgreiche und nachhaltig wirkende Gesellschaftsbewegungen 131

- **Bacon** (1561–1626): «Wissen ist Macht.» Die geglaubte Verheißung: Wissen ermöglicht, etwas aus dieser Welt zu machen.
- **Galilei** (1564–1642): Messe, was messbar ist – mache messbar, was nicht messbar ist. Die geglaubte Verheißung: Was Fortschritt möglich macht, ist Quantität und Objektivität.
- **Kant** (1724–1804): Wage zu denken – befreie dich aus der selbstverschuldeten Unmündigkeit! Die geglaubte Verheißung: Vernunftgebrauch führt zur Mündigkeit des Menschen.
- **Comte** (1798–1857): Das «Dreistadiengesetz» besagt, dass auf das «religiöse» Zeitalter ein «metaphysisches» und auf ein metaphysisches das «positive» Menschheitsstadium, also ein vom Menschen allein gestaltetes Zeitalter, folgt. Die geglaubte Verheißung: Wissenschaft ist der Weg, den Idealzustand dieser Welt herzustellen.

Als Ergebnis sind Freiheit, Fortschritt und (individueller und gesellschaftlicher) Wohlstand die nicht hinterfragten Leitideen. Der Wissenschaftler kann als neutraler Beobachter die objektive Wahrheit erkennen. Erklärung der Wirklichkeit, Voraussage dessen, was passieren wird, und entsprechende Veränderung der Gegebenheiten sind Bausteine dieser Welt-Anschauung und erlauben die zunehmende «Ent-Zauberung» dieser Welt. Das Mittelalter, die *Epoche der Tradition und Bewahrung*, wird abgelöst durch die (moderne) *Ära der Erforschung und der Eroberung* einer freiheitlichen Welt mit der Aussicht der vollkommenen Beherrschung der Natur und der damit verbundenen Herstellung von absolutem Wohlbefinden durch die Vernunftherrschaft. Ziel ist das durch Menschen herstellbare Paradies.

Die Postmoderne setzt sich in ihren Konturen radikal von diesem Welt- und Menschenbild ab. Bisherige Grundüberzeugungen und Grundprinzipien werden in Frage gestellt und ersetzt.

b) Auf welchen Säulen fußt postmodernes Denken?

War das Mittelalter primär *traditions- und vergangenheitsorientiert* (biblische Offenbarung und antike Texte eines Plato, später Aristoteles, waren nicht hinterfragte Eckpfeiler des Denkens) und war die Moderne primär *zukunftsorientiert* (ein paradiesischer Zustand wird kommen), so ist die Postmoderne *gegenwartsorientiert* (siehe dazu Tobias Künkler in einem von Klaus Meiß 2008 herausgegebenen Sammelband «Aufbruch in die Postmoderne»; S. 51). Es gibt in der «Nach-Moderne» weder einen Glauben an eine jenseitige bessere Welt noch an eine bessere diesseitige Welt. Eine allgemein gültige Leitidee kann (und soll) es nicht mehr geben. Die Wahrheit wird individuell gesucht. Allerdings gilt es diese nicht primär zu wissen, sondern in erster Linie zu erfahren. Dementsprechend wird von einer «post-rationalen Zeit» bzw. einer «post-rationalen Kultur» gesprochen (ebenda). Wenn etwas abschätzig von einer «Wieder-Verzauberung» der Welt und einem Öffnen der Tür, die die rationale Moderne zugemacht hat, gesprochen wird, ist dies nicht erstaunlich. Ebenso liegt eine Rückkehr der Religion und die Entdeckung einer «post-christlichen Spiritualität» in der Luft. Nicht Analyse, sondern Synthese ist dabei angesagt.

Wohl am präzisesten hat der französische Philosoph Jean-François Lyotard in seiner Schrift «Das postmoderne Wissen» die Konturen der aufkommenden Postmoderne umrissen. Die Einheitsbande bzw. die alles legitimierende, alles betreffende, alles deutende und alles integrierende Leitidee (oder «Meta-Erzählung», wie er es nennt), etwa von einer emanzipierten Menschheit, wird hinfällig. Es kommt zu einer «Freisetzung der Teile» (zitiert nach Türk, S. 64). Welsch, der als Erster einen Überblick über die Postmoderne im deutschsprachigen Raum versucht, fasst entsprechend und sehr kurz zusammen: «Postmoderne beginnt dort, wo das Ganze aufhört» (zitiert nach Türk, S. 68).

Postmoderne bedeutet, darin besteht die Schlussfolgerung, dass man den Meta-Erzählungen mit all ihren Hoffnungen und

Optimismen keinen Glauben und kein Vertrauen mehr schenkt. Die Postmoderne verliert die Sehnsucht nach Einheit. Einheitsstiftende Ideen sind gar per se Gift. Das Individuum konstruiert sich seine Denk- und Lebens-Weisen selber. Konstruktivismus (und folgerichtig Dekonstruktivismus) werden gewollt und werden zum Programm der Postmoderne. Großen Menschheitsträumen (in Form von Ideologien und Religionen, aber auch bezüglich Menschenrechten) wird der Todesstoß versetzt. *Alle* – darin besteht die Logik – Denk- und Handlungsmuster stehen gleichwertig nebeneinander. Kein Erkenntnis- und Lebensmuster hat Vorrang vor dem andern. Beeinflussungen anderer Menschen verlieren die Legitimation. Das Programm der Neuzeit muss kapitulieren.

Theologisch und gemeindlich tauchen im ersten Jahrzehnt des 21. Jahrhunderts erste Reaktionen auf. Möglich, dass neue Bibelübertragungen etwa im Sinne der «Volx-Bibel» dem postmodernen Denk- und Handlungskonzept entsprechen. Eine «Theologie des Alltags» sei gefragt (siehe das von Tobias Faix und Thomas Weißenborn herausgegebene Buch «ZeitGeist. Kultur und Evangelium in der Postmoderne»). Gemeindebaulich ist es die sog. Emerging-Church-Bewegung, die postmodernes Bewusstsein aktiv aufnimmt. Bezeichnend ist, dass es sich gerade nicht – so würde der «moderne» Mensch es erwarten – um ein fertiges Gemeindebaukonzept handelt, das es in die Praxis umzusetzen gilt. Vielmehr wird mit dem Begriff Emerging Church auf den Prozess hingewiesen, in dem sich Gemeindebauliches *ereignet*. Organisation wird dabei ersetzt durch Organismus: Organisch treffen sich Menschen, die je ähnliche Fragen an das Leben, an den Glauben, an die Theologie und an die Gemeinde haben. Gewohnte und eingeschliffene Muster von Theologie und Gemeinde werden radikal hinterfragt – oder einfach ignoriert.

Dieser Hinweis leitet über zur dritten hier im Vordergrund stehenden Fragestellung:

c) Was könnten und sollten wir lernen?

Wenn die großen Erzählungen über Utopien der Menschheit zu Ende gekommen sind, wenn die Verabsolutierung des Prinzips Vernunft definitiv relativiert worden ist und wenn das menschliche Subjekt dazu verpflichtet ist, seine Wahrheit und Wirklichkeit selber zu konstruieren, dann liegt es auf der Hand, Lernfelder zu entdecken. Dies ist deshalb ein Muss, weil es sonst passieren könnte, dass unsere Distanz zur Welt nicht kleiner, sondern – nach den Distanzierungen innerhalb der Moderne – noch größer wird.

Lernfeld 1: Der Verzicht auf das Standpunktdenken in der Kategorie «richtig/falsch». Die Postmoderne legt nahe, «moderne» Widerstandskämpfe gegen «falsche» Standpunkte aufzugeben. Es könnte sein, dass die Postmoderne das manchmal vor allem im christlichen Bereich weitverbreitete und mehr modern als evangelisch verankerte «Richtig-falsch-Denken» als definitiv untaugliches «Standpunktdenken» entlarvt. Dies zu entdecken wäre deshalb reizvoll, weil der Postmoderne offenbar das gelungen ist, was Kirche und Theologie zwar wollten, aber nicht vermochten: die Überwindung des exklusiven, dem Menschen nicht angemessenen Denkmusters der Rationalität. Was wäre zu lernen? Nicht eine noch stärkere und bewahrendere Fixierung auf richtige Standpunkte, sondern eine Rückbesinnung auf das, was dem Evangelium entspricht. Das wäre Person und nicht Sache. Das wäre freimachende Wahrheit und nicht besserwisserische Richtigkeit. Das wäre Weg und nicht bloß Wegweiser. Das wäre Leben und nicht bloß Vorstellung vom richtigen Leben. Hempelmann bringt es auf den Punkt, wenn er uns mahnt, uns aus der Verhaftung und Einrichtung «inmitten der Kritik der Moderne» zu lösen und zu einem theologischen Denken zu finden, das «nicht gegen diese Welt, sondern angesichts von ihr» entwickelt wird (Hempelmann 2008, S. 5 und 7).

Lernfeld 2: Die Entdeckung des hebräischen Denkens. Sollte Künkler (Meiß, S. 55–56) in der Annahme einer möglichen Nähe zwischen postmodernem und hebräischem Denken Recht haben, dann wäre es Pflicht, diese Nähe zu entdecken und beides, postmodernes und hebräisches Denken, besser und tiefer zu verstehen und daraus zu lernen. Pfeiler der hebräischen Denkweise sind unter anderem personales, geschichtlich-prozesshaftes und gemeinschaftsorientiertes Denken. Diese (Wieder-)Entdeckung würde den Zugang beispielsweise zur Aussage von Jesus Christus, er sei die Wahrheit, wesentlich leichter machen. Vermutlich liegt die Herausforderung darin, die Angst vor dem in der Moderne verabscheuten Subjektivismus zu überwinden.

Lernfeld 3: Das Gewinnen einer Sprachfähigkeit im Bereich des Existenziellen. Der postmoderne Mensch sucht das Existenziell-Alltägliche. Postmoderne kann uns herausfordern, bei der existenziellen, erfahrbaren Wirklichkeit des Menschen anstelle des Vertrauens in Ideen, Konzepte und Programme anzusetzen. Das Programm der Moderne hat den Menschen durch dessen Verkürzung auf Rationalität, Messbarkeit, Objektivität und Leistung gedemütigt. Die Postmoderne entdeckt das dadurch entstandene Defizit. Subjektivität bleibt nicht mehr Schimpfwort für private Angelegenheiten. Christlicher Glaube richtet sich an den in seinem Leben und Denken gedemütigten und umso mehr von Jesus gewürdigten Menschen. Darin eröffnen sich einzigartige Chancen.

Lernfeld 4: Die Überwindung des Skeptizismus. Die Moderne lehrte uns, gegen alles kritisch und skeptisch zu sein – außer dieser Kritik und Skepsis gegenüber. Blaise Pascal (1623–1662), er war Zeitgenosse von René Descartes (1596–1650) als Vater der modernen Wissenschaft und Vater des Skeptizismus, kann uns mit seinem Hinweis, dass «man bestimmte Dinge nur mit dem Herzen gut sieht», zur Hilfe werden. «Lesson to learn» wäre die Entdeckung des Herzens, sozusagen des «Denkens vom Herzen her». In der Moderne dachten wir, der Glaube müsse vom Kopf ins Herz gelangen. Orientieren wir uns an Blaise Pascal – und wir meinen: am

Evangelium –, dann wird klar, dass das vergiftete Denken im Kopf vom Herzen her überwunden werden muss. Nur das kann in die Freiheit führen.

Lernfeld 5: Der Konstruktion der subjektiven Wahrheit zu Hilfe kommen. Das Subjekt ist nach dem Verzicht auf allgemein gültige Leitideen für alle Menschen dazu verurteilt, seine Wirklichkeit und Wahrheit selber zu konstruieren. Die positive Deutung zeugt von einem nahezu unglaublichen Vertrauen in die Fähigkeit des Subjektes. Anstelle der Bestreitung dieser These könnte es angemessen sein, alle Energie dazu einzusetzen, vom Evangelium her konstruktiv am Aufbau der Wirklichkeit mitzuwirken. Dass dies nur gemeinschaftlich geschehen kann, liegt auf der Hand. Zu Recht kann daraus ein Ruf in gemeinschaftliches Leben verstanden werden.

Die Annahmen der Moderne sind entlarvt. Der (falsche) Horizont ist weggewischt. Uns scheint, dass genau dies eine unübertreffliche Chance beinhaltet, konstruktiv an der Wirklichkeit des 21. Jahrhunderts mitzuwirken.

3. Der Rahmen:
Eine gebrochene Kirche

Seit dem ersten Kommen Jesu hat sich sein Reich in dieser Welt entfaltet – durch Höhen und Tiefen. Erweckungszeiten wechselten sich ab mit Erkaltungszeiten. «Gut gemacht», lässt sich ohne Überheblichkeit auch mit Blick auf die vergangenen 60 Jahre bei einer Reihe von christlichen Initiativen sagen. Erfolgreich und nachhaltig wirksam waren aber auch eine Reihe von säkularen Bewegungen im Laufe der vergangenen sechs Jahrzehnte.

Vergangenheit gibt für jede Gegenwart Wurzelboden und Rahmen. Wir wissen: Es ist Jesus, der seine Gemeinde seit 2000 Jahren baut («Ich will bauen meine Gemeinde ...»; Matth. 16,18). Das Mitwirken des Menschen war in den vergangenen zwei Jahrtausenden und ist bis heute einzigartiges Vorrecht, aber immer auch Risiko. Eines der wohl größten, im Menschen selber liegenden Risiken ist das Spaltungs- und Zersplitterungspotenzial. Jesus selber betete in der Zeit seines Hierseins auf Erden um das Einssein derer, die ihm nachfolgen. Es scheint, als hätte er das größte Risiko für seine Kirche von Anfang an im Auge gehabt. Zumindest im 2. Jahrtausend ist Kirchengeschichte denn auch Geschichte der Trennungen und des Auseinanderbrechens. Dieses Auseinanderbrechen ist Wurzelboden für all das, was sich heute ereignet und auch im Morgen nicht einfach ignorierbar sein kann. Das ist der Grund, weshalb wir hier dieses kurze Kapitel zur gebrochenen Kirche einfügen (müssen). Auf aktuelle Strömungen sowohl im säkularen wie auch im christlichen Bereich fällt so nochmals ein neues und anderes Licht.

Wir haben versucht, diese Trennungsgeschichte zunächst graphisch und damit auch vereinfachend darzustellen. Dabei sind auch die Hoffnungsspuren, wie sie aus den neutestamentlichen Briefen zu erkennen sind, angedeutet.

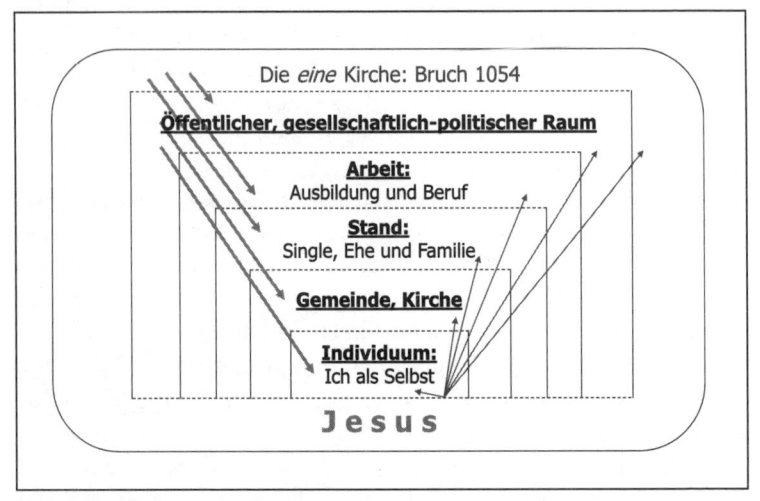

```
Die eine Kirche: Bruch 1054
    Öffentlicher, gesellschaftlich-politischer Raum
              Arbeit:
          Ausbildung und Beruf
              Stand:
          Single, Ehe und Familie
           Gemeinde, Kirche
             Individuum:
            Ich als Selbst
              J e s u s
```

Abbildung 8: Universale Geltung der Wahrheit als kulturgestaltende Kraft

Erläuterung: Bis zum Jahr 1054 gab es – offiziell zumindest – *die eine Kirche*. Eine erste ins Auge stechende Trennung ist die Spaltung der Ost- und der Westkirche bzw. die Loslösung von Rom und Konstantinopel. Eine zweite große Kirchenspaltung hat sich bekanntlich knapp 500 Jahre später ereignet. Es ist die Reformation. Neben dem orthodoxen und dem katholischen Glauben entsteht so die evangelische Kirche. Gerade diese Spaltung hatte – sie brach sich im Dreißigjährigen Krieg (1618–1648) auf sehr blutige Weise Bahn – fundamentale Auswirkungen in Europa.

Im «Westfälischen Frieden» wurde faktisch festgelegt, dass der christliche Glaube nicht (mehr) tauglich sei, die Friedensordnung in Europa zu gewährleisten. Ergebnis war die Stärkung der Nationen. Christlicher Glaube war gut für die Welt der Kirche, die Welt der Familie und die Welt der Arbeit (die vor der Industrialisierung meist zu Hause stattfand), *nicht aber für die*

3. Der Rahmen: Eine gebrochene Kirche 139

Welt der Politik. Damit war historisch gesehen trotz des universalen Wahrheitsanspruchs des christlichen Glaubens ein erster Schritt des Auseinanderbrechens unterschiedlichster Lebens- und Verantwortungsbereiche des Menschen vollzogen.

Dass es im Zeitalter der Industrialisierung zu einem weiteren Bruch, dem Bruch zwischen Glaube und Familie auf der einen und Glaube und Arbeit auf der andern Seite, kam, war eigentlich nur noch folgerichtig. Es gelang, als sich die Arbeit örtlich von zu Hause in die Fabrik verlagerte, nicht, den Glauben «mitzunehmen». Das *eine* Glaubensbekenntnis, das die *eine* Kirche bekennt, begrenzt sich auf die Kirche und – im guten Falle – auf die Welt von Ehe, Familie und Erziehung.

Im 20. Jahrhundert bildet sich eine hochdifferenzierte, atomisierte, in sich aufgesplitterte Gesellschaft. Nachdem im Zuge der Industrialisierung während des 19. Jahrhunderts der christliche Glaube die Bedeutung für die Welt der Arbeit verloren hat, war es spätestens im Zuge der gesellschaftlichen Umwälzungen rund um 1968 offensichtlich, dass der Glaube auch keine taugliche Leitinstanz für Ehe und Familie war. Tradition und damit christlicher Glaube waren verdächtig und hatten nicht mehr das Vertrauen, zuverlässige Orientierung zu geben. Dies hatte Folgen für Kirche und Gemeinden und schließlich für das Individuum. Die Frage: Wenn es zutrifft, dass bestimmte Kräfte – ihre Herkunft bleibe zunächst offen – diese Dynamik der Trennung hervorbringen, muss beobachtet werden, ob sie Halt machen, wenn es um das Individuum (wörtlich: «Ungetrennt») geht. Das heute allgegenwärtige Ringen um persönliche Identität in den Generationen nach 1970 ist Signal für diese Gefährdung.

Deutung: Wir erkennen in obiger Graphik für alle Lebensfelder und Verantwortungsbereiche des Menschen einen steten Rückgang des Wahrheitsanspruchs des christlichen Glaubens. Das Ergebnis ist offenkundig: Der Glaube wird zur *privaten Option*. Christen treten nicht (mehr) mit dem Anspruch auf, dass die Wahrheit des christlichen Glaubens in allen Lebens- und Verantwortungsbereichen gelte, also etwa auch in Familie,

Schule, Ausbildung, Beruf und Politik Fundament und Ausgangspunkt von Denken und Handeln sei.

Dies ist der Aspekt, den die Postmoderne benennt. Postmoderne entspricht deshalb – so kann vage, aber doch begründet festgehalten werden – der Logik der Geschichte. Eine sich selber überlassene Postmoderne ist deshalb, das muss zugespitzt *auch* gesagt werden, Ausdruck des Fiaskos einer 2000-jährigen abendländischen Geschichte. Was bleibt, ist der geschichtslose Moment des einzelnen Menschen – ohne Einordnung, ohne große Erzählung, ohne Horizont.

Der weiterführende Gedanke: Der Blick in das Neue Testament zeigt in verblüffender Weise, dass einige Briefe der Apostel einen auffallend gegenläufigen Aufbau ihrer Briefe aufweisen. Beispiel: das Aufbaumuster des Epheserbriefes. Hier finden wir in Eph. 1 bis 2,10 die Erlösungstat Jesu und unseren Stand vor Gott. Eph. 2,11 bis 5,20 handelt vom Gemeindeaufbau und dem Zusammenwirken von Haupt und Gliedern. In Eph. 5,21 bis 6,4 wird unser lebensmäßiger Stand als Unverheiratete, als Eheleute und als Familienmitglieder zum Thema gemacht, und in Eph. 6,5 bis 6,9 bildet die Welt der Arbeit Schwerpunkt der paulinischen Gedankengänge (insbesondere das Verhältnis Vorgesetzter/Untergebener). Unser Verhältnis zum Staat fehlt im Epheserbrief, findet sich jedoch u. a. im Brief an die Römer (13,1–7) und im 1. Petrusbrief (2,11–17).

Der in diesem Kapitel dargelegte Gedanke bildet die Grundlage für die Gebrochenheit der Kirche Jesu auch im Verlaufe der vergangenen 60 Jahre. Dies ist im Folgenden unser Thema.

4. Sieben ehrliche Eingeständnisse dessen, was uns als Christen weniger gut gelungen ist

Christen ist in den vergangenen 60 Jahren vieles gelungen. Das muss deutlich hervorgehoben werden. Allerdings darf dies nicht darüber hinwegtäuschen, dass es Dinge gibt, die eher weniger gut gelungen sind. Die «Erfolge» einiger gesellschaftlicher Bewegungen zeigen, dass Christen es nicht immer vermochten, angemessen auf Defizite in unserer Gesellschaft zu reagieren. Beispiele dafür sind:

- Auf die latente und dann scharf artikulierte Unzufriedenheit mit der Aufbaugeneration nach dem 2. Weltkrieg und dem Schweigen über die Zeit des Nationalsozialismus gab es von Seiten der Christen – um einmal mehr bei diesem Pauschalbegriff zu bleiben – nur wenig angemessene Antworten.
- Die latente Anfrage an die Institution Ehe und das Bedürfnis, sich sexuell unterschiedlich zu orientieren, scheint unter Christen nicht mit hinreichendem Tiefgang und vor allem nicht rechtzeitig aufgegriffen worden zu sein.
- Christlicher Glaube mag zwar für Insider hinreichend begründet gewesen sein. Als Antwort auf die Bedürftigkeit spiritueller Erfahrungen profilierte sich der christliche Glaube jedoch nur unzureichend.
- Im Hinblick auf die Begegnung mit dem Islam steht eher die Angst denn ein gesundes Selbstbewusstsein im Vordergrund. Nicht nur die westliche Welt als Ganzes, sondern auch die Christenheit steht für aktuelle und kommende Veränderungsprozesse unserer Kultur unvorbereitet da.
- Die Überwindung der Moderne scheint trotz bester Absichten der Christen nicht nachhaltig gelungen zu sein. Mit post-

modernem Gedankengut – diesem scheint die Überwindung zu gelingen – tun sich Christen in der Regel schwer.

An dieser Stelle sind einige selbstkritische Anmerkungen angebracht. Wir nennen sieben offenkundige, immer mehr oder weniger zutreffende (und manchmal auch nicht zutreffende) Schieflagen und Gefährdungen. Pauschalurteile liegen uns fern. Unser Anliegen: dass wir aus Nicht-Gelungenem und Ungereimtem Schlussfolgerungen ziehen und lernen.

4.1 Von der Geschichtslosigkeit

Vergangenheit ist seit 1968 generell verdächtig. Gegenwart genügt. Letztere soll auch nicht der ohnehin ungewissen Zukunft geopfert werden. Rückenwind zu dieser Mentalität lieferte Francis Fukayama im Jahr 1989 mit seiner bereits erwähnten These vom «Ende der Geschichte». Fazit: Die Kenntnis, das Bewusstsein von Geschichte oder gar die Auseinandersetzung mit ihr hat sich auch unter Christen im Laufe der vergangenen Jahrzehnte mehr zur Luxus- als zur Existenzangelegenheit hin entwickelt. Auseinandersetzung mit eigener Geschichte und eigenem Gewordensein (als einzelne Gemeinde, als Werk, als Christen in der Welt) wird im Hinblick auf Zukunft optional verstanden, in keinem Falle fundamental.

Folgende Beobachtungen stützen diese These: Erstens herrscht eine relative Sprachlosigkeit bei der Frage nach dem Entstehungsgrund einer christlichen Gemeinde vor Ort oder eines christlichen Werkes, innerhalb dessen wir uns wie selbstverständlich bewegen. Zweitens fällt es der älteren Generation schwer, ihre Erfahrungshintergründe der nächsten Generation so zu überliefern, dass diese darin Bausteine für ihre eigene Zukunft zu erkennen vermag. Drittens tun sich Gemeinde- und Werksleitungen schwer, sich mit mittel- und langfristigen Perspektiven vergleichbar intensiv auseinanderzusetzen wie mit der kurzfristig orientierten Lösung von akuten Problemsituationen. Viertens treten nicht wenige Bewegungen innerhalb der christlichen Wirklichkeit mit dem Anspruch auf, dass mit ihnen nochmals völlig neue Kirchengeschichte beginnt oder zu beginnen hat. Lehrreiches aus der Vergangenheit wird gedankenlos ignoriert. Und fünftens scheint die Thematik der Wiederkunft Jesu sowie das Zulaufen der Geschichte auf ein Ende hin zunehmend verschwommen zu sein. In diesem letzten Punkt kulminiert die Geschichtslosigkeit, an die wir uns offenbar und fatalerweise – auch in unserer Verkündigung – gewöhnt haben.

Ein nahezu dramatisch spannendes Büchlein thematisiert die Rolle von «Heiden und Christen» im Zeitalter der Angst (Eric R. Dodds: «Heiden und Christen in einem Zeitalter der Angst»). Eine uns wenig willkommene These lautet, dass sich Christen heute ähnlich verhalten wie Heiden im dritten, vierten oder fünften Jahrhundert nach Christus. Dodds (S. 26) zitiert dazu Auszüge aus einer Schrift des Dichters Palladas. Letzterer schreibt (im vierten Jahrhundert):

«Die Welt ist eine Bühne und das Leben ein Spielzeug: Verkleide dich und spiel deine Rolle; doch verbanne jeden ernsthaften Gedanken – sonst droht dir das Herz zu brechen ...» Die heutige Welt «spricht für sich selbst: ihr offenkundiger Verfall kündigt ihre Auflösung an. Die Bauern verlassen das Land, die Händler die See und die Soldaten das Lager; alle Ehrlichkeit im Gewerbe, alle Gerechtigkeit im Gericht, alle Solidarität in der Freundschaft, alle Geschicklichkeit in den Künsten, alle Normen der Moral – alles ist im Verschwinden begriffen.»

Der bereits zitierte Christian Graf von Krockow schreibt: «Die Wissensgesellschaft (...) richtet sich (...) technisch beflügelt zur Zukunft und hat mit dem Vergangenen nichts mehr zu tun.» Um im globalen Konkurrenzkampf der Ideen und damit den Herausforderungen der Zukunft gewachsen zu sein, «brauchen wir die Technik, nicht aber die Geschichte» (Krockow 2002, S. 9–11). Von dieser wenig hoffnungsstiftenden Denkweise scheinen auch wir Christen befallen zu sein. Die Welt mehr als mögliche Bühne für einzelne Auftritte denn als Gestaltungs- und Verantwortungsraum zu verstehen, liegt uns nahe. Die Mahnung Krockows (2002, S. 156): «Geschichte zeigt in der Vielfalt ihrer Gestalten und Erfahrungen, was wir zu fürchten haben und worauf wir hoffen dürfen. Gerade wenn wir dazu verurteilt sind (...) in unbekannte Gewässer voller Untiefen hinaus zu steuern, rüstet sie uns mit einem Echolot aus, sodass wir Ankergründe finden und den Schiffbruch vermeiden. Und was könnte wichtiger sein?»

Es gibt einen Strudel der Geschichtslosigkeit, in den wir uns nicht hineinziehen lassen dürfen. Zwei Zitate sollen diesen kurzen Abschnitt abschließen:

«Vergessenheit führt ins Exil, Erinnerung in das Leben.
Wer also Geschichte und Überlieferung nicht kennt, dem verdunstet die Zukunft.»
Baal Shem Tov (Gedenkstätte in Yad Vashem, Berlin)

«Wer in der Vergangenheit lebt, wird auf einem Auge blind.
Wer ohne Vergangenheit lebt, wird auf beiden Augen blind.»
Russisches Sprichwort

Solange Geschichte – das sei eingestanden – nur Anhäufung von Fakten und Einzelwissen meint, ist nicht einsichtig, dass wir sie kennen sollten. Geschichte allerdings ist mehr. Geschichtliche Überlieferung zu kennen ist Sprungbrett in die Zukunft.

4.2 Ausstieg statt Einstieg

Christen sind per definitionem der Spannung zwischen Ausstieg aus dieser Welt und Einstieg in diese Welt ausgeliefert. Christwerden heißt vom Grundverständnis her Ausstieg aus der Verankerung im System dieser Welt. Ohne ein radikales

4. Sieben Eingeständnisse: Was Christen weniger gut gelungen ist 145

Austreten aus den sündhaften Abhängigkeiten und Verstrickungen dieser Welt gibt es kein Christsein. Umgekehrt jedoch gilt mit gleicher Eindringlichkeit, dass jener Mensch, der sich von Gott aus der Welt herausrufen lässt, dies immer auch dazu tut, sich als Salz und Licht *in* diese Welt hinein senden zu lassen.

Beides, sowohl das Herausgerufen-Werden wie das Hineingesandt-Sein, kann misslingen. Uns scheint in der Betrachtung der vergangenen 60 Jahre – vielleicht abgesehen von der allerjüngsten Zeit – das Scheitern auf der Seite des Hineingesandt-Seins stärker vorzukommen als das Scheitern auf Seiten des Heraustretens aus dieser Welt.

Dieser Verdacht lässt sich durch folgende Wahrnehmungen stützen: Einmal ist es symptomatisch, dass von Christen nicht selten von «den Stillen im Lande» die Rede war und noch immer ist. Christen, so wird gesagt, sind die, die geduldig und demütig das Tal dieser Welt aushalten, um dann zum Eigentlichen – dem Leben nach dem Tod – vorzustoßen.

Ein zweiter Hinweis liegt in der Beobachtung, dass wir gerne von einer Berufung in den hauptamtlichen Dienst als ein Aussteigen aus einem «weltlichen» Beruf reden. Das Thema einer *Berufung* in einen sog. säkularen Beruf tangiert uns höchstens am Rande. Das Ergebnis ist dann, dass Menschen, die in unserer Gesellschaft Verantwortung übernehmen, sich eher schwer damit tun, sich als Teil einer ganz normalen christlichen Gemeinde zu verstehen. Es droht ein «Christsein zweiter Klasse».

Drittens bestehen die Schwerpunkte unserer Aktivitäten tendenzmäßig in der Evangelisation und dem Gemeindebau, weniger in der Weltverantwortung. Evangelisation und Gemeindebau neigen zum Thema Heraustreten aus der Welt, weniger zum Hineingehen in diese Welt. Für die Sondergruppe jener Christen, denen die Verpflichtung zur Weltverantwortung vor Augen steht, bilden sich entsprechend spezialisierte Vereinigungen. Sie tun sich schwer, ihren selbstverständlichen Platz innerhalb einer ganz normalen Gemeinde zu finden.

Was haben wir übersehen? Wir haben in den vergangenen 40 bis 60 Jahren zu oft übersehen, dass Jesus «Fleisch» geworden ist, dass er «in das Seine kam», dass er «einer von ihnen wurde» und dass er uns so in der gleichen Art und der gleichen Zielsetzung sendet *«wie ihn sein Vater gesandt hat»*. Diese Dimension scheint uns mental kaum erreicht zu haben. Die unabwendbare Folge: Der Ausstieg aus der Welt ist klar vor Augen. Was es aber heißt, Salz und Licht in dieser Welt zu sein, wird eher als Angelegenheit von Spezialisten verstanden, an die dann delegiert wird, was doch fundamental zur Gemeinde gehören würde.

4.3 Das Leistungsdenken

Dem soeben Gesagten nicht fern ist die Orientierung an einem verdeckten und manchmal auch offenen Leistungsdenken. Es ist bekanntlich schnell klar, was *«ein guter Christ»* ist: Dieser wird sich in der Gemeinde stark engagieren, er wird Verantwortung in einzelnen gemeindlichen Ressorts übernehmen und er wird sich an vielen Veranstaltungen beteiligen. Verzichtsleistungen zugunsten solchen Engagements sind selbstverständlich.

Dass die Reformation vor knapp 500 Jahren in starkem Maße die *Gnade* betont hat, wird aktuell eher als Wissen über die Vergangenheit denn als entscheidendes Merkmal des christlichen Glaubens auch heute begriffen. Dabei scheint uns entgangen zu sein, dass gerade die Reformation mit der Betonung der Gnade den Boden für die Höchstleistungen der Neuzeit mit vorbereitet hat. Gnade wurde zum fruchtbaren Boden für Leistung. Gnade war die Befreiung aus dem Gefängnis der Selbstrechtfertigung des Menschen. Nun wird aber auch gelten: Entfällt dieser Boden der Gnade, ist ermöglichte «Freiheit zur Lebens- und Weltgestaltung» zur Verkümmerung verurteilt. Solche Verkümmerung gibt es auch unter uns. Gnade wird dann zur billigen Nebensache, Leistung – auch fromme Leistung – steht «bodenlos» im Vordergrund.

Drei Gründe gibt es, weshalb wir gerade im evangelikal-pietistischen Raum zu einem gewissen Leistungsdenken neigen:

4. Sieben Eingeständnisse: Was Christen weniger gut gelungen ist

1. Griechisches Denken, insbesondere das Denken etwa von Plato (er lebte von 427 bis 347 v. Chr.), hatte immer schon die Tendenz, von Christen gerne aufgenommen zu werden. Das Motto: Zur Erkenntnis kommst du dann, wenn du dich hinreichend bemühst, dich aus dem Gefangensein in den Verstrickungen dieser Welt zu befreien (so die Ideenlehre von Plato). Auf diesem Boden gedeihen die Ideale christlichen Lebens hervorragend. Heiligung wird vom Leistungsdenken beherrscht.
2. Die technische Welt funktioniert nur dann, wenn etwas perfekt ist. Flugzeuge, Handys und andere Geräte sollten in der Tat «perfekt» funktionieren. Es besteht für uns eine unübersehbare Herausforderung darin, Dinge, die in *einem* Lebensbereich unverzichtbar sind, nicht auf andere Bereiche, in denen sie nicht funktionieren können, zu übertragen. Perfektionismus wird im Bereich des Glaubens nicht funktionieren.
3. Schließlich gibt es einen unwiderstehlichen Druck, gut vor der Welt dazustehen. Der westliche Mensch hat ein Auge für das äußere Erscheinungsbild. Es scheint, als würden wir Christen uns leicht unter diesen Druck setzen lassen, wenn schon nicht nach innen, dann wenigstens nach außen stimmig dazustehen. Stärke, Ansehen und Leistung werden dann zum Etikett, um das gekämpft werden muss.

Erich Fromm war es, der das Abendland auf eindrückliche Art darauf hingewiesen hat, wie verkümmert eine Welt der Leistung und des Habenwollens wird. Er proklamiert eine Welt des Seins. In diesem ist Scheitern erlaubt. Wer scheitert, ist nicht Bürger zweiter Klasse. Diese Grundbotschaft lässt sich leicht vom Evangelium her untermauern, steht doch gerade hier Gnade *vor* Leistung und *vor* Ideal. Wo diese Gnade herrscht, wo entsprechend begnadigte Menschen, Menschen der Gnade also, sich aufhalten, sind und leben, da entfalten sich Räume der Gnade und eine Kultur der Gnade, die für unsere westliche und heißgelaufene Kultur das Heilmittel Nr. 1 darstellen würde und könnte.

Eine der Folgen dieser dritten Schieflage besteht in einem Aushöhlen der Identität des Christen und insbesondere eines hauptamtlichen Mitarbeiters bzw. einer hauptamtlichen Mitarbeiterin. Eigentlich wäre bei genauer Betrachtung der hauptamtliche Mensch in Gemeinde und Mission jener Mensch, der wie kein anderer gegenüber dem Phänomen des Ausbrennens – «burning out» – resistent sein müsste. Fatalerweise belehrt uns die Wirklichkeit eines andern.

4.4 Anthro-pozentrisches statt theo-zentrisches Denken und Handeln

Die im ersten Moment etwas theoretisch anmutende Aussage (anthropozentrisches statt theozentrisches Denken und Handeln) verdeutlicht den ganz einfachen Umstand, dass gemeindliches Leben und theologisches Denken sicherlich seit dem Sündenfall, aber vermutlich besonders in den vergangenen 40 bis 60 Jahren latent der Versuchung erlegen ist, den Ausgangspunkt des Denkens und Handelns mehr beim Menschen als bei Gott zu suchen.

Zugespitzt lautet die kritische Anfrage: Haben wir uns als Christen in den vergangenen sechs Jahrzehnten nicht zu sehr um den Menschen und dessen vor Augen liegende Bedürftigkeit gekümmert? Oder: Sind wir am Ende des 20. und beim Einstieg in das 21. Jahrhundert nicht zu sehr einseitig *menschenorientiert und menschenbezogen* geworden? Und: Richten wir unsere Programme und Projekte nicht bedeutend stärker am Menschen aus als an Gott? Es könnte sein, dass wir uns den Vorwurf gefallen lassen müssen, menschliche Bedürftigkeiten ernster zu nehmen als die Wünsche und den Willen Gottes. Was wir – früher – sog. liberalen Kreisen vorgeworfen haben, trifft unmerklich auf uns selber zu.

Hinweise zur Untermauerung dieser Behauptung:

4. Sieben Eingeständnisse: Was Christen weniger gut gelungen ist

- Es gibt unter uns das fatale Gottesbild des Weihnachtsmannes. Dieser kommt – hat zu kommen – und bringt, was wir bedürfen. Beispiel: Er hat uns zu helfen («Herr, hilf!»), wenn aufgrund der Finanzkrise unsere Renten ins Schleudern geraten. Sind Letztere wieder sicher, dann benötigen wir den «Weihnachtsmann» nicht mehr oder aber für etwas anderes. Gott mag in der Not gut sein, ansonsten ist der Glaube an ihn eher Zierde und Schmuck.
- Insbesondere Menschen, denen die Verkündigung ein starkes Anliegen ist, artikulieren ein Unbehagen darüber, dass aufgrund des sog. Spaßfaktors auch unter Christen eben diese Verkündigung im Gottesdienst nur allzu leicht an den Rand gedrängt wird. Die Befriedigung eigener Bedürftigkeit liegt dem Menschen offenbar bedeutend näher als die lebensschaffende Zumutung des Redens Gottes.
- Attraktive Stichworte bei Konferenzen und in vielgekauften Büchern weisen sichtbar – natürlich immer auch mit Berechtigung – eine stark anthropozentrische Dimension auf. Themen lauten beispielsweise: Wie leite und führe ich? Wie vermeide ich das Ausbrennen? Wie kommt Freude in meinen Glauben? Wie bewirke ich wachsende Gemeinde? Wie gewinne ich ehrenamtliche Mitarbeiter und Mitarbeiterinnen? …? Die «Themen-Arbeit» drängt die «Bibel-Arbeit» in den Hintergrund.
- Methoden haben – durchaus zunächst wiederum mit gutem Recht – im Laufe der vergangenen 30 Jahre ein wesentlich stärkeres Gewicht in aller Gemeindearbeit erhalten. Stand noch vor rund 30 Jahren eine verhältnismäßig starke Vorstellung von dem, was unter Christen sein soll, einer verhältnismäßig schwach ausgebildeten Methodik gegenüber, so hat sich diese «Ziel-Weg-Diskrepanz» in den vergangenen 15 bis 20 Jahren in ihr Gegenteil gewandelt. Uns stehen bestens ausgewiesene Mittel und Methoden (zur kompetenten Kommunikation, zur mündigen Konfliktlösung, zur Vermittlung wesentlicher Inhalte, zur Steuerung von Veränderungspro-

zessen …) zur Verfügung, doch wir wissen, so der Verdacht, oft nicht mehr, zu welchem Ziel uns diese Mittel und Methoden verhelfen können und sollen.

Die glaubensmäßige Schieflage charakterisiert Jakob Kroeker in seinem Büchlein «Allein mit dem Meister» folgendermaßen (S. 7–8): «Zu oft bedeutet uns doch das Reich Gottes weit mehr *Gott innerhalb eines Menschenwerkes als der Mensch innerhalb eines Gotteswerkes*. (…) Wir bauten das Reich Gottes, indem wir Gott in unser Wirken hineinzuziehen suchten, und vergaßen, dass die ganze erlösende Tätigkeit des Heiligen Geistes darauf gerichtet ist, uns in das Wirken Gottes hineinzuziehen.» Vielfach sahen wir «weit mehr den frommen Menschen in seiner Aktivität für Gott als die Kraft Gottes in ihrem erneuernden Wirken innerhalb des frommen Menschen. (…) Wir glaubten weit mehr an unsere Frömmigkeit als an Gott.»

Wir christlichen Menschen unterliegen – glücklicherweise nicht immer – einem verhängnisvollen Sog, nicht uns auf Gott, sondern Gott auf uns zu beziehen. Wir lassen nicht uns von ihm gebrauchen, sondern nutzen ihn für uns. Uns entgeht, dass gerade dort, wo theozentrisch gelebt und gedacht wird, dies unüberbietbar dem Menschen zugutekommt. Die unübersehbare Folge besteht in der Kraftlosigkeit des Glaubens und nicht selten auch der Theologie. Letztere wird zur verkappten Anthropologie, indem sie ihren eigentlichen Existenzgrund aus den Augen verliert.

Drei weitere, wenig hilfreiche Denk- und Handlungsarten sind der Verlust des Gemeinschaftlichen zugunsten des verabsolutierten Individuums, der Verlust des Lebensmäßigen sowie die Positionierung des Christen als Schiedsrichter in dieser Welt.

4.5 Der christliche Glaube als Individualprogramm

Die Individualisierungsschübe der Neuzeit konnten unmöglich spurlos an den Christen vorbeigehen. Diese Schübe sind nicht zuletzt auch theologisch gerechtfertigt worden, handelt es sich doch bei der (persönlichen) Bekehrung um eine unverzichtbar wichtige Dimension des christlichen Glaubens.

Einzelne Beobachtungen:

Beobachtung 1: Es gibt – uns fiel es zunächst, nach längerem Auslandaufenthalt, in der Schweiz auf – eine beeindruckende Art und Form der Beendigung von scheinbaren und realen Konfliktgesprächen. Die abschließend formulierte Frage lautet standardmäßig: «Stimmt es für dich?» Was immer Inhalt eines Gesprächs war: Die Frage lautet nicht, was sachlich richtig und gemeinschaftlich nützlich, sondern was für den Einzelnen stimmig ist.

Beobachtung 2: Jeder Prediger – das ist eines seiner Grundleiden – kennt die Konsequenz, die ein Mensch zieht, wenn ihm der Gottesdienst oder die Predigt nicht gefallen hat. In der Fachsprache nennt sich das dann «Church-Hopping»: Ich suche mir die Kirche oder Gemeinde, die meiner individuellen Situation zum jetzigen Zeitpunkt am meisten entspricht. Tut sie das nicht mehr, steht ein scheinbar völlig legitimer Wechsel der Gemeinde an.

Beobachtung 3: Besonders in sog. Wohlstandszeiten scheinen wir Menschen von der Gefahr bedroht zu sein, dass sich der Glaube aus dem Bereich der existenziellen Betroffenheit verabschiedet und zum individuellen Zusatzprogramm wird. Gemeinschaftliches Angewiesensein wird ersetzt durch das mir am ehesten zusagende Individualprogramm. Unmerklich rutschen wir dabei in die Situation, die bereits dem Propheten Haggai ein Dorn im Auge war: *Ihr baut die eigenen Häuser, während ihr das Haus Gottes verrotten lasst.*

Beobachtung 4: Überforderungssituationen führen bekanntlich zu Abwehrhaltungen. In einer beschleunigten und zunehmend komplexer werdenden Welt liegt es nahe, dem individuell Passenden den Vorrang zu geben vor einer gemeinschaftlichen, nach außen hin scheinbar aufwendigeren Lösung. Nicht nur jüngere, sondern auch ältere Menschen stehen in Gefahr, ihr Individualprogramm zu fahren. Die Folge besteht in einer gewissen Resistenz auch dem Wort Gottes gegenüber.

Beobachtung 5: Der Begriff Subkultur wird heute inflationär benutzt, und zwar nicht nur im säkularen, sondern auch im christlichen Bereich. Subkultur meint, dass zwar nicht jeder einzelne Mensch sein maßgeschneidertes Programm hat, dass sich aber immer Menschen finden, die in Kleingruppen – und eben gerade nicht in der Großgruppe – das tun und erleben, was ihnen individuell entspricht und zusagt. Ausdruck davon ist im christlichen Bereich das sog. Hauskirchenmodell.

Ulrich Beck spricht in seinem Buch zum Thema «Weltrisikogesellschaft» von einer «Religion des Individualismus» (S. 390): Ich löse meine Sachen selber besser, schneller und sicherer. Klar ist: Der Kollektivismus (etwa im Gewand der gängigen Ideologien des 20. Jahrhunderts) beinhaltet in seinen unterschiedlichen Gewändern mindestens so sehr destruktives Potenzial wie der Individualismus. Spätestens zu Beginn des 21. Jahrhunderts sollten wir aus einem falschen Entweder-Oder herausfinden. Nach den Zeiten des fatalen Kollektivismus war die Betonung des Individuums Gebot der Stunde. Heute allerdings muss gefragt werden, ob nicht eine Wiederentdeckung von Gemeinschaft und freiwillig eingegangener Verbindlichkeit Gebot der Stunde sein müsste.

4.6 Der Verlust der Lebensgestaltung und der Kultur

Verständlich natürlich und nachvollziehbar, wenn unter evangelischen Christen eine gewisse Furcht davor besteht, der Lebensgestaltung und der Kultur zu viel Gewicht beizumessen. Es könnte ja sein, dass das Prinzip «sola gratia» – allein die Gnade – zu schnell unterwandert wird. Zudem besitzen wir hinreichend schwierige Erfahrungen mit dem Kulturprotestantismus im 19. Jahrhundert. Die Frage jedoch muss erlaubt sein, ob wir nicht zu schnell der nicht zu Ende gedachten Meinung zustimmen, der christliche Glaube ließe sich besser und angemessener kulturlos betreiben. Die Folge unreflektierter und beliebiger Art der Lebensgestaltung und Lebensführung wird dabei in Kauf genommen, genauso wie die Möglichkeit, dass Gnade «billig» und damit zur Schleuderware wird.

Werfen wir einen Blick in die Briefe des Neuen Testaments, entdecken wir unschwer, dass es immer ein Ringen zum einen um die Fundamente des christlichen Glaubens und zum andern um die Art und Weise christlichen Lebens als Ausprägung dieses Glaubens geht. Themen sind entsprechend u. a. das Miteinander und Zusammenwirken derer, die Jesus nachfolgen (z. B. im Umgang mit Schwachen), das eheliche Leben (z. B. die Rolle des Mannes in der Ehe), das Leben im Beruf (z. B. das Benehmen einem Vorgesetzten gegenüber) oder das Leben in der Gesellschaft (z. B. das Verhalten gegenüber dem Staat).

Heute nehmen wir eine seltsame Zurückhaltung unter Christen in der verbindlichen Bearbeitung solcher und ähnlicher Themenbereiche wahr. Es ist, als ob es sehr viel einfacher wäre, die Frage nach dem Glauben anstelle der Frage nach dem Leben zu stellen. Kultur wird für uns Christen zu «einer Art Luxusangelegenheit, einer Zutat zum Hauptgericht» (Fons Trompenaars – Handbuch Globales Management 1993; in: Russenberger, S. 20). An zwei Beispielen kann die Versuchung, den christlichen Glauben vom konkreten Lebensentwurf zu lösen, veranschaulicht werden:

- Die Anzahl Predigten und Kurse zu Glaubensthemen steht in der Regel in keinem Verhältnis zur Anzahl Predigten zur Konkretion des Glaubens im Leben (wobei wir die billigen Moralappelle zu ethisch korrektem Leben nicht berücksichtigen). Einem Prediger und Theologen scheint es sichtlich leichter zu fallen, über Glauben zu predigen als über das Leben. Versucht wird, zumindest den Glauben der Privatsphäre zu entziehen. Dass dies bei der Lebensgestaltung nicht (mehr) gelingen kann, wird resignativ zur Kenntnis genommen: Lebensführung ist und bleibt dann Privatsache.
- Eigenartigerweise fällt es uns leichter, die erlebte Qualität eines Gottesdienstes oder einer christlichen Veranstaltung zu thematisieren als die praktizierte Qualität des Glaubens innerhalb alltäglicher Lebensfelder. Gottesdienstformen kritisch zu betrachten steht uns sichtlich näher als ein selbstkritischer Blick auf unsere eigene Lebensgestaltung. Lebensstil ist private Option und bedarf keiner öffentlichen Rechenschaft.

Die Folge solcher Tendenzen: Wenn christlicher Glaube dazu neigt, so etwas wie a-kulturell (ohne Interesse an der Kulturfrage) zu sein, wird es nicht erstaunen, wenn sich unter uns selber so etwas wie ein multi-kulturelles Milieu entfaltet. Dass ein solches Milieu in sich mit unübersehbaren Herausforderungen und Konfliktfeldern behaftet ist, wird in Kauf genommen. Gestaltungsmacht und Gestaltungskraft werden kampflos unterschiedlichsten und anderen Instanzen überlassen.

Die beiden bereits erwähnten Europatage in den Jahren 2004 und 2007 in Stuttgart haben gerade an dieser Stelle – nicht zuletzt dank Impulsen aus eher katholischen Hintergründen – einen Gegenakzent setzen wollen. Es ging dort nicht um das gemeinsame Ja zu einem bestimmten oder gar exklusiven Glaubensverständnis, sondern *um die Bejahung des Lebens als Ausdrucksweise des Glaubens*. Beispiele waren u. a.: *Das Ja zur unverletzlichen Würde der menschlichen Person* in allen Phasen ihrer Entwicklung, *das Ja zu Ehe und Familie* (sie sind Grundlage für eine solidarische und zukunftsfähige Gesellschaft), *das Ja* zur *Schöpfung* (wir treten für den Schutz von Natur und Umwelt ein), *das Ja zur Solidarität mit den Armen und Benachteiligten* in der Nähe und in der Ferne (wir bitten unsere Regierungen und die Europäische Union, sich mit Entschiedenheit für die Armen und für die Entwicklung der benachteiligten Länder einzusetzen), *das Ja zum Frieden* (wir setzen uns in Konfliktsituationen für Verständigung, Versöhnung und Dialog ein). Dieses mehrfache Ja setzt das Grundverständnis des christlichen Glaubens voraus, dass dieser untrennbar mit einem existenziellen Lebensentwurf verknüpft ist. Christlicher Glaube kann nicht Richtigkeit neben andern Richtigkeiten sein. Christlicher Glaube ist konkreter Lebensentwurf innerhalb konkreter Lebensfelder.

4.7 Die scheinbare Sicherheit des Christen in der Rolle des Schiedsrichters

Unsere westliche Kultur weist die merkwürdige Eigenschaft auf, sich in einer privilegierten Stellung – *vor* andern Welten und Kulturen – zu verstehen. Die westliche Welt – die Erste Welt, wie wir zu sagen pflegen – empfinden wir als Maßstab für die globale Welt. Das «wahre Weltsystem» scheint im westlichen Denken zu liegen. «Hier und da gibt es im Orient noch einige Abwehrreaktionen ...» (Hocking 1956; zit. nach Newbigin: «Salz der Erde?! Fragen an die Kirche heute», S. 16). 50 Jahre später äußert sich Meinhard Miegel (in: «Epochenwende. Gewinnt der Westen die Zukunft?», S. 9–11) deutlich: «Die privilegierte Stellung des Westens wird es genauso wenig geben wie die privilegierte Stellung des Christentums. Der über Generationen gehaltene Vorsprung vor dem Rest der Welt hat den Westen müde und mürbe gemacht. (...) Der gesellschaftliche Zusammenhalt (...) die Sozialverbände und an ihrer Spitze die Familie, zerfällt.»

Sich in einer privilegierten Stellung, sozusagen auf einem Jäger-Hochsitz, einzurichten, scheint riskant zu sein. Gerade Christen sind in den vergangenen 40 bis 60 Jahren nicht selten dieser Gefahr erlegen. Auf dem Hochsitz ließ sich, bereit zur Jagd auf Fehler anderer, das eigene Leben verhältnismäßig bequem einrichten. Ereignisfeld dieses Szenarios waren zum einen die «innerchristlichen Kämpfe» um richtige Standpunkte, etwa im Zusammenhang von «biblischer» und «liberaler» Theologie oder «katholischer», «pfingstlerisch-charismatischer» und «evangelikaler» Glaubensweise. Zum andern war es der Kampf gegen tatsächlich und scheinbar bedrohliche gesellschaftliche Strömungen. Beispiele: die Kritik an der 68er-Generation, die Kritik an der (säkularen) Psychotherapie, die Kritik am Schwangerschaftsabbruch, die Kritik an der Esoterik, die Kritik am Feminismus, die Kritik an der Friedens- und Umweltbewegung und schließlich die Kritik an der Legalisierung der Homosexualität. «Landkarten» und «Munition» erinnerten nicht selten an das 19. Jahrhundert. Dass die Wirkung dieser Grundhaltung verhältnismäßig gering war, muss spätestens nach 10 Jahren im 21. Jahrhundert zur Kenntnis genommen werden. Trotzdem lag und liegt uns Kritisches und Skeptisches näher als das konstruktive, oft riskantere Suchen von Lösungswegen in konkreten Lebenssituationen.

Am Beispiel von «König Fußball» lässt sich die Untauglichkeit und Unzweckmäßigkeit der Rolle des Schiedsrichters eindrücklich veranschaulichen. Die Frage lautet oft nicht, ob wir die Position des Stürmers, des Verteidigers oder des Torwartes einnehmen möchten. Lieber besetzen wir die Rolle eines unübertrefflichen Schiedsrichters. Wir ignorieren, dass der Schiedsrichter weder gewinnen kann, noch dass die Menschen seinetwegen ins Stadion kommen, noch dass sie wegen ihm eine Liebe zum Fußball entwickeln können. In besonderer Weise grauenvoll ist, dass der Mensch, der sich gerne auf dem Spielfeld betätigen möchte, sich von vornherein der Situation ausgesetzt sieht, als Erstes beurteilt zu werden. Es liegt auf der Hand, dass dies nicht der Sehnsucht des Menschen entspricht.

Die Folge: Eine gewisse Unattraktivität christlicher Menschen und christlicher Gemeinschaften ist nicht zu leugnen. Dass christlicher Glaube nicht von bestimmten Richtigkeiten, sondern aus der Gnade lebt, gilt es neu zu begreifen. Diese Gnade ist derart kostbar, dass sich der Schritt ins Leben wagen und die Rolle des Schiedsrichters ablegen lässt. Dies gilt auch und gerade angesichts von Anfechtungen und nahezu unüberwindbar erscheinenden Gegebenheiten, wie sie im kommenden Teil aufgezeigt werden.

Teil III:
Fünf akute Bedrohungen unserer Zeit und die Rolle der Christen

Teil III ▪ Fünf akute Bedrohungen und die Rolle der Christen   161

Nachdem wir bestimmte Dynamiken innerhalb der vergangenen 60 Jahre beschrieben haben, geht es jetzt um das Benennen von Wahrnehmungen, die die Entfaltung des Reiches Gottes heute und morgen elementar beeinflussen. Die Herausforderung wird darin bestehen, nicht *gegen* sie anzutreten – dies würde sich schnell als wirkungslos erweisen –, sondern *die Chance angesichts dieser Entwicklungen* zu erkennen und zu ergreifen. Die fünf Beobachtungen sind: die Zunahme von Geschwindigkeit und Komplexität, die Macht der zentrifugalen Kräfte, die Zunahme von Mangelszenarien in einer übersättigten westlichen Welt, der Kampf der Kulturen in unterschiedlichen Facetten und die Auseinandersetzung, die hinter dem unmittelbar Sichtbaren abläuft.

1. Die Zunahme von Geschwindigkeit und Komplexität

«Wenn du es eilig hast, gehe langsam.» So lautet ein Buchtitel des bekannten Autors Lothar J. Seiwert aus dem renommierten Campus-Verlag. Untertitel: «Das neue Zeitmanagement in einer beschleunigten Welt. Sieben Schritte zur Zeitsouveränität und Effektivität» (Ausgabe 1998). Klaus Doppler und Christoph Lauterburg beschreiben in ihrem Klassiker zum Thema «Change-Management – Den Unternehmenswandel gestalten» neben Rahmenbedingungen wie Verknappung der Ressource Zeit und Verknappung der Ressource Geld die Rahmenbedingung «Dramatische Steigerung der Komplexität». Die beiden Anmerkungen weisen auf zwei elementare Grundmerkmale unserer Zeit hin: Neben Verknappungserscheinungen (z. B. an Zeit und Geld) gibt es eine unübersehbare, «dramatische» Zunahme von Geschwindigkeit und Komplexität innerhalb unserer Gesellschaft.

Wer kennt sie nicht, die Tage ohne Pausen und die Wochen, in denen ein Durchatmen nicht möglich war? Schlagworte wie «Entschleunigung» oder die «Entdeckung der Langsamkeit» sind täglich wahrnehmbar. Seiwert (S. 16–17) spricht unüberhörbar von einem notwendigen Paradigmenwechsel. Paradigmen sind «mentale Modelle». Sie beschreiben die Art und Weise, wie jemand «seine Umwelt wahrnimmt, versteht und erklärt». Sie «wirken wie geistige Landkarten». Unterschieden wird ein «Geschwindigkeits-Paradigma» und ein «Langsamkeitsparadigma». Ersterem entspricht das «Speed-Management» bzw. der «High-Speed-Manager». Entsprechend den Landkarten kommt es zu bestimmtem Verhalten im Alltag (noch besseres Zeitmanagement, noch gezieltere Entscheidungen, noch effektivere Informationsbeschaffung ...).

Das Langsamkeitsparadigma akzeptiert den Inhalt des toskanischen Sprichwortes: «Du kannst noch so oft an der Olive zupfen, sie wird deshalb nicht früher reif.» 80 % der deutschen Bundesbürger betonen, dass sich «alles viel zu schnell» verändere (Seiwert, S. 23). Es klaffe eine Lücke zwischen gelebter Zeitkultur und «natürlichen Zeit- und Lebensrhythmen». Zwei Beispiele:

- Dem Magazin Focus, Nr. 21 vom 17.5.1997, ist das Zitat zu entnehmen, dass die Wirtschaft so rasant wächst, dass selbst der Rhythmus der Nationalhymne Malaysias beschleunigt worden ist.
- Das Wochenmagazin Weltwoche vom 31.1.2008 berichtet von der Beschleunigung im Beziehungsbereich und gibt Einblick in das sog. «Speed-Dating» und «Speed-Flirting». Letzteres funktioniert so, dass auf dem Handy ein GPS installiert wird. Ist «Cranberry» aktiviert, dann ist die Information erhältlich, ob sich im Umkreis von 150 Metern jemand mit passendem Profil für ein kurzes Meeting befindet. Je nach Lust kann man sich mit Hilfe des GPS einander annähern und in den Genuss eines «Speed-Dates» oder von «Speed-Flirting» kommen.

Die offenkundige Frage: Wie lange hält die menschliche Seele das aus? Oder: Muss es nicht über kurz oder lang dazu kommen, dass die Seele nicht mehr mitmacht bzw. dass sie aus der ständigen Geschwindigkeitssteigerung herauskatapultiert wird?

Auf Seite 165 findet sich eine graphische Darstellung zum Thema der zunehmenden Geschwindigkeit und des möglichen (unweigerlichen) Ausstiegs.

Kommentar: Die Geschwindigkeit nimmt exponenziell zu. Das Abspringen bzw. die «Katapultierung» wird in der Regel nicht selber von innen gesteuert, sondern äußert sich als Burnout bzw. als Zusammenbruch eines Menschen, der in bestem Willen versucht, Verantwortung im persönlichen, familiären, beruflichen und gesellschaftlichen Bereich zu tragen.

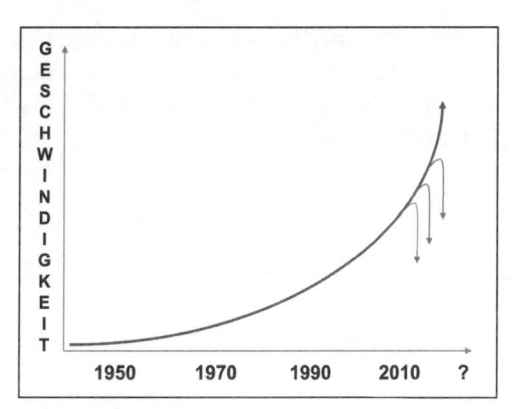

1. Die Zunahme von Geschwindigkeit und Komplexität 165

Abbildung 9:
Kurve der exponenziell zunehmenden Geschwindigkeit und des möglichen Absturzes

Die dramatische Steigerung von Komplexität bestätigt die Diagnose der Unbeherrschbarkeit der Moderne und damit auch seiner selbst als Person. Es passiert, so Doppler und Lauterbach (S. 35), «heute ständig zu viel gleichzeitig». Es ist – individuell und gesellschaftlich – nicht mehr überschaubar, was gerade passiert. Der Verlauf der Dinge ist nicht zu prognostizieren. Alles ist zunehmend vernetzt: Technische, ökonomische, politische und gesellschaftliche Prozesse beeinflussen sich gegenseitig und entwickeln zusätzlich eine je eigene Dynamik. Wahrnehmung von Verantwortung erfordert völlig neue Kenntnisse und Fähigkeiten. Der sog. Kippeffekt bewirkt, dass etwas, das sich heute so darstellt, sich morgen völlig anders geben kann. Doppler und Lauterbach beschreiben entsprechend u. a. eine «Zukunftsplanung aufgrund komplexer Systeme» und eine mögliche «Integration durch Visionen und Leitbilder».

Zunehmende Geschwindigkeit und zunehmende Komplexität lassen die Frage wach werden, inwiefern die Gemeinde Jesu nicht sehr bewusst und per definitionem in unserer Zeit *verlangsamter und vereinfachter Ort* innerhalb unserer Welt sein kann und sein muss. Verlangsamt würde heißen, dass die Abläufe entschleunigt werden und dass die «Drehzahl» (Seiwert) konsequent reduziert wird. Vereinfachen würde heißen, dass das, was sich innerhalb und rund um eine Gemeinde ereignet, für jedermann anschaubar und vermittelbar ist. Verlangsamung und Vereinfachung wäre bewusste Alternativkultur zu dem, was innerhalb unserer westlichen Gesellschaft das Leben überfährt und zerstört.

2. Die Zunahme der Macht von zentrifugalen Kräften

Bereits im Jahr 1948 wies Hans Sedlmayr – wohl prophetisch – auf den drohenden *Verlust der Mitte* (so der Titel seines in 17. Auflage erschienenen Buches) hin. Matthias Horx bestätigte 2003 in seinem Buch «Future Fitness» den Gedanken «der toten Mitte» und doppelt mit der Aufforderung nach: «Verlassen Sie die tödliche Mitte!» (S. 135–137). Der Mensch von heute also: rotierend, außerhalb einer ausrichtenden und Maß gebenden Mitte.

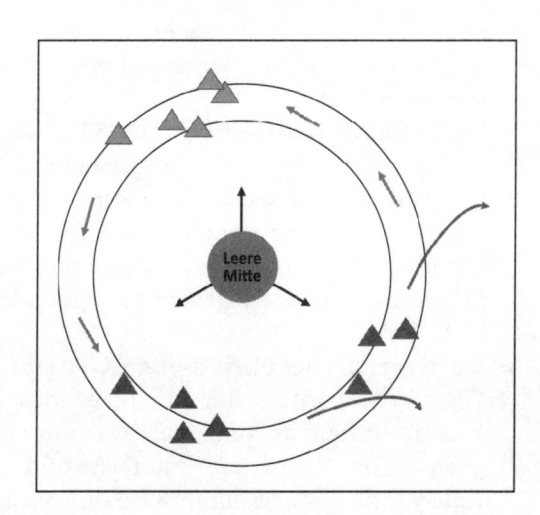

Abbildung 10:
Orte inmitten der «ent-mitteten» Gesellschaft

In Tat und Wahrheit empfindet der heutige Mensch so etwas wie eine Macht zentrifugaler Kräfte. Wahrnehmbar und erlebbar ist dies folgendermaßen:

- **Im persönlichen Leben:** Unterschiedliche Kräfte ziehen in unterschiedliche Richtungen. Die Folge besteht im Verlust von Identität bzw. den klassischen zwei (oder mehr) «Seelen in meiner Brust». Der Fachbegriff dazu: «Patchwork-Identität». Die konstante Mitte fehlt, es gibt Teilidentitäten.
- **In Ehe und Familie:** Der Zusammenhalt und das Zusammenbleiben insbesondere innerhalb der Ehe sind außergewöhnlich geworden und bedürfen der speziellen Legitimation. Wo daran festgehalten wird, bedarf es eines speziellen Kräfteaufwandes wider alle auseinanderziehenden und -reißenden Dynamiken.
- **In der Welt der Arbeit:** Wirtschaft und Soziales, ursprünglich nur gemeinsam denkbar, drohen wie zu zwei voneinander losgelösten Welten zu werden. Hinzu kommt, dass auch wirtschaftliche Unternehmen als solche vom Verlust der Mitte – meist nach Wegfall der Gründerpersönlichkeiten von Firmen – betroffen sind. Der Ruf nach tauglichen Unternehmensleitbildern ist angesichts der Wirksamkeit zentrifugaler Kräfte innerhalb von Organisationen und Unternehmungen symptomatisch.
- **Im Bereich politischer Parteien:** Speziell Volksparteien sind vom Umstand bedroht, ihr Leitmilieu zu verlieren und sich von den Rändern her langsam, aber stetig aufzulösen. Neue Parteien entstehen. Spezialinteressen sind unwidersprochene Selbstverständlichkeit. Von einem Blick für das Ganze wird nicht ausgegangen. Spezielles siegt über Ganzheitliches.
- **Im Bereich der christlichen Gemeinde:** Jede christliche Gemeinde kennt die nur zu oft fruchtlosen Bemühungen des Zusammenhaltens von dem, was anscheinend zusammengehört. Dass Gemeinde Jesu mehr und mehr exklusiv (konzipiert je für ganz bestimmte Personengruppen) und nicht inklusiv ist, ist Wirkung zentrifugaler Kräfte. Spezialinteressen zu befriedigen scheint einfacher zu sein, als Gesamtinteressen im Blick zu haben.
- **Im Bereich christlicher Werke:** War es zu gewissen Zeiten «das Werk» mit einer bestimmten, meist selbstverständlichen

2. Die Zunahme der Macht von zentrifugalen Kräften

Beauftragung, so ist es heute weit mehr das Netzwerk, in dem unterschiedliche Interessen die Richtung angeben. Führung ist dann unweigerlich dazu verurteilt, zur Koordination und Moderation degradiert zu werden.

Es ist mehr als berechtigt, die Frage zu stellen, «was uns zusammenhält» (so der Titel eines Buches von Horst W. Opaschowski im Jahr 2002). Die Globalisierung hat hier – aus unserer Sicht – tiefe Risse und Brüche im Innern der westlichen Gesellschaft hinterlassen. Sie – die Globalisierung – brachte eine Entfesselung auseinanderreißender Kräfte mit sich, die eine Art Vakuum im Kern der westlichen Kultur mit sich brachte. Das Ergebnis ist offensichtlich: Die Mitte geht verloren und bleibt leer. «Leitkultur» zu proklamieren gilt als Rettungsversuch, die Frage nach Orientierung und Maßstab von einer Mitte her neu zum Thema zu machen.

Uns scheint es, dass sich das von uns erlebte System folgendermaßen graphisch beschreiben lässt:

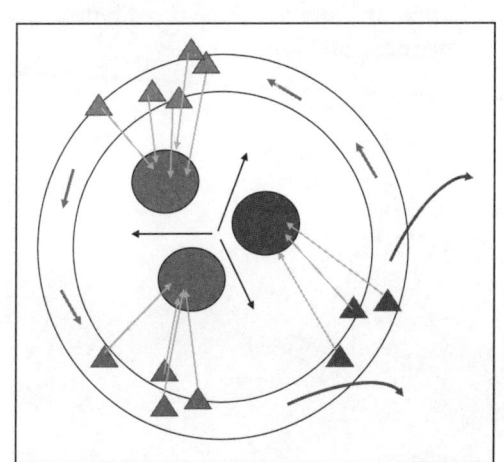

Abbildung 11:
Orte inmitten der «ent-mitteten» Gesellschaft

Kommentar: Inmitten einer «entmitteten Gesellschaft» (Horx) und in rasender Rotation bleiben dem Menschen zwei Möglichkeiten: Zum einen besteht die Möglichkeit, passiv und – meist gegen den eigenen Willen – aus den rotierenden Kreisbewegungen hinauskatapultiert zu werden (der Mensch vermag die Situation nicht mehr zu meistern). Zum andern – das wäre die von uns favorisierte Lösung – bietet sich die Möglichkeit eines bewussten Entscheides. Dieser zielt in die Richtung, «nach innen abzuspringen» und gemeinsam mit anderen Menschen inmitten des rotierenden Systems eine neue, verbindliche Mitte zu benennen und zu leben. Dies wäre Reich Gottes inmitten dieser Welt – als neue Mitte. Dies wäre neuer Ort und neue Art von Gemeinde Jesu der Zukunft. Hier werden («zentripetale») Kräfte gestützt, die der Wucht von allem Zentrifugalen entgegenwirken.

Geistlich gesprochen heißt dies, den diabolischen, auseinanderreißenden und durcheinanderbringenden Kräften vom «Symbolos», dem Zusammenbringer, her zu begegnen. Es ist dieser Jesus, der zusammenbringt, was zusammengehört: Gott und Mensch, die Menschen untereinander, Mensch und Schöpfung. Die Gemeinde Jesu also: Mitte, verlangsamt und vereinfacht, *inmitten* einer unaufhaltsam schneller und komplexer werdenden Welt.

3. Die Zunahme von Mangelszenarien

Zwischen 2005 und 2008 ahnten Menschen zunehmend, dass es zu einem Ende der Wachstums- und Wohlstandskurve kommen muss. Die Lebensoptionen nämlich – diese Logik war nachvollziehbar – lassen sich nicht ungestraft maßlos vermehren. Erste Anzeichen für eine gewisse Skepsis waren bereits in den 70er-Jahren des 20. Jahrhunderts die Publikationen des Club of Rome. Das dortige Fazit: Die Ressourcen des Planeten Erde sind – ob wir es wollen oder nicht, ob wir es wahrhaben oder nicht – begrenzt. Die Einführung des Euros machte die Begrenzung stetiger Weiterentwicklung für jeden Bundesbürger fühlbar. Spätestens die Finanz- und Wirtschaftskrise, wahrgenommen ab Herbst 2008, zeigte definitiv und eindringlich die Berechtigung der Annahme, dass es nicht nach bekanntem Muster endlos weitergehen kann. Das bisher wirksame Nachkriegsprogramm kommt ins Stocken. Mangelszenarien werden normal und zeigen sich an unterschiedlicher Stelle. Beispiele:

- **Zeit, Kraft und Geld:** Was an Zeit, Kraft und Geld da ist, genügt plötzlich nicht mehr, um in der Familie, am Arbeitsplatz, in der Gemeinde und in den alltäglichen Beziehungen den eigenen und fremden Erwartungen gerecht zu werden.
- **Glaubens-, Liebes- und Wertschätzungsfähigkeit:** Kognitiv bejahen wir, dass wir in einem «kalten Jahrzehnt» leben. Emotional allerdings wehren wir uns dagegen, dass der Glaubens- und Liebespegel wenn nicht bei mir, so doch zumindest bei den andern meinen Ansprüchen nicht gerecht wird. Es mangelt (mir) an Liebe, Annahme und Wertschätzung.
- **Durchblick:** Angesichts zunehmender Komplexität mehren sich unbeantwortete Fragen: Was kommt auf uns zu? Wie ist

das mit den Generationen und dem Älterwerden? Wie ist das mit dem Miteinander von Mann und Frau und der Auflösung der Geschlechter? Wie ist das mit dem Islam? Wie gehen wir mit Vermengungserscheinungen etwa im Bereich Religion um? Glücklich der Mensch, ließe sich sagen, der den Durchblick bewahrt. Mangelnder Durchblick gehört zur Tagesordnung.

- **Wahrheit, Wahrhaftigkeit, Aufrichtigkeit, Geradlinigkeit:** In unterschiedlichsten Lebensfeldern empfinden wir uns von Unwahrhaftigkeit, Unaufrichtigkeit und Lüge umgeben. Die Notlüge kennt viele Felder und viel fruchtbaren Boden. Auch hier wird Mangel festgestellt.
- **Fürsorge und Großzügigkeit:** Die Angst vor eigenem Zukurz-Kommen fördert eine Selbstsorge, die jeder Fürsorge und Großzügigkeit entgegensteht. Die fatale Tendenz dieser Grundhaltung besteht in der Delegation eigener Dienstaufgaben nicht zuletzt an staatliche Institutionen. Fürsorge und Großzügigkeit werden zur Mangelware.
- **Bildung und Erziehung:** 40 Jahre nach der Ausrufung der Bildungskatastrophe – es war im Jahr 1963 – wird die Erziehungskatastrophe zum Thema gemacht. Bildung und Erziehung – so bestätigt es die Pisa-Forschung – sind von übersehbaren Mängeln behaftete Lebensfelder.

Der eigentliche Mangel in unseren Ländern wird zumindest andeutungsweise u. a. von Erik Händeler angesprochen. Händeler redet (S. 27) vom «Knappheitsfaktor Mensch». Die zu Buche schlagende Mangelware ist das, was den Menschen einzigartig kennzeichnet: Wärme, Beziehung, Hoffnung, Souveränität. Dieses Menschliche droht fataleweise zugunsten des Technischen und Rationalen in unserer Kultur zu verdunsten.

Nun ist unsere geistige Landkarte so konstruiert, dass wir die Problematik Mangel in unseren Kulturkreisen (Mitteleuropa) bisher fast routinemäßig *entweder* mit der Zeit vor 1900 *oder* mit den Rändern unserer Gesellschaft *oder* mit der Dritten Welt verbunden haben. Es ist uns kaum erlaubt, das Thema Mangel

3. Die Zunahme von Mangelszenarien 173

für *unsere* Zeit und für *unsere* Kultur für wahr zu halten. Notfalls – in größter Not – gilt: *Wenn bei uns Mangel herrscht, dann ist dieser so schnell wie möglich und mit allen zur Verfügung stehenden Mitteln zu beheben.* Dass wir das können, halten wir für grundsätzlich machbar. Nicht für möglich halten wir den Umstand, dass in unserer westlichen Welt Mangel statt zu beklagen zu bejahen ist.

Die christliche Gemeinde bleibt davon nicht unberührt: Auch sie will und soll wachsen, auch hier sollen die Menschen kompetenter werden, auch hier müssen die Angebote immer besser gefallen ... Umso abenteuerlicher wäre es, wenn in der Gemeinde Jesu dem Gedanken Raum gegeben würde, dass da, wo der Mensch sich mental auf ein Weniger einstellt, er kaum Schaden nimmt, dass er aber sehr viel verlieren kann, wenn er nicht rechtzeitig lernt, mit weniger (an Zeit, Geld, Wertschätzung ...) konstruktiv umzugehen und angemessene mentale Veränderungen vorzunehmen. Unsere Überzeugung hinsichtlich eines solchen Denkens lautet:

- Das Fehlende darf uns nicht diktieren. Es ist – in dieser gefallenen Welt – Normalität.
- Wir leben aus der Verheißung, genug zu haben. Davon legen hinreichend viele Bibelstellen Zeugnis ab (Beispiele u. a.: Ps. 23; 2. Kor. 9,8; Phil. 4,11–13).
- Was ich habe, gehört nicht mir – es ist mir von Gott anvertraut. Ich bin aufgefordert, guter Haushalter des mir Anvertrauten zu sein.
- Es muss möglich sein, trotz verschiedenstem Mangel im Frieden Gottes zu bleiben. Christen anderer Länder könnten hier Vorbild sein.
- Gemeinde Jesu könnte Anschauungsbeispiel sein, wie gesellschaftlich in Zukunft mit zunehmendem Mangel umgegangen werden kann.

Uns scheint, dass es vier Schlüssel im Umgang mit Mangel und Mangelerfahrung gibt. Mit ihnen mündig umgehen zu lernen, ist deshalb von Bedeutung, weil wir im Bereich Umgang mit

Mangel seit nahezu 60 Jahren kaum existenzielle Erfahrungen gesammelt haben. Menschen, die darin (noch) geübt waren, sind heute zwischen 70 und 100 Jahre alt.

Die vier Schlüssel sind:

Schlüssel 1: Den Mangel bejahen. Der Mangel ist kein Gespenst, das es bloß abzuwehren gilt. Sowohl aus der Seelsorge wie aus der Pädagogik wissen wir, dass wir nur verändern können, was wir zuerst annehmen, bejahen – und lieben. Mangel muss, wenn mit ihm konstruktiv umgegangen werden soll, bejaht werden.

Schlüssel 2: Den Mangel als Chance verstehen. Wer die Bibel liest, weiß, dass Reichtum und «Haben» Risiken beinhalten. Die erste Chance des «Nicht-Habens» besteht im Erkennen eigener Bedürftigkeit. Bekanntlich ist es nicht die Stärke, sondern die Schwäche, die Menschen miteinander verbindet und in diesem Sinne gemeinschaftsstiftend ist. Mangel ist die Chance, grundlegend das Selbstverständnis von uns Menschen und Christen – insbesondere im Hinblick auf unser Miteinander – zu klären.

Schlüssel 3: Gut mit dem Vorhandenen umgehen. Es gibt einen weisen und einen unweisen Umgang mit Vorhandenem. Die Bibel reizt zu treuem und klugem Umgang mit Anvertrautem (siehe etwa das Gleichnis von den anvertrauten Talenten in Matth. 25,14–30). Dass sich gerade auf solchem Boden das «Prinzip Großzügigkeit» bewährt, mag erstaunlich sein (siehe Kenneth H. Blanchard und S. Truett Cathy: «Das Prinzip Großzügigkeit. Von der Kunst, sich reich zu schenken»). Das Gebot der Stunde: Umkehr vom Drehen um das Nicht-Vorhandene zu einem guten Umgang mit dem (immer existenten) Vorhandenen.

Schlüssel 4: Gütergemeinschaft entdecken. Insbesondere Kommunitäten erleben die Freiheit von Gütergemeinschaft. Dass Analoges auch außerhalb von Kommunitäten für die Gemeinde gilt, liegt auf der Hand. Beispiel: Ausgaben von über 100 Franken bzw. Euro werden nach entsprechender Vereinbarung in Hauszellen oder Kleingruppen öffentlich gemacht. Es beständen bei solchen Ausgaben drei Alternativen. Möglichkeit 1: Das grundsätzliche Abraten von einem entsprechenden Kauf (es käme einer Geldverschwendung gleich, die alle schädigt). Möglichkeit 2: Diesen Gegenstand hat bereits jemand in seinem Besitz und kann ihn zur Verfügung stellen (so wird gespart). Möglichkeit 3: Die Idee ist derart gut, dass in der Hauszelle zusätzliches Geld zusammengelegt wird, damit etwas Taugliches und Langlebiges (und nicht nur das Billigste) gekauft wird. Gütergemeinschaft dieser Art nimmt Verantwortung gemeinschaftlich wahr. Voraussetzung ist die Bereitschaft, sich in sein eigenes Leben und seine Lebenspraxis hineinreden zu lassen.

Gerade der Mangel beinhaltet damit die einzigartige Chance, Christsein und Gemeinschaft von Christen als Lebenswerkstatt zu entdecken. Dazu gehört Risiko, aber eben auch die Möglichkeit der Einübung einer Kultur der Würdigung und Wertschätzung. Dies wäre ein tragfähiger Lebensentwurf, wie er im 21. Jahrhundert angebracht sein könnte.

4. Der drohende Kampf der Kulturen

Der Begriff «Kampf der Kulturen» geht auf einen in Amerika im Jahr 1993 veröffentlichten Aufsatz zurück. Der Artikel stammt von Samuel P. Huntington und hatte den Titel «The Clash of Civilizations?». Aufgrund des Aufsehens, das der Artikel hervorrief, ist in der Zwischenzeit ein Buch vom gleichen Autor zum gleichen Thema entstanden. Dieses umfasst in deutscher Sprache 580 Seiten, liegt hier bereits in der 5. Auflage vor und ist mittlerweile in 26 Sprachen übersetzt worden. Der genaue Titel lautet «Kampf der Kulturen. Die Neugestaltung der Weltpolitik im 21. Jahrhundert».

Mit dem Begriff wird verdeutlicht, was sich als innerwestliches *und* globales Szenario im 21. Jahrhundert unter uns ereignen könnte. Die Grundthese: Der klassische Krieg zwischen Nationen und Großmächten wird abgelöst von einer grundlegenden Rivalität von Kulturen und Zivilisationen. Auseinandersetzungen und Konflikte – «Clashs» – finden nicht wie bisher zwischen Völkern und Ländern, auch nicht einfach zwischen West und Ost oder Nord und Süd statt, *sondern in sehr unterschiedlicher Art zwischen unterschiedlichen Kulturen und Religionen*. Wie die aktuelle Weltsituation eindrücklich zeigt (Beispiele: Irak und Afghanistan), werden solche «Clashs» nicht mit militärisch-technischen Mitteln allein zu bewältigen sein. Über- und Unterlegenheiten definieren sich neuartig. Der Zusammenprall der Kulturen weist völlig neue Formen und Ausprägungen auf, von der bewussten Manipulation der öffentlichen Meinung bis zum Selbstmordanschlag.

Aus zwei Gründen wird der Beschreibung des Kampfes der Kulturen an dieser Stelle besonderes Gewicht beigemessen. Erstens kennen wir den Kampf der Kulturen auch innerhalb unserer eigenen westlichen Welt (etwa zwischen der jüngeren und der älteren Generation oder zwischen – etwas platt ausgedrückt – der konservativen und der liberalen Weltanschauung). Zweitens könnte sich die Zuspitzung dieses sog. Kampfes der Kulturen zwischen islamischer und westlicher Welt als größte Herausforderung des 21. Jahrhunderts innerhalb des abendländischen Lebensraumes erweisen. Die Möglichkeit ist gegeben, dass diese Zuspitzung auch heilsgeschichtlich bedeutungsvoll sein wird.

Die Thematik Kampf der Kulturen wird in den folgenden vier Schritten entfaltet:

- Was verstehen wir unter dem Kampf der Kulturen?
- Unterschiedliche Formen des Kampfes der Kulturen
- Die Zuspitzung des Kampfes der Kulturen zwischen westlicher und islamischer Welt
- Die Herausforderung annehmen: Mögliche Schlüsselbereiche

4.1 Was wir unter dem Kampf der Kulturen verstehen

Unter Kultur verstehen wir eine Lebensweise, die sich unter bestimmten historischen Entwicklungen ergeben hat und die von Menschen unbewusst und bewusst gewählt wird. Kultur ist der äußere Ausdruck von Mentalität, also dem, was sich in den Köpfen der Menschen bzw. ihrem Sinnen und Trachten befindet. Kultur meint die Art und Weise, in der Leben entsprechend der aktuellen Mentalität individuell, gemeinschaftlich und gesellschaftlich gestaltet wird. Es ist grundsätzlich nicht möglich, «kulturlos» zu leben. Jeder Mensch und jede Gruppierung von Menschen verfügen – reflektiert und unreflektiert – über eine Kultur. Die je von bestimmten Menschen und Gesellschaften gelebte Kultur beinhaltet Elemente aus Religion, Herkunft, Geschichte, aktuellen Werten und auch Anschauungen über die Zukunft.

In besonderer Weise Inhalt einer Kultur ist die Vorstellung in Bezug auf die zukünftige Welt. Kultur ist immer auch der äußere Ausdruck von dem, was gewünscht und gehofft wird. Elementarer Prägefaktor aller Kultur ist die Hoffnung bzw. Hoffnungslosigkeit. Die Geschichte der Menschheit ist immer schon die Geschichte von aufkeimenden und zerstörten Hoffnungen gewesen. Entsprechend kommt es zu einer Lebens- und Kampfsituation.

Kampf der Kulturen heißt damit nichts anderes, als dass Lebensvorstellungen und Lebensweisen miteinander in Konkurrenz treten und mit sehr unterschiedlichen Mitteln und Methoden bewusst und unbewusst um Macht und Einfluss kämpfen. In diesem Kampf zählen nicht nur klassische Waffen und Munition, sondern auch Flaggen und unterschiedlichste Symbole kultureller Identität (Beispiel: Karikaturen). Zeichen kultureller Identität (beispielsweise Kreuze, Halbmonde und Kopfbedeckungen) anzuzweifeln heißt, die Kultur und damit das Selbstverständnis bestimmter Menschen in Frage zu stellen. Dies führt zum Auftreten unterschiedlichster Formen der Auseinandersetzung und Selbstbehauptung.

4.2 Drei innerwestliche Formen des Kampfes der Kulturen

Wenn wir Kultur nicht als fakultativen Zusatz zum Leben, sondern als Kernmerkmal allen menschlichen Lebens verstehen, dann liegt es auf der Hand, als Allererstes von einem sehr persönlichen, individuellen «Kampf der Kulturen» zu sprechen. Kampf der Kulturen meint dann den Kampf um die je eigene Lebensweise, den je eigenen Lebensentwurf, die je eigene Lebenskonzeption innerhalb der Multioptionsgesellschaft. Es geht um innere Entscheidungen, den Kampf also innerhalb und nicht außerhalb einer Person, im Hinblick auf die gewählte oder zu wählende Lebensform. Beispiele:

- **Umgang mit Geld:** Geld kann anvertrautes Gut sein, das einem Menschen hilft, verantwortlich zu leben, *oder* es kann zu einem «höchsten Gut» werden, zu dessen Erwerb einem Menschen alle Mittel recht sind. Es herrscht ein Kampf darum, welchen Stellenwert Geld im Leben eines Menschen einnehmen darf.
- **Stellenwert der Ehe:** Die Ehe kann als tragendes Fundament einer künftigen Gesellschaft verstanden werden. Der Gedanke einer Auflösung käme einem Verrat gleich. *Umgekehrt* kann Ehe auch als einer unter vielen kulturellen Lebensentwürfen geltend gemacht werden. Es bedarf der Entscheidung eines Menschen, welcher Lebensform er sich verschreibt.
- **Öffentlich-politisches Engagement:** Menschen, die selber not- und leidvolle Wege gegangen sind, mahnen unentwegt, alles zu tun, vergleichbare Verhältnisse frühzeitig zu erkennen und rechtzeitig zu bekämpfen (Beispiel: Nationalsozialismus oder Kommunismus im Sinne etwa der früheren DDR). Jeder Mann und jede Frau kennt die Kämpfe, ob sich solches Engagement lohnt oder ob es letztlich eben doch sinnlos ist.
- **Nutzung von Mitteln und Methoden** zur persönlichen und gemeinschaftlichen Zielerreichung. Es ist innerhalb unserer Gesellschaft unverkennbar, dass für unterschiedliche Menschen unterschiedliche Mittel und Methoden tauglich sind, um bestimmte Ziele zu erreichen (insbesondere bezüglich der Befriedigung von Grundbedürfnissen wie Macht, Ansehen, Sexualität).

Die Beispiele zeigen die Vielfalt von Entscheidungsnotwendigkeiten. Kennzeichnend für die vergangenen 10 bis 20 Jahre ist das Anwachsen von Mischformen bestimmter Lebensweisen. Sicher ist, dass Lebensformen, also Kultur, gewählt werden und es ausgeschlossen ist, sich Entscheidungen zu verweigern.

Nun wird die Art und Weise «meiner Kulturwahl» unweigerlich über mich als Einzelperson hinausgehen und klassische Lebensfelder, wie wir sie in der westlichen Welt hinreichend ken-

4. Der drohende Kampf der Kulturen

nen, betreffen. So beispielsweise den Kampf oder gar den «Krieg» der Generationen (siehe beispielsweise Schlagworte wie «Jung gegen Alt – der Krieg hat begonnen» oder: «Es braut sich ein Sturm zusammen»), den Kampf zwischen den Geschlechtern (Stichwort Feminismus oder Gender Mainstreaming), Kampf zwischen Arm und Reich (Reizworte Mindestlohn, Managergehälter und Bonuszahlungen) oder den Kampf zwischen Inländern und sog. Ausländern (Stichworte Spracherwerb, Verfassungsrespekt). Diese Kämpfe sind Spiegelbild einer grundsätzlich unbefriedeten Gesellschaft.

Wie eine zusätzliche Überlagerung zeigt sich – im Übrigen von Samuel P. Huntington ausführlich beschrieben – der Kampf um die Vorherrschaft im Bereich der Wirtschaft. Dass der Westen an relativem Einfluss verliert und asiatische Kulturen ihr wirtschaftliches Potenzial nutzen, ist seit längerem bekannt. China und Indien sind nicht wie Japan und die Tigerstaaten wie Singapur, Taiwan und Südkorea «kleine Bedrohungen». Es sind Milliardenstaaten und Atommächte (Jan Roß, S. 26). Sie «akzeptieren die Nachkriegsweltordnung von 1945ff., in der sie am Rande standen, nicht mehr». China setzte konfuzianisch auf die Landwirtschaft und zog sich seit dem 14. Jahrhundert von der Welt zurück, «bis die Welt zu ihm kam». Nun ist die Rede vom «Boom-Osten», der zwar auch nicht ungeschoren durch die Finanz- und Wirtschaftskrise kommt, der aber dem Westen seine Vorreiterrolle im Bereich der Wirtschaft streitig macht und machen wird.

Graphisch lässt sich das bisher Gesagte so darstellen, wie es auf Seite 182 gezeigt wird.

Fazit: Ein möglicher Kampf der Kulturen trifft auf einen Zustand des Westens, der zu wenig Hoffnung Anlass gibt, eine möglicherweise über den Westen hinausgehende kulturelle Konfrontation konstruktiv zu bewältigen. Innerliche Schwächung und Ideenlosigkeit, damit verbunden die grassierende Unlust auf ein leidenschaftliches Engagement für eine lebenswerte Zukunft, sind unübersehbar und unüberhörbar. Wir «müssen zusehen, darin nicht unterzugehen» (Beck 2007, S. 49). Jan

Roß (S. 140) legt noch einen drauf, wenn er konstatiert: Die westliche Welt steht «vor den Trümmern der eigenen Zukunft». Gerade dieser Zustand aber wirkt wie ein Vakuum. Dem Westen fremde Kulturen werden in den Bannkreis unserer Kultur gezogen. Im Westen selber ergibt sich die unvermeidbare Frage: Welche Kultur schafft die größte Sicherheit bzw. die größte Zukunftsgewissheit?

Der Kampf um die wirtschaftliche Vormachtstellung

Der Kampf der Generationen, zwischen den Geschlechtern, zwischen Arm und Reich, zwischen Inländern und Ausländern ...

Der «Kampf der Kulturen» im persönlichen Bereich: *Der Kampf um meine eigene Lebensweise*

Abbildung 12: Der Kampf der Kulturen auf drei Ebenen

In dieses Gefüge von Empfindungen und Hoffnungen bzw. Hoffnungslosigkeit mischt sich die Feststellung eines zunehmenden Kampfes der Kulturen im Sinne eines Kampfes zwischen islamischer und westlicher Welt.

4.3 Die Zuspitzung des Kampfes der Kulturen zwischen westlicher und islamischer Welt

Nach der bereits beschriebenen nachhaltigen Wirkung bzw. dem «Erfolg» des Islams in Westeuropa ist anzunehmen, dass weniger die These von Francis Fukayama vom Ende der Geschichte bzw. von der Notwendigkeit einiger Nachhutgefechte

4. Der drohende Kampf der Kulturen

in der nicht-westlichen Welt zutrifft als vielmehr die Annahme von Samuel P. Huntington mit seinem Stichwort des «Kampfes der Kulturen» insbesondere zwischen der islamischen und der westlichen Welt. Der Ausgang dieses «Clashs» bzw. «Zusammenpralles» (wörtliche Übersetzung) ist offen, wird aber mit allergrößter Wahrscheinlichkeit das 21. Jahrhundert – also die kommenden 60 Jahre – fundamental prägen.

Grundsätzlich stehen wir in einer vergleichbaren Situation wie das abendländische Christentum zu jener Zeit, als die türkischen Heere vor Wien standen und eine Reihe von militärischen Erfolgen vorweisen konnten. Aus einem Zitat des damaligen Papstes Pius II. klingt Respekt, Sorge und eine unverkennbare Angst um die Zukunft der damals christlich geprägten westlichen Welt. Pius II. sagte (zit. nach Jan Roß, S. 80–81): Den christlichen Glauben sehen wir «eingeschränkt und in einem Winkel zusammengedrängt». Denn «nachdem er den ganzen Erdkreis gewonnen hatte, ist er jetzt schon aus Asien und Afrika vertrieben und wird in Europa nicht in Ruhe gelassen (...) Klein ist das Gebiet, das auf Erden den Namen Christi bewahrt (...) Die Lage ist schlimm, die Aussicht noch schlimmer. Wir haben die Niederlage der Griechen erlebt, nun erwarten wir den Untergang der Lateiner. Das Nachbarhaus ist abgebrannt, jetzt wartet das unsere auf das Feuer.» Dass Richard von Weizsäcker beim Treffen mit dem türkischen Botschafter der Meinung begegnet (siehe ebenda, S. 80), dass «sich der heldenhafte Widerstand der Wiener gegen die Türken vor dreihundert Jahren (...) in der Geschichte als vergeblich erweisen würde», wirkt in der Tat wenig beruhigend.

Vier Beobachtungen verweisen auf die Notwendigkeit besonderer Sorgfalt im Umgang mit Fragen eines Kampfes der Kulturen zwischen islamischer und westlicher Welt:

Erstens sind es nicht abreißende Äußerungen politisch angesehener Vertreter der islamischen Welt. Ein 2008 stattfindender Besuch des türkischen Ministerpräsidenten in Deutschland beispielsweise sorgte für nicht geringes Aufsehen. Dazu verhalfen Äußerungen wie: Assimilation sei ein «Verbrechen gegen die

Menschheit», er sei – zu türkischen Zuhörern gewandt – «Ihr Ministerpräsident» und «türkische Schulen und Universitäten» seien jetzt einzurichten.

Zweitens existiert so etwas wie ein «deutsches Schuldbewusstsein». Dieses hat ein nahezu verabsolutiertes kulturelles Zurückweichen vor fremdem Denken zur Folge. Selbst die Intoleranz ist kein Anlass, Gegenposition zu beziehen. Das Ergebnis ist eine Mauer des Schweigens und so etwas wie eine über allem lagernde bleierne Angst.

Drittens sind es die mitten unter uns geführten Debatten insbesondere zur Möglichkeit einer parallelen Rechtsprechung innerhalb Europas. Solches unterwandert unsere Rechtsstaatlichkeit grundlegend. An sich ist seit dem Beginn der Diskussion rund um das Stichwort multikulturelle Gesellschaft klar (siehe etwa das von Heiner Geißler im Jahr 1990 erschienene Buch «Zugluft. Politik in stürmischer Zeit»): Innerhalb des deutschen Sprachraums kann es nur auf der Basis einer allseits respektierten Verfassung und unter der Voraussetzung des Beherrschens der deutschen Sprache zu einer friedvollen multikulturellen Gesellschaft kommen. Entfallen diese beiden Voraussetzungen, ist ein «Clash of Civilization» denkbar.

Viertens ist es natürlich denkbar, dass die Auseinandersetzung zwischen unterschiedlichen Kulturen friedlich, d. h. ohne Gewalt, verläuft. Nichtsdestotrotz stellt sich die Frage der Legitimität von Mitteln und Methoden, die beispielsweise im Umgang mit der Frau, im Umgang mit andersdenkenden und andersgläubigen Familienmitgliedern und im Umgang mit der Erziehung eigener und fremder Kinder rechtskonform sind. Es liegt auf der Hand, dass die Legitimität von Mitteln und Methoden je nach (kulturell bedingten) Rechtsvorstellungen unterschiedlich beurteilt wird.

Sicher ist, dass die – im schlechtesten Fall schuldgetriebene – Zuschauerrolle die denkbar ungünstigste Rolle ist, in einen mehr oder weniger offen geführten Kampf der Kulturen zu ge-

4. Der drohende Kampf der Kulturen 185

raten. Themen sind bereits benannt worden und kreisen um die Stichworte Moscheen und Minarette, religiöse Symbole wie Kreuz und Kopftuch, Religionsfreiheit bis zu welchem Grade, Recht auf eigene Rechtsprechung, Religionsunterricht in je eigener Religion.

Damit komplettiert sich die Graphik. Es ergeben sich vier Ebenen des Kampfes der Kulturen, wie wir ihm in westlichen Ländern, speziell in Mitteleuropa, begegnen und begegnen werden.

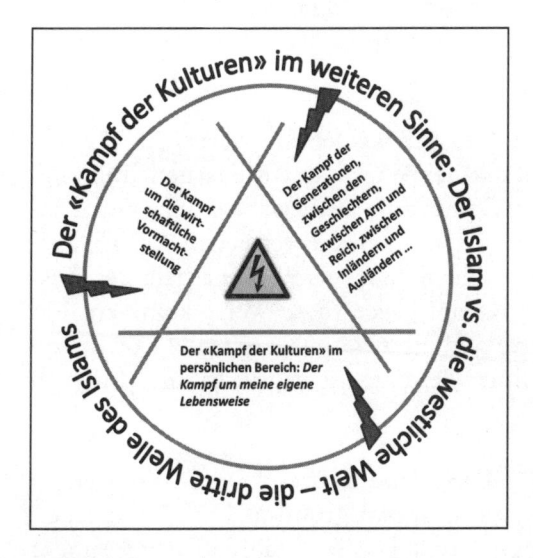

Der «Kampf der Kulturen» im weiteren Sinne: Der Islam vs. die westliche Welt – die dritte Welle des Islams

- Der Kampf um die wirtschaftliche Vormachtstellung
- Der Kampf der Generationen, zwischen den Geschlechtern, zwischen Arm und Reich, zwischen Inländern und Ausländern ...
- Der «Kampf der Kulturen» im persönlichen Bereich: *Der Kampf um meine eigene Lebensweise*

Abbildung 13:
Kampf der Kulturen:
Wie standhalten?

Wenn es in der Tat so ist, dass «dem Westen sein eigenes Projekt entgleitet» (Jan Roß, S. 103), dann ist mit besonderer Aufmerksamkeit nach den Schlüsseln zu fragen, die die Tür zu einer möglicherweise trotz allem befriedeten Zukunft eröffnen könnten.

4.4 Die Herausforderung der islamischen Welt annehmen – Mögliche Schlüsselbereiche

Angesichts von Verängstigung droht der Blick für mögliche Schlüssel im wie auch immer gearteten Kampf der Kulturen verloren zu gehen oder zumindest unscharf zu werden. Vier Schlüsselbereiche sollen aus diesem Grund erwähnt werden. Es sind Bereiche, die eine Kultur elementar kennzeichnen und entsprechend Herzstück des Denkens und Lebens darstellen. Ihre Reflexion hilft zuallererst zu einer vor allem im Westen dringend notwendigen Selbstvergewisserung. Christen könnte dabei eine Vorreiterrolle zufallen.

Schlüsselbereich 1: Die Stärke leben. Werte wie Freiheit und die Unantastbarkeit der Würde des Menschen, Bildung, die Toleranz oder die Demokratie als bewährte Staatsform gehören unübersehbar zu den Stärken der westlichen Welt. In Zeiten genereller Werteverschiebungen wird es innerhalb des Westens kaum zu einem Kampf gegen diese Werte kommen. Ein Kampf *um* diese Werte und um eine entsprechende, von diesen Werten geprägte Kultur allerdings ist angezeigt und dringend notwendig.

Schlüsselbereich 2: Das Erbe achten. Der Westen kennt aufgrund seiner Wurzeln u. a. eine grundsätzliche Unterscheidung zwischen Religion und Politik. Während der Gründer des Islams gleichzeitig Krieger war und eine religiös-gesellschaftliche Gesamtordnung geschaffen hat, ist der Stifter des Christentums von der Staatsmacht hingerichtet worden. Ein fundamental anderes Staatsverständnis ist damit offenkundig. Das westliche Erbe kennt zum einen die gewollte und zuerkannte Möglichkeit, als Staat bei vorliegender Allmachtsphantasie u. a. durch Christen in die Schranken gewiesen zu werden, gleichzeitig aber auch die Hochachtung des Staates angesichts seiner ihm innewohnenden Begrenzung (z. B. in der Frage, Werte hervorzubringen). Der westliche Staat bedarf unverzichtbar des öffentlich gelebten und öffentlich bekannten christlichen Glaubens, will er seine eigene, über Jahrhunderte gewachsene Identität nicht aufs Spiel setzen. Das Erbe achten heißt, den Staat *und* den christlichen Glauben *sowie* deren Zusammenspiel hoch zu achten. Das Erbe wertschätzen meint, die Grundformel Europas, nämlich Machtteilung und Machtbegrenzung statt Machtkonzentration, wertzuschätzen.

Schlüsselbereich 3: Die gesunde Selbstkritik. Zum Generalkennzeichen der westlichen Kultur gehört spätestens seit René Descartes die Kritik bzw. der Zweifel. Fatal ist dieser dann, wenn er verabsolutiert wird; gnadenreich ist er allerdings da, wo er vor Illusion, Ideologie, Selbstüberhebung und Verblendung schützt. Eine gesunde Selbstkritik könnte zu einer «postimperialen Bescheidenheit» (Roß, S. 160) führen, die im Kampf der Kulturen eine fundamentale Rolle spielt. Dabei ist zu beachten, dass es nicht kulturimperialistisch ist, an der Allgemeingültigkeit der Menschenrechte festzuhalten, also daran zu glauben, dass niemand gefoltert werden darf, dass Kritik an der Regierung möglich sein soll und dass Männer und Frauen gleichberechtigt sind. Kulturimperialistisch allerdings wäre es, innerhalb fremder Kulturen eigene Denk-, Handlungs- und Lebensmuster (Beispiel: Konsummuster) einzufordern.

Schlüsselbereich 4: Das selbstbewusste Auftreten im Hinblick auf eine lebenswerte Zukunft. Grundsätzlich darf dem Europäer eine 2000-jährige Erfolgsgeschichte zugesprochen werden. Auch wenn der Westen nach außen hin schwächer dasteht, so bleiben seine Ideen ohne prinzipielle Konkurrenz. Eine russische oder chinesische Verfassung (so Roß S. 180–182) ist für die Welt nicht attraktiv, und ein Teheraner hofft immer noch, dass sein Sohn in den USA studieren darf. Es scheint, als wäre der Westen machtpolitisch bedroht. Ideenpolitisch ist er es von seinem Erbe und von seinem gegenwärtigen Potenzial her nicht. Das ermöglicht gesundes und selbstbewusstes, aber eben auch respektvolles und überheblichkeitsfreies Auftreten gegenüber andern Kulturen – *in* deren Kulturheimat *oder innerhalb* der westlichen Kultursphäre. Dies würde nicht weniger als ein Ende von allem Triumphalismus, für den die westliche Welt immer auch anfällig war, bedeuten. Was das in der Konkretion meint, dafür hätten Christen verfügbare Denk- und Handlungskonzepte. Laut Roß verbleiben dem Westen «gewiss» zwei Jahrzehnte, um aufgrund seiner Geschichte und seiner Ideen global zu einer Agenda zu finden, die es ihm erlauben würde, sich in einem möglichen Kampf der Kulturen zu bewähren (S. 205). Zu diskutieren bleibt, welche Muster und wie gerade auch Christen sich in einem möglichen Kampf der Kulturen bewähren (siehe Teil V).

5. Die Auseinandersetzung, die hinter dem unmittelbar Sichtbaren abläuft

Es wurde bereits darauf hingewiesen, dass zumindest die Thematik des Kampfes der Kulturen eine heilsgeschichtliche Relevanz haben könnte. Fassen wir graphisch zusammen, was bisher Thema war, dann ergibt sich folgendes Bild:

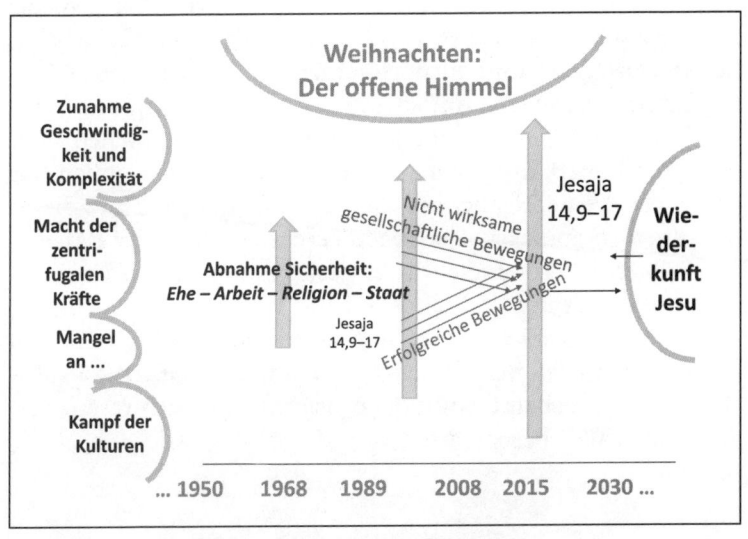

Abbildung 14: Der Weg zum «Kampf der Kulturen»

Bekannt sind die aktuellen Bedrohungen, ebenso die vier vorhandenen Unsicherheiten (Ehe, Arbeit, Religion und Staat) und die erfolgreichen bzw. weniger erfolgreichen Bewegungen. Was die heilsgeschichtliche Betrachtung betrifft, so ist Weihnachten (bzw. das erste Kommen Jesu) ebenso gewiss wie Jesu zweites Kommen. In der Zwischenzeit findet hinter der Fassade ein Kampf um die Herrschaft statt. Der christliche Wortschatz kennt diesbezüglich etwa die Begriffe «geistlicher Kampf», vom Neuen Testament her besonders betont u. a. in 2. Kor. 10,3–5 oder Eph. 6,10–18. Vom Alten Testament ist dieser Vorgang besonders eindrücklich in Jes. 14,9–17 geschildert. Hier ist die Rede von einem «Aufruhr im Totenreich» angesichts des Erbarmens Gottes seinem Volk gegenüber. Als «Morgenstern» hat der Böse bei sich gesprochen: Zum Himmel empor will ich steigen, «hoch über den Sternen Gottes aufrichten meinen Sitz, will thronen auf dem Götterberg (…) will über Wolkenhöhen emporsteigen, dem Höchsten mich gleichstellen» (V. 13–14). Der Böse versucht den Kampf um den ersten Platz. Nicht beschrieben ist in diesem Text, welcher Mittel er sich dabei bedient. Denkbar allerdings ist es, dass er mit bösesten, perfidesten, heimtückischsten und niederträchtigsten Mitteln (siehe beispielsweise vergangene Amokläufe u. a. in Erfurt, Zug und Winnenden) agiert. Die interne Schwächung der westlichen Welt wird kombiniert mit einem religiösen Angriff von außen auf ebendiese Welt. Tröstlich ist, dass auch Jesaja den Sturz dieses Tyrannen voraussieht: «Zu Boden geschmettert ist der Besieger der Völker, ins Totenreich ist er gestürzt, auf Moder ist er gebettet und Würmer sind seine Decke» (V. 11–12).

Diese zuletzt erwähnte Hoffnungsspur leitet uns über zu Teil IV als jenem Part, der die selbstverständlichen Grundkonstitutiva des christlichen Glaubens angesichts einer sich rasant verändernden Welt beschreibt.

Teil IV:
Die Herausforderungen annehmen – und was uns dazu gegeben ist

Mitteleuropa ist ohne Christentum nicht zu denken. Ist dem so, kann es nicht sein, dass Herzstücke und das, was diese (mitteleuropäische) Welt konstituiert, in Vergessenheit geraten oder ignoriert werden. Drei Selbstverständlichkeiten werden an dieser Stelle hervorgehoben und beschrieben: das Erbgut Europas als Hoffnungslinie, das «kleine Einmaleins» des Salz- und Lichtseins von Christen und die fünf entscheidenden Bewährungsfelder des christlichen Glaubens. Alle drei Dimensionen stehen wider die falschen Reduktionismen des Glaubens. Teil V erlaubt dann, spezifische Denk- und Handlungsmuster zu beschreiben, die in den kommenden 10, 20, 30 oder sogar 60 Jahren entscheidend wichtig sein werden.

1. Das Erbgut Europas: Hoffnungslinien

Um das christliche Erbgut Europas besser verstehen zu können, benennen wir fünf Kernmerkmale. Aktuelle Aufgabe ist es, diese Merkmale (neu) zu entdecken, sie zu pflegen und sie für die Zukunft frucht- und nutzbar zu machen.

1.1 Europa fußt auf zwei Säulen: Wahrheit und Barmherzigkeit

Um Europa von seinen Ur-Fundamenten her zu verstehen, ist ein Blick auf die Momente aufschlussreich, in denen das Evangelium durch den Apostel Paulus und dessen Gefährten im Jahr 49 nach Christus nach Europa gebracht worden ist. Diese außerordentlich spannenden Augenblicke sind in Apostelgeschichte 16 aufgezeichnet und geben exemplarisch wieder, was Europa im Kern ausmacht.

Die erste Stadt, in der sich Paulus in Europa aufhielt – dem Weg dahin ging eine dramatische Wegsuche in Kleinasien voraus (siehe Apg. 16,6–10) –, war Philippi, im heutigen Nordostgriechenland gelegen und damals Hauptstadt Mazedoniens. Was sich hier ereignete, zeigt Grund-Legendes für die Geschichte des Abendlandes. Dieses Erbe hat sich im Laufe der 2000-jährigen Geschichte manchmal durchgesetzt und in aller Schönheit gezeigt, und manchmal ist das Erbe mit Füßen getreten worden. Nachdem sich Paulus einige Tage in der Stadt aufgehalten hatte, kam es zu folgendem Geschehen:

Schritt 1: Paulus *verlässt* (am Sabbat) den Marktplatz und damit den Ereignismittelpunkt der Stadt und begibt sich außerhalb der Stadtmauern. Dies tut er in der Hoffnung, dort eine Gebetsstätte mit Menschen zu finden, die sich zum Gebet versammeln. Paulus sucht, getrieben von der Liebe zum Evangelium, nicht das Marktschreierische, sondern das Unscheinbare.

Schritt 2: Paulus geht *hinunter* zum Fluss. Im übertragenen Sinn: Er bleibt nicht am Ort in der Höhe, von dem sich Dinge aus der Ferne distanziert betrachten und beurteilen lassen, sondern steigt hinab zum Fluss – «hinab zur wahren Größe», wie Bill Hybels dies einmal ausgedrückt hat.

Schritt 3: Paulus *setzt sich* und begibt sich damit auf Augenhöhe mit den sich dort versammelnden Frauen. Die Überheblichkeit im wörtlichen Sinn ist Paulus – wir deuten: dem christlichen Glauben – fern.

Schritt 4: Paulus *redet* zu und mit den Menschen. Einseitige Belehrung gehört – wir deuten – nicht zum Erbgut Europas. Vielmehr ist das Sich-Hingeben und das Verfügbar-Machen von dem, was Gott einem anvertraut hat, konstituierend und damit grundlegend.

Die Wirkung dieses Geschehens ist überwältigend. Mit den einzigartig schönen Worten, nämlich dass *«der Herr der Lydia das Herz auftat»*, wird das Ereignis beschrieben, wie sich die erste Person in Europa bekehrte und sich Gott zuwandte.

Was hat Paulus getan? Er hat den Mazedoniern und damit den Europäern den Mensch gewordenen Sohn Gottes «gebracht». Dieser ist *wahrer* Gott und *wahrer* Mensch. Für ihn, den Dreh- und Angelpunkt der Weltgeschichte, investiert Paulus – und mit ihm viele Menschen innerhalb der 2000-jährigen Geschichte des Christentums – sein ganzes Leben. Die Art, wie er dies tut, ist die Art Jesu. Dieser Jesus – gemäß Joh. 14,6 *die* Wahrheit – entäußerte sich und zeigte im tiefsten Lebens- und Todesvollzug, was *Barmherzigkeit* ist: die vorbehaltlose Hingabe des eigenen Lebens für den anderen. Ihn, den wahren Gott und den barmherzigen Gott, bringt Paulus nach Europa. Solche Wahrheit und solche Barmherzigkeit werden zu Säulen der europäischen Kultur. Sie werden vom Apostel verkörpert – in besonderer Weise an seinem ersten Aufenthaltsort in Europa.

Graphisch und damit zusammenfassend: Europa fußt auf den beiden Säulen Wahrheit und Barmherzigkeit:

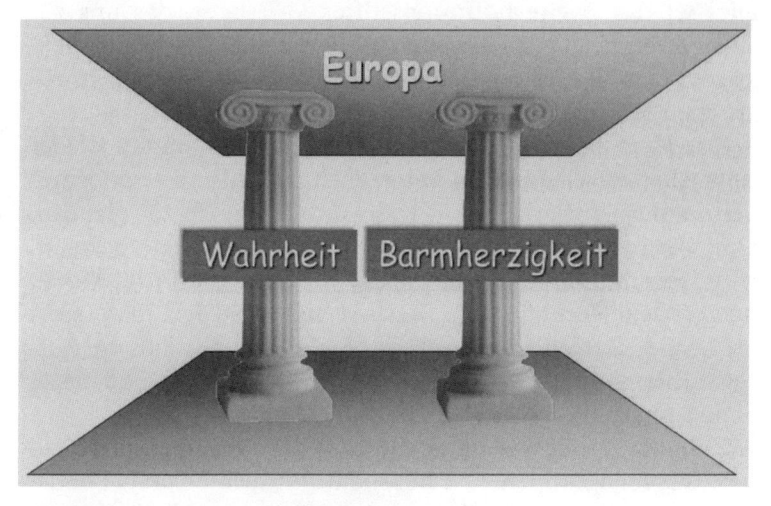

Abbildung 15: Europa auf zwei Säulen

Beides – Wahrheit und Barmherzigkeit – hat im Laufe der vergangenen 2000 Jahre immer wieder aufs Neue Orte und Plätze gefunden, an denen es Gestalt annehmen konnte. Wahrheit und Barmherzigkeit waren dabei immer so etwas wie Zwillingsgeschwister. Im Tiefsten sind sie untrennbar und nicht voneinander zu entkoppeln: Wahrheit ohne Barmherzigkeit wird kalt, Barmherzigkeit ohne Wahrheit zahn- und wirkungslos.

1.2 Europa – Kontinent des Herzens

Das zweite Merkmal des Erbgutes Europas liegt nach der Lektüre der Geschichte von Philippi auf der Hand: «... da tat der Herr der Lydia», also der ersten Europäerin, *«das Herz auf»*. Begegnung mit dem Evangelium ist Herzenssache. Europa wird als Herzensangelegenheit konstituiert. Wo Evangelium ist, ist Herz. Europa – gegründet und ruhend auf Wahrheit und Barmherzigkeit – wird zum *«Herzenskontinent»*. Dies ist das zweite hoffnungsstiftende Erbgut, das uns *vor* allem andern – beispielsweise der Rationalität mehr aus dem griechischen Raum oder dem Rechtswesen mehr aus dem römischen Raum – mitgegeben ist.

Das Herz ist in Bibel und Kirchengeschichte immer wieder Kern aller entscheidenden Dinge. Mit dem Mund – so formuliert Paulus – «bekennen wir, was wir mit dem Herzen glauben. Und wer mit dem Herzen glaubt und mit dem Mund bekennt, wird Gerechtigkeit und Heil erlangen» (Röm. 10,9–10). «Woran du (…) dein Herz hängst (…), das ist eigentlich dein Gott» steht im Großen Katechismus Luthers. Von Augustin ist uns die Aussage übermittelt: «Du hast uns zu dir geschaffen, und unser Herz ist unruhig, bis es Ruhe findet in dir.»

Zu allen Zeiten war diese «Herzenssache Europa» angefochten: Kirchengeschichte, Philosophiegeschichte und Politikgeschichte zeigen dramatisch, was passiert, wenn das hier angesprochene Erbgut vernachlässigt wird und Herzlosigkeit um sich greift. Immer wieder gab es allerdings Menschen, die sich für die Herzenssache stark machten. In besonderer Weise deutlich lässt sich dies etwa bei dem bereits zitierten Blaise Pascal, einem mathematischen Genie, deutlich machen. Sein Lehrsatz: Das Herz hat seine Gründe, die der Verstand nicht kennt. Es gibt, so Pascal, eine Logik des Herzens, die dem Verstand nicht zugänglich ist. Die Entdeckung: Descartes'sches Denken – René Descartes war Zeitgenosse von Blaise Pascal – im Sinne von: Logik und Rationalität, hat Grenzen. Pascal weiß als genialer Mathematiker um die Chancen des Verstandes, er weiß aber auch um die alles übertreffende und alles relativierende Macht des Herzens. Antoine de St. Exupéry war es, der viele Jahre später den analogen Gedanken mit dem Satz ausdrückt, dass «der Mensch nur mit dem Herzen gut sieht».

Herz ist Mitte des Menschen. Herz ist Zielpunkt und Ereignisort des Evangeliums. Eine der folgenreichsten Fehlleistungen und Sünden von uns Menschen besteht in der Heraus-

1. Das Erbgut Europas: Hoffnungslinien

lösung anderer Dimensionen menschlicher Existenz aus der Herzensverankerung. Was nicht im Herzen beginnt und hierhin zurückführt, ist un-menschlich und läuft Gefahr, menschenverachtend oder gar bestialisch zu werden. Dies betrifft die Dimension des Willens genauso wie die Dimension des Verstandes und der Gemeinschaft. Die europäische Geschichte zeigt eindrücklich, in welch grauenhafte Umstände dies führen kann. Der Mensch hat in seiner Herzlosigkeit das Potenzial zur Ent-Menschlichung des Menschen. Aktuell sieht man das vor allem in der Bürokratisierung und Reglementierung, wie sie in einer falsch verstandenen Einigungspolitik innerhalb der Europäischen Union betrieben werden. Ergebnis ist die Überregulierung der Außenseite gesellschaftlichen Lebens (von der Nahrungsmittelkontrolle bis zum Arbeitsrecht) und eine gleichzeitige Vergleichgültigung der Innenseite der Gesellschaft (Pflege der Werte, etwa der unantastbaren Würde des Menschen oder der Ehe als Grundvoraussetzung gesellschaftlich befriedeten Lebens).

Wahre europäische Kultur ist Kultur des Herzens. In dieser Kultur des Herzens wurzeln Grund- und Leitwerte zukunftstauglichen und lebenswerten Lebens, allen voran die Barmherzigkeit, gefolgt von Werten wie Vertrauen, Freiheit (wider alle Anspruchshaltung), Verantwortung, Hinhören, Gerechtigkeit, Solidarität, Mut, Zivilcourage, Maß, Einfachheit und Hingabe. Darin findet nicht zuletzt unser Rechtswesen und damit unser Rechtsstaat seinen Wurzelgrund.

In Philippi zeigt sich exemplarisch die Grundverankerung Europas. Am Beispiel der Lydia – interessant, dass es sich beim ersten gläubig gewordenen Menschen in Europa um eine Frau handelt – wird deutlich, von wo aus sich alles Leben, alles Denken und alle Institution entfalten kann. Was sich bei der Purpurhändlerin Lydia ereignet, ist charakteristisch für Europa und gesundes Potenzial für heute und morgen.

1.3 Europa – Kontinent der versöhnten Vielfalt

Es ist das Vielfältige, nicht das Uniforme und Monotone, das dem menschlichen Herzen entspricht. Im Milieu der Liebe zur Vielfalt fühlt sich das Herz wohl und zu Hause. Europa ist von seiner Geschichte und seiner gewordenen Zusammensetzung her ein Kontinent der Vielfalt. Dass gerade diese Vielfalt in der Geschichte immer wieder zum Stolperstein und Fallstrick geworden ist, hat mit der Gefallenheit des Menschen zu tun. Es ist vor allem Karl-Heinz Michel, der der Frage der angefochtenen Vielfalt nachspürt (zusammengefasst in der im Präsenz-Verlag erschienenen Reihe «Münchner-Texte. Impulse aus Gnadenthal»; Text Nr. 1). Seine Thesen:

- **Gottes ursprüngliche Absicht: Einheit in spannender Vielfalt.** Die Schöpfung generell, aber genauso die Existenz des Menschen, basiert auf der Spannung von Gegensätzlichkeiten (Sommer und Winter, Schwerkraft und Fliehkraft, Mann und Frau ...).
- **Die Entzweiung der Welt durch die Sünde.** Durch die Sünde wird es «gefährlich spannungsvoll» zwischen Gott und Mensch, zwischen Mann und Frau, zwischen Mensch und Schöpfung. Vielfalt und Unterschiedlichkeit wird zum Landeplatz für das Zerstörerische, Böse und Diabolische.
- **Die Erneuerung der Schöpfung im Zeichen des Kreuzes.** Die erste und unübertroffene Absicht der Sendung Jesu ist die Versöhnung. Dem Spaltenden, Auseinanderreißenden und Zerstörerischen geht im Zeichen und im Licht des Kreuzes buchstäblich «die Luft aus». Gegensätzliches wird durch den Gottessohn «versöhnt». Spannungsgeladene Vielfalt findet zur befriedeten Einheit in gebliebener Vielfalt.
- **Die Berufung der Kirche besteht in der Stiftung versöhnter Vielfalt.** Der Auftrag der Kirche ist der «Dienst der Versöhnung» (2. Kor. 5,18). Dieser zieht Kreise: «Versöhnung mit sich selber» – «Versöhnung im eigenen Haus» – «ver-

söhnte Vielfalt in der Ortsgemeinde» – «versöhnte Vielfalt in der einen Kirche». Mit dem Satz: «Lasset uns eins sein, damit die Welt glauben kann», schließt Michel den Text ab.

Wenn Versöhnung Kernmerkmal des Evangeliums ist, dann wird diese unweigerlich zum nicht ignorierbaren Erbgut in Europa. Nicht bestimmte Nationen oder überschaubare Geographie sind eigentliches Kernmerkmal Europas, sondern dessen Gen, je schon vorhandene Vielfalt zu versöhnen und mit je schon vorhandener Vielfalt versöhnlich umzugehen. Versöhnung wird nie oberflächliche Harmonisierung meinen. Auch ist unter Versöhnung nie Ganzheitlichkeit im Sinne von Vermengung von allem mit allem zu verstehen. Letzteres wäre pervertierte Versöhnung. Versöhnung vom Kreuz her setzt – das ist vom christlichen Erbe her klarzustellen – immer die Herauslösung eines Menschen aus dem Machtbereich des Bösen und Diabolischen voraus. Hier nämlich gibt es nichts zusammenzufügen.

Wo sich Versöhnung im Lichte des Kreuzes ereignet, entfaltet sich das Potenzial der versöhnten Vielfalt. Im Klima der Versöhnung ist Vielfalt nicht nur toleriert, sondern gewollt. Alle Diskussion rund um Alt und Jung, Mann und Frau, Reich und Arm, Inländer und Ausländer, Schwarz und Weiß findet hier einen neuen Ausgangs-, Dreh- und Angelpunkt. Dazu ist Europa von seinem Erbe her verpflichtet. Vor diesem Hintergrund erträgt Europa Vielfalt und Unterschiedlichkeit. Und darin kann Europa einen Beitrag auch innerhalb der globalisierten Welt, inklusive Afrika und Asien, leisten.

1.4 Europa – Kontinent der Bildung

Europa war immer schon Kontinent der Bildung. Grundbausteine lieferten die jüdische und die griechische Kultur. In der mittelalterlichen Kirchen- und Philosophiegeschichte kulminierte die Frage der Bildung in zwei Aussprüchen, die für die

Entwicklung des Kontinentes eine unübersehbare Wirkung hatten. Es waren zum einen der Ausspruch Augustins («credo, ut intellegam») und zum andern der Ausspruch Anselm von Canterburys («fides quaerens intellectum»). Der Ausspruch Augustins – dieser lebte von 354 bis 430 – meint, dass alles Denken im Glauben ruht. Der Glaube ist die Ermöglichungsinstanz allen Denkens: «Ich glaube, deshalb ist mir Denken möglich gemacht.» Der Ausspruch Anselms – Anselm von Canterbury lebte von 1033 bis 1109 – betont *das Streben des Glaubens* nach dem Denken: «Der Glauben will in das Denken», so Anselm wörtlich. Als Ergebnis dieses Ringens innerhalb der europäischen Kirche entstand im Jahr 1158 die erste Universität in Bologna. Organisierte Bildung – der Glaube will in die Welt des Denkens, das Denken soll im Glauben ruhen – wird zum Herzensanliegen der Kirche, speziell der Mönchsschulen.

Ab dem 12. Jahrhundert entstehen eine Reihe weiterer Universitäten: Paris, Oxford, Prag, Wien, Heidelberg, Köln und viele andere. Besonders in Heidelberg wird anhand des bis heute anschaubaren Universitätszepters verdeutlicht, worum es in der Bildung geht. Das dortige Zepter stellt die vier großen Fakultäten dar (Theologie, Philosophie, Medizin und Recht). Inmitten dieser vier Figuren findet sich, leicht erhöht, Christus, der «Lehrer der Fakultäten».

Bildung gehört zum Erbgut Europas. Gott schuf den Menschen *«nach seinem Bilde»* (1. Mose 1,27). Nach dem *Bilde Jesu* soll der Mensch sein, damit etwas von dessen Herrlichkeit unter den Menschen sichtbar werde (Röm. 8,29). In Kol. 3,9–10 mahnt der Apostel Paulus: «Macht einander nichts vor! Ihr habt doch den alten Menschen mit all seinem Tun abgelegt und den neuen Menschen angezogen, der zur Erkenntnis erneuert wird *nach dem Bild seines Schöpfers.*» Helmut Nicklas, Mitinitiator unzähliger Projekte im deutschsprachigen Raum während der vergangenen 30 Jahre und im Jahr 2006 verstorben, wurde nicht müde zu mahnen, dass Bildung elementarer Bestandteil des Reiches Gottes ist, dass Bildung seit jeher in der Anbetung wurzelt und

1. Das Erbgut Europas: Hoffnungslinien

dass das Volk Gottes sich in besonderer Weise dadurch auszeichnet, *fröhlich und gebildet* zu sein.

Das eigentliche Geheimnis der Bildung liegt darin, dass Wahrheit Grund und Säule (davon war die Rede in einem vorangehenden Abschnitt), aber eben immer auch Gabe ist. Bildung meint, diese Wahrheit ernst zu nehmen, sie zu überliefern und zur Gestaltung künftiger Geschichte nutzbar zu machen. Wahre Bildung geht in den Spuren der Wahrheit. Wahre Bildung gestattet sich die Frage, ob sich der Mensch, der bildet und gebildet wird, über oder unter die Wahrheit stellt. In der Bereitschaft, sich unter die Wahrheit zu stellen, findet Bildung zu ihrer eigentlichen Bestimmung.

Im Zuge der mittelalterlich-neuzeitlichen Loslösung der Universitäten und damit der organisierten Bildung aus der Umklammerung der Kirche war es zunächst der *Kanzler* der Universität, der dafür zu sorgen hatte, dass das christliche Glaubensgut nicht mehr und mehr an den Rand gedrängt wird. Die Reformation trug dann das Ihre dazu bei, dass sich universitäre Bildung aus dem Raum der Kirche und damit des Glaubens verabschiedete (etwa, indem die Rolle des Hirten in der Kirche an der Universität vom Professor übernommen wird oder dass die Fürsten die Macht über die Universitäten – auch die theologischen Fakultäten – übernehmen; siehe Eugen Rosenstock-Huessy in seinem Buch «Die europäischen Revolutionen und der Charakter der Nationen»).

Heute – also knapp 500 Jahre später – ist die Bildungskatastrophe (Georg Picht sprach 1964 das erste Mal davon) offensichtlich. Dementsprechend kam es in den vergangenen Jahren zu einer Reihe bemerkenswerter Initiativen zur Wiedergewinnung der Bildung als Erbgut Europas. So behauptet beispielsweise einer der großen Pädagogen im deutschsprachigen Raum (Hartmut von Hentig) in seinem Buch «Bildung», dass die «Antwort auf unsere behauptete und tatsächliche Orientierungslosigkeit Bildung ist», also «nicht Wissenschaft, nicht Information, nicht Kommunikationsgesellschaft, nicht moralische Aufrüstung, nicht der Ordnungsstaat» (S. 11). Altbundespräsident Roman Herzog löste mit seiner «Ruck-Rede» zum «Mega-Thema»

Bildung im Jahr 1996 eine umfassende Diskussion aus (eine Reihe von herausragenden Beiträgen siehe Michael Rutz: «Aufbruch in der Bildungspolitik. Roman Herzogs Rede und 25 Antworten»).

Bildung gehört zu Europa, wie Versöhnung zu Europa gehört. Sie ist nicht optional, sondern fundamental im Hinblick auf die europäische Zukunft. Es ist – zusammenfassend – Gebot der Stunde, die in der Wahrheit wurzelnde Schönheit der Bildung neu zu entdecken, den Schatz dieses Erbgutes zu heben und diese als Grundlage und Voraussetzung aller Ausbildung zu pflegen. Uns scheint, dass so etwas wie eine «Herzensuniversität» dem Anliegen am besten gerecht werden kann (siehe dazu dann Teil V, Kap. 4).

1.5 Europa – Kontinent der Gastfreiheit

Verbleiben wir nochmals für einen kurzen Augenblick bei der ersten Evangeliumsgeschichte in Europa, dann ist die Reaktion der Purpurhändlerin Lydia bemerkenswert. Worin bestand ihre Reaktion? Lydia wird – nachdem ihr das Herz aufgetan worden ist, sie sich auf die Worte von Paulus einließ und samt ihrem Hause getauft worden ist – *als Erstes gastfrei*: «Wenn ihr überzeugt seid, dass ich an den Herrn glaube, so kommt zu mir in mein Haus und bleibt da ...». Lydia «bestand» auf dieser Einladung (V. 15). Gastfreundschaft ist erste und unmittelbare Auswirkung des Glaubens.

Neben anderen ist es Wolfgang Vorländer, der in seinem Büchlein «Vom Geheimnis der Gastfreundschaft. Einander Heimat geben in Familie, Gesellschaft und Kirche» die Schönheit der Gastfreundschaft beschreibt. Die dazu verwendete Begrifflichkeit ist etwa: Gastfreundschaft ist beglückende Erfahrung, «die vor allem Pilger machen». Gastfreundschaft ist kein Programm, sondern «geteiltes Leben». Sie ist «Ausdruck eines veränderten Lebens». Sie «erwächst der Lebensfreude». Gastfreundschaft ist «eine bestimmte Weise, das Leben, sich selbst und den Nächsten zu *sehen*». Sie ist «Geburtsraum eines neuen Lebens». Sie «erlaubt ein Durchatmen». Gastfreundschaft hat «etwas Wehrloses und Verletzliches» an sich. Sie ist «Leben gegen den Trend». Sie ist «gesunde Verlangsamung des Lebens». Als solches ist sie Kultur und damit Lebensentwurf.

Von der Bibel her ist Gastfreundschaft untrennbar mit den guten Gedanken, Absichten und Taten Gottes verbunden. Gott selber ist nicht selten gleichzeitig Gast und Gastgeber. Die Rolle des Gastes – kombiniert mit der Bitte, Gast sein zu dürfen – nimmt Gott im Alten und Neuen Testament wahr. Beispiele: Gott erscheint Abraham in der Gestalt von drei Männern bei glühender Hitze. Abraham wiederum versorgt Gott als seinen Gast (1. Mose 18,1–5). Oder: Jesus ist zu Gast an der Hochzeit von Kana (Joh. 2,1–11). Auf ihn wiederum gilt es zu hören (V. 5). Dass Gott zum Gast*geber* werden möchte, leuchtet in unterschiedlichsten Verheißungsreden auf. Beispiele dafür: Jes. 25 (Gott wird zum Gastgeber für alle Völker; dabei wird der Tod überwunden, die Tränen werden abgewischt), Luk. 13,29 (von Osten und Westen und von Norden und Süden werden sie kommen und zu Tisch sitzen im Reich Gottes) oder Off. 19,7 (gekommen ist die Hochzeit des Lammes, und seine Braut hat sich schön gemacht ...). Kirchengeschichtlich leuchtet das Thema an unterschiedlichster Stelle in unterschiedlichsten Facetten auf. Vorländer beschreibt vor allem die spätantike syrische Kirchenordnung, die die Kombination von «Bet- und Gasthaus» kennt, sowie das Gedankengut von Benedikt von Nursia, für den Gastfreundschaft jene Handlung ist, «als nähme man Christus auf».

Nicht zu Unrecht gilt Gastfreundschaft als Königin der Diakonie. Die große Herausforderung liegt allerdings darin, dass Gastfreundschaft nicht erst mit einer konkreten Handlung, sondern immer bereits im Denken eines Menschen beginnt. Die Grundfrage: Wird einem Gedanken, der zunächst fremd klingt, gestattet, gedacht zu werden? Unsere Zeit trieft von Vorurteilen. Sie drohen, Gastfreundschaft im Denken zu verhindern. Gastfreundschaft, die nicht in der Gastfreiheit im Denken verwurzelt ist, ist im besten Falle nett, aber nicht im tieferen Sinne Gastfreundschaft. Wahre Gastfreundschaft, so müssten wir sagen, beginnt im Kopf, und damit – weil es keine autonome Rationalität gibt – im Herz und in der Herzenserfahrung. Auch sie als hoffnungsstiftendes Erbgut Europas neu zu entdecken wäre Chance für die Zukunft unseres Kontinentes als eines Kontinentes der Liebe zum Leben.

2. Das «kleine Einmaleins»

Das im Folgenden skizzierte sog. kleine Einmaleins des Salz- und Lichtseins von Christen beruht vor allem auf unserer eigenen Erfahrung als Pilgermission St. Chrischona. Diese Erfahrungen betreffen den Umgang mit krisenhaften Erscheinungen innerhalb unseres verhältnismäßig großen Werkes. Gott hat uns in solcher Zeit (gemeint ist vor allem die Zeit von 2001 bis 2008) besonders drei Dimensionen aufgezeigt, ohne deren Klärung sich wenig Zukunftsperspektive eröffnet hätte. Die drei Dimensionen sind:

- die Dienerschaft – vom Dienen statt Herrschen;
- die Haushalterschaft – von der treuen Verwalterschaft im Umgang mit dem Anvertrauten;
- der Umgang mit unterschiedlicher biblischer Erkenntnis unter Menschen, die Jesus lieben.

Leitfragen waren jeweils: Praktizieren und lernen wir denn eigentlich das Richtige für unsere Länder? Dann: Was hat Gott uns als Werk anvertraut, um in den kommenden Jahren seinem Auftrag im Glauben und Leben, gemeindlich, missionarisch und gesellschaftlich, zu entsprechen? Weiter: In welcher Form wirken sich die gesellschaftlichen Entwicklungen auf unsere Gemeinden, auf unsere Ausbildung und auf unser Werk als Ganzes aus? Dann: Was bedeuten gesellschaftliche Entwicklungen konkret und im Einzelnen für Gemeindeleitungen im Hinschauen auf die kommenden Jahre? Schließlich: Wie können wir als Werksverantwortliche, als Leitungen von Teilbereichen, als Dozentenschaft und als konkrete Gemeindeleitungen vor Ort uns gegenseitig optimal ergänzen und unterstützen?

2.1 Dienerschaft: Vom Dienen statt Herrschen

Dienerschaft ist Kernmerkmal des Handelns Gottes in dieser Welt. Wie ein roter Faden zieht sie sich durch Altes und Neues Testament. «Dienet dem Herrn mit Freuden», ruft der Psalmdichter aus (Psalm 100,2). Das Neue Testament zeugt von der Dienerschaft als dem *Jesus-Prinzip* schlechthin.

Im Folgenden beleuchten wir – wie auch bei den andern Bestandteilen des «kleinen Einmaleins» – einerseits einige biblische und kirchengeschichtliche Hintergründe und andererseits aktuelle Anwendungsprinzipien.

a) Biblische Hintergründe

Dienerschaft leuchtet innerhalb der Bibel in sehr unterschiedlichen Zusammenhängen auf. Die Schöpfung ist der erste Ort, an dem sie als Kerneigenschaft Gottes eindrücklich sichtbar wird. Gott will, dass aus Chaos Kosmos wird, und er sorgt dafür, dass aus dem Durcheinander etwas Geordnetes wird. So verhilft er zu Leben. Und bereits zu Beginn der Schöpfung hat Gott ein besonderes Auge für Hilfsbedürftigkeiten: Dem Mann fehlt eine Frau, und Gott schuf sie ihm – «ihm gemäß» (1. Mose 2,18). Nach dem Bruch des Menschen mit Gott wendet Letzterer sich der Welt erneut zu. Er sieht das Elend seines Volkes und hört sein Schreien (2. Mose 3,7–8). Das Geringe wird erwählt (5. Mose 7,7–8). Vom Neuen Testament her wird deutlich: Der Herr erhält das Geschaffene (Röm. 11,36; Kol. 1,17) und erbarmt sich angesichts von Seufzen und Stöhnen dieser geschaffenen und gefallenen Welt (Röm. 8,18–22). Die immer wiederkehrende Melodie der Dienerschaft erklingt in ihrer Vollendung am großen Tisch der Ewigkeit: Jesus bittet zu Tisch *und dient* (Luk. 12,37).

Doch nicht nur Gott dient. Die Grundmelodie des Dienens wird von den Engeln aufgenommen. Nach 40 Tagen Fasten und der Versuchung Jesu verlässt der Teufel Jesus. Was dann geschieht, lesen wir in Matth. 4,11: «Und siehe, da traten die En-

2. Das «kleine Einmaleins»

gel zu ihm und *dienten ihm.*» Dass dann auch Menschen mit in die vom Himmel her erklingende Melodie einstimmen, zeigt sich an unterschiedlichsten Beispielen: So heißt es etwa von der geheilten Schwiegermutter des Petrus: «... sie stand auf und *diente ihm*» (Matth. 8,15). Die Frauen am Kreuz sind Frauen, die ihm nachfolgten *und dienten* (Luk. 8,3; Mark. 15,40–41). Dienerschaft wird schließlich zur Grundbeauftragung und zum Grundmuster innerhalb der ganzen Weltgeschichte:

- **Als Grundmuster im individuellen Leben:** «Wer der Größte sein will, der sei euer Diener» (Matth. 20,26–27 und 23,11), und: «Ein Beispiel habe ich euch gegeben, *damit ihr tut, wie ich euch getan habe*» (Joh. 13,15).
- **Als Grundmuster im Leben der Gemeinde:** Zielperspektive des Miteinanders von Jesus-Nachfolgern ist die «Zurüstung der Heiligen» (Eph. 4,11–12). Analog dazu lesen wir in 1. Petr. 4,10: «*Dienet einander,* ein jeder mit der Gabe, die er empfangen hat, als gute Haushalter der Gnade Gottes.»
- **Als Grundmuster des Staates:** Der Staat ist Gottes Dienerin zum Guten (Röm. 13,1–7).
- **Als Grundmuster im Endgericht:** Dessen Dramatik ist vor allem in Matth. 25,31–46 aufgezeichnet und an unterschiedlichen Stellen bestätigt (etwa Matth. 16,25–27; Röm. 2,6; Röm. 10,9–13).

Es ist faszinierend, dem Prinzip Dienerschaft in der Kirchengeschichte nachzuspüren. Bereits die ersten Christen waren von den sog. sieben leiblichen Werken der Barmherzigkeit geprägt: Hungrige speisen, Durstigen zu trinken geben, Nackte bekleiden, Fremde beherbergen, Gefangene befreien, Kranke pflegen, Tote begraben. Es könnte sein, dass sich gerade angesichts dieser Grundhaltung das Evangelium in der damaligen Zeit derart rasant über den ganzen Erdkreis ausgebreitet hat.

Im Mittelalter waren es dann die Hospitäler, die dem Evangelium wie auch der Bedürftigkeit der Zeit entsprachen. Zu ihnen gesellten sich für Fremde, Arme, Aussätzige usw. Waisenhäuser, Findlingsheime, Entbindungsanstalten und Altersheime. Was heute der Staat tut, war Selbstverständlichkeit im Leben der Christen von damals. Im *Pietismus* war die Dienerschaft vorausgesetzte, nicht zu hinterfragende Selbstverständlichkeit. Spener (1635–1705) reformierte als «Vater des Pietismus» das Armenwesen in Frankfurt und Berlin und legte so die Grundlagen des modernen Sozialstaates. Namen wie Francke, Wichern, Eva von Thiele-Winkler und viele andere zeugen von der Einsicht, dass Dienerschaft Kernelement in der Begegnung mit der Wirklichkeit ist, wie immer sie aussieht und welche Formen die Bedürftigkeiten auch immer annehmen.

Besonders anschaulich – und das war für uns im Rahmen der Pilgermission St. Chrischona von Bedeutung – verfügte der Gründer dieses Werkes über das Charaktermerkmal der Dienerschaft. Dass das Dienen nicht gelegentliches Zusatzmerkmal eines Christen ist, kommt etwa darin zum Vorschein, dass Christian Friedrich Spittler noch seinen letzten Brief mit «Ihr Handlanger CFS» unterschrieben hat. Handlanger sein war seine Absicht. So sagte er: «Wir müssen das Geschäft als Magd und uns als Handlanger am Bau des Reiches Gottes betrachten.» Oder: «Der Herr gebe mir Gnade, dass ich mich stets als Ton seiner Barmherzigkeit formieren und gebrauchen lasse.»

b) Übungsfelder, in denen sich Dienerschaft zu bewähren hat

Die uns im Rahmen der Pilgermission leitende Hauptfrage war: Ist Dienerschaft ein Markenzeichen sozusagen nur «bei schönem Wetter», oder darf sie auch unser Markenkennzeichen sein, wenn es um heikle und kontrovers diskutierte Themen, um den Umgang mit schwierigen Menschen oder schwierigen Gemeinden und um den Umgang mit schwierigen gesellschaftlichen Strömungen geht? Das Prinzip Dienerschaft müsste sich, so war unsere Überzeugung, gerade in Bereichen des Schwierigen, in Bereichen des Scheiterns oder beispielsweise in Bereichen wie dem Umgang mit dem Islam, mit homosexuell empfindenden Menschen oder andern, bisher unüblichen Situationen bewähren.

Uns hat es geholfen, einige Grundprinzipien der Dienerschaft im Hinblick auf konkrete Handlungsfelder zu formulieren. Einige dieser Prinzipien sollen hier genannt werden. Dazu gehören:

- *Das Ziel* der Dienerschaft besteht immer in der *Mündigkeit der betroffenen Menschen*. An der Zunahme dieser Mündigkeit lässt sich die Dienerschaft überprüfen.
- *Ob jemand dient oder nicht,* kann der Dienende *nicht selber beurteilen*. Maßstab biblischer Dienerschaft ist derjenige, der einen Dienst empfängt. Ihm – und Gott – muss das Urteil überlassen werden, ob wahre (oder nur scheinbare, vielleicht sogar gespielte) Dienerschaft vorliegt.
- Im Hinblick auf Leitungsaufgaben zeigte sich immer wieder, dass *wer Gabe und Aufgabe der Leitung hat und nicht wirklich leitet und vorangeht, auch nicht dient.* Dienende Leitung heißt, aktiv voranzugehen und nicht nur zu koordinieren, was andere denken und wollen. Eine falsch verstandene Liebe, im Sinne von: allen gerecht werden, ist fragwürdig. Hilfreiche Fragen waren und sind etwa: Aus welcher tieferen Motivation heraus tun wir etwas? Spüren die Menschen etwas von der Kraft der Dienerschaft (jemand will nicht herrschen, nicht sich präsentieren, nicht sich profilieren, sondern einen vollmächtigen Dienst tun, Menschen weiterbringen, Gott gefallen)?
- *Verkündigung ist Dienen, und wer dient, verkündigt* (und sagt vom Wort Gottes her, was wahr und recht ist). Hilfreiche Fragen sind: Was leitet, motiviert und treibt uns als Verkündiger? Sind es eigene Interessen, *oder* ist es der Wille, sich verkündigend in das Dienen Gottes an den Menschen einzuklinken? Sind wir bereit, die Inhalte unserer Verkündigung der Korrektur auszusetzen?
- *Ein dienender Umgang* mit Menschen ist *wahrhaftiges, geradliniges und aufrichtiges Miteinander-unterwegs-Sein*. Kriterien dafür liegen etwa in der Art, wie und wo wir über Menschen

reden. Können wir uns – so fragen wir etwa – gegenseitig die dienende Haltung bescheinigen? Berichten Menschen, dass ihnen durch unser privates und öffentliches Reden gedient wird?
- *Dienen bewährt sich im Umgang mit Scheitern und problematischen, schwierigen, heiklen Situationen.* Es ist ein stetiger Kampf, gerade auch in solchen Bereichen so etwas wie eine dienende Gesinnung aufleuchten zu lassen. Schuld, lebensmäßiges Scheitern, berufliche Einbrüche, Scheidung, ungewollte Schwangerschaft oder Homosexualität können keine Barriere für eine dienende Haltung sein. *Wie* beispielsweise vermeiden wir, dass es betroffene Menschen nur noch schwerer haben, ohne dass dabei – und das wäre genauso fatal – Dinge vertuscht und falsch harmonisiert werden?

Klar war und ist uns immer: Im Umfeld der Dienerschaft lauern auch Gefahren. Eine der Hauptgefahren bemerken wir dort, wo wir dazu neigen, Dienerschaft einzufordern. Dies käme einem Missbrauch und damit einer Entwürdigung und Demütigung des Menschen gleich. Dem Drang, Dienerschaft einzufordern, gilt es aufs Heftigste zu widerstehen.

c) Fünf Werte, die uns in der Dienerschaft leiten

Im Ringen um Konkretionen von Dienerschaft hat es uns geholfen, eine freiwillige Verbindlichkeit im Hinblick auf das Leben mit fünf sich einfach zu merkenden Werten einzugehen. Es sind dies die sog. «5 V»: Vertrauen, Verantwortung, Versöhnung, Voraussicht und Verfügbarkeit.

Vertrauen meint, auch in angefochtenen Situationen dem andern das Gute zu unterstellen.

Verantwortung heißt, für das geradezustehen, was getan und gelebt wird. Wir sagen deshalb allem marxistischen Denken (also der Vorgabe, die Schuld in den Umständen zu suchen) ab.

Unter *Versöhnung* verstehen wir, dass die Dinge, die man verschuldet, in Ordnung gebracht werden – mit Gott und mit den betroffenen Menschen. Entscheidend ist nicht, keine Fehler zu machen, sondern gut mit gemachten Fehlern umzugehen.

Voraussicht heißt abzuwägen, welche Konsequenzen bestimmtes Denken, Reden und Handeln in den kommenden Monaten und evtl. Jahren hat, und entsprechende Konsequenzen zu ziehen.

Verfügbarkeit wiederum meint, das Wagnis der Aussage zu Gott und auch zu Menschen hin einzugehen: *«Du darfst mich haben.»*

Für die Einhaltung von Werten gibt es im Tiefsten nur *eine* Motivation. Auch die Dienerschaft bedarf einer über uns hinausgehenden treibenden und ziehenden Kraft. Die Kraft zur Dienerschaft wird in der Kraft des Heiligen Geistes verankert sein (müssen). Vorbild im eigentlichen Sinne des Wortes ist allein Christus. Er hat die Höhe des Dienens erstiegen. Für ihn war es – wie Bezzel es einmal ausgedrückt hat – kein mechanisches Auspflügen der Pflicht: Ob er sich dem armen Weib zuwendet oder dem toten Kind, ob er müde von aller Dienstbarkeit vor dem Jakobsbrunnen niedersinkt oder im Boot schläft, ob er Brot austeilt oder sich den Aussätzigen zuwendet, ob er sich den Blinden widmet: Immer ist es das Bestreben, nicht um seiner selbst willen zu leben. Wo er war, da wussten sich die Seinen im Glück. Das darf auch heute gelten: Wo in der Gegenwart Gottes und in der Kraft des Heiligen Geistes gedient wird, da ist Raum des Glücks.

2.2 Haushalterschaft:
Von der treuen Verwalterschaft im Umgang mit dem Anvertrauten

Haushalterschaft meint generell den Umgang mit all dem, was Gott uns Menschen anvertraut hat: Zeit, Kraft, Beziehungen, Lebensräume, Fähigkeiten u. v. a. m. In das Thema Haushalterschaft hat Gott uns als Pilgermission speziell via den Bereich

«Geld» geführt. Ausgangspunkt war die wenig hoffnungsvolle finanzielle Situation unseres Werkes. Es hat uns gutgetan, über Geld zu reden, wobei wir lernten, nicht nur über Geld zu reden, wenn man es braucht.

Geld hat Macht. Es kann uns binden, sowohl wenn es im Überfluss da ist, als auch dann, wenn es fehlt. Den Umgang mit beidem sollten wir lernen. Unsere Entdeckung im Laufe der vergangenen Jahre: Es gibt von der Bibel her eine Reihe von Finanzprinzipien, die es zu kennen gilt. Allem zugrunde liegt die Grundeinsicht: *Nie sind wir Besitzer dessen, was wir haben* – wir sind bloß Haushalter. Weder Geld noch Eigentum, noch Zeit, noch Kraft, noch Gaben, noch Menschen gehören uns. Sie sind uns für eine bestimmte Zeit anvertraut. Immer handelt es sich um Verwaltung, über die wir Rechenschaft zu geben haben. Verantwortlich sind wir zum einen Gott gegenüber, dann aber zweitens auch demjenigen gegenüber, der uns etwas anvertraut hat, drittens demjenigen gegenüber, dem es zugute kommen soll, und viertens, was die Öffentlichkeit betrifft, dem Staat gegenüber als Instanz, die für den Rahmen unseres Tuns und Handelns besorgt ist und zu sorgen hat.

a) Biblische und kirchengeschichtliche Zusammenhänge

Die Bibel enthält eine ganze Reihe von Hinweisen zur Frage, wie mit Anvertrautem, insbesondere dem Geld, umzugehen ist. Daraus lassen sich, in Verbindung mit den aktuellen Herausforderungen der Zeit, Finanzprinzipien herleiten. Stellvertretend und beispielhaft seien einige Bibelstellen genannt:

1. Chronik 29,11–13: «Herr, dein ist die Herrlichkeit und Macht. (...) Denn alles, was im Himmel und auf Erden ist, das ist dein. (...) Reichtum und Ehre kommt von dir. (...) Du bist Herr über alles. In deiner Hand steht Macht und Kraft. Nun, unser Herr, wir danken dir.»

Hinweis für uns: Alles, auch Geld, kommt von Gott und gehört Gott. Die angemessene Haltung unsererseits ist Dankbarkeit.

2. Das «kleine Einmaleins» 215

Luk. 12,16–21: Das Gleichnis vom reichen Kornbauern. Dieser spricht zu seiner Seele: «Seele, du hast reichen Vorrat da liegen für viele Jahre. Ruh dich aus, iss, trink, sei fröhlich!» Gott aber sagt zu diesem Menschen: «Du Tor! Noch in dieser Nacht fordert man deine Seele von dir zurück. Was du aber zurückgelegt hast: wem wird es gehören? – So geht es dem, der für sich Schätze sammelt und nicht reich ist vor Gott.»
Hinweis für uns: Wir sind herausgefordert, unser Vertrauen nicht auf vorhandenen Reichtum, sondern auf Gott zu werfen. Vor Gott reich zu sein, ist etwas anderes, als vor der Welt reich zu sein.

Luk. 16,10–13: «Wer im Kleinsten treu ist, ist auch im Großen treu; und wer im Kleinsten nicht treu ist, ist auch im Großen nicht treu. Wenn ihr also mit dem ungerechten Mammon nicht treu gewesen seid, wer wird euch dann das wahre Gut anvertrauen? Und wenn ihr mit fremdem Gut nicht treu gewesen seid, wer wird euch dann euer eigenes geben? Kein Knecht kann zwei Herren dienen. Denn entweder wird er den einen hassen und den anderen lieben, oder er wird sich an den einen halten und den anderen verachten. Ihr könnt nicht Gott dienen und dem Mammon.»
Hinweis für uns: Im Kleinen treu zu sein und unsere Beziehung zu Gott und Geld immer wieder zu überprüfen, ist verheißungsvoll. Treue ist Kernmerkmal des Umgangs mit Anvertrautem.

Luk. 19,11–27: Das Gleichnis vom anvertrauten Geld. Jesus prangert den unweisen Umgang mit Geld an. Zu jener Person, die das Anvertraute aus Ängstlichkeit nutzlos verwahrt hat, sagte Jesus: «Du böser Knecht (…) Warum hast du das Geld nicht (wenigstens) zur Bank gebracht?»
Hinweis für uns: Umgang mit Geld ist etwas Aktives. Auch wenn wenig Geld da ist, sollten wir gut damit umgehen.

Matth. 20,1–15: Das Gleichnis von den müßig herumstehenden Menschen, die für eine Arbeit im Weinberg zu einem Tageslohn verpflichtet werden. Diejenigen, die bereits am Morgen zu arbeiten begonnen haben, bekommen (auch nur) den am Morgen vereinbarten Lohn. Die Geschichte mündet in der

Frage Jesu: «Steht es mir nicht frei, mit dem Meinigen zu tun, was ich will? Oder schaut dein Auge neidisch, weil ich gütig bin?» (V. 15).

Hinweis für uns: Auch gelingender Umgang mit Geld kann niemals in eine Anspruchshaltung führen. Wir bleiben Diener und glauben fest daran, in diesem Status nicht zu kurz zu kommen.

2. Kor. 9,6–8: «Ich meine aber dies: Wer da kärglich sät, der wird auch kärglich ernten; und wer da sät im Segen, der wird auch ernten im Segen. Ein jeder, wie er's sich im Herzen vorgenommen hat, nicht mit Unwillen oder aus Zwang; denn einen fröhlichen Geber hat Gott lieb. Gott kann machen, dass jede Gnade unter euch reichlich sei, damit ihr in allen Dingen volle Genüge habt und noch reich seid zu jedem guten Werk.»

Hinweis für uns: Wichtig ist, dass wir das, was den Umgang mit Geld betrifft, von Herzen tun! Wir wehren dem Druck, Dinge unter echtem und scheinbarem Zwang tun zu müssen.

1. Kor. 4,1–2: «Dafür halte uns jedermann: für Diener Christi und Haushalter (...) Nun fordert man nicht mehr von den Haushaltern, als dass sie für treu befunden werden.»

Hinweis für uns: Nach innen und nach außen soll unser Selbstverständnis klar sein – Kernmerkmal unseres Umganges mit Geld sind Dienerschaft und (wieder) Treue, und damit auch Transparenz und Rechenschaft.

Kirchengeschichtlich gesehen ist es faszinierend, wie sich zu nahezu allen Zeiten Menschen zu Gemeinschaften zusammengeschlossen haben, um einen Gegenpol gegen alles verhängnisvolle Anhäufen von Reichtum zu schaffen. In der Regel waren es Ordensgemeinschaften oder Kommunitäten, in denen aller Besitz und alles Verdienen einer speziellen Regel, traditionell der Regel der Armut, unterstellt wird. Auffällig ist, dass es vor allem im evangelischen Raum nur wenig Tradition der Tugend des Maßhaltens und des Verzichtes gibt. Aktuelle Impulse liefert in neuester Zeit der Amerikaner Shane Claiborne mit seiner Gemeinschaft «The simple Way» (siehe sein Buch: «Ich muss verrückt sein, so zu leben. Kompromisslose Experimente in Sachen Nächstenliebe»).

b) Prinzipien, an denen sich wahre Haushalterschaft ausrichtet

Wir haben im Laufe der vergangenen Jahre einige Prinzipien entdeckt, die uns im konkreten Handeln, Planen und Entscheiden leiten. Die Prinzipien sind dabei nicht Gesetze, sondern Leitlinien im Ringen um einen guten Umgang mit Geld. Beispiele dafür sind:

- In finanziellen Herausforderungen geht es immer zuerst um die Frage, *worin Gottes Auftrag* besteht. Erst nach einer diesbezüglich transparenten Klärung beschäftigen wir uns mit der Frage, was wir zur Umsetzung dieses Auftrages benötigen und deshalb dann tun.
- *Ausgaben richten sich* nach dem *Vorhandenen*. Der treue Haushalter lebt nicht über seine Verhältnisse. Das Ausgeben von Geld richtet sich nach dem Einnehmen von Geld. Ein Überblick über Einnahmen und Ausgaben ist selbstverständlich. Am Rande: Dieses Grundprinzip widerspricht nicht einem «Investieren auf Glauben hin». Wir wehren uns lediglich gegen ein allzu leichtfüßiges Argumentieren mit dem Glauben ohne Rechenschaft auch im natürlich-materiellen Bereich.
- In jeder Finanzplanung unterscheiden wir zwischen dem *dringend Notwendigen* (den Verpflichtungen), den *aktuellen Bedürfnissen* und dem *Wünschenswerten*. Jede Finanzplanung – wir raten auch im privaten Bereich dazu – durchläuft den Prozess dieser Differenzierung.
- *Die Grundfrage lautet: Wie viel ist genug?* Insbesondere was Bedürfnisse und Wünsche betrifft, bedarf es einer gemeinsamen Überzeugung, was genug ist. Wir bemerken bei der Beantwortung dieser Frage eine starke Abhängigkeit von Persönlichkeitsmerkmalen des einzelnen Menschen. Die Frage kann deshalb nur *gemeinschaftlich* geklärt werden.
- *Wenn wir Schulden machen,* machen wir keine Schulden ohne kontrollierte Rückzahlung. Bei diesen Rückzahlungen achten wir in erhöhtem Maße auf eine eindeutige Transparenz.

```
┌─────────────────────────────────────┐
│         ╭─────────╮                 │
│         │ Wünsche │                 │
│         ├─────────┤                 │
│         │Bedürfnisse│ ◄──────       │
│         ├─────────┤                 │
│         │Verpflichtungen│           │
│         ╰─────────╯                 │
│  Drei Kategorien, die es            │
│  vor der Herausforderung            │
│  zu definieren gilt                 │
└─────────────────────────────────────┘
```

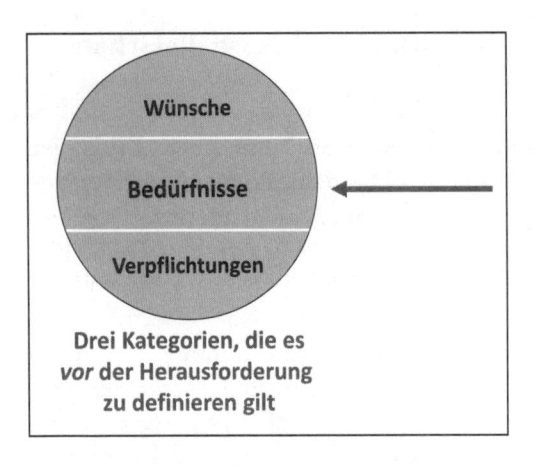

Abbildung 16:
Gut mit dem Anvertrauten umgehen

- *Über unsere Haushalterschaft geben wir Rechenschaft.* Wir budgetieren, und wir geben Rechenschaft über die Einhaltung der Planungsvorgabe. Als Werk *kommunizieren wir transparent und regelmäßig öffentlich* über unsere finanzielle Situation. *Solidität, Einfachheit, Sparsamkeit* sind Leitwerte im Umgang mit Geld.
- *Der biblische Zehnte* ist etwas, das immer neu zum Thema zu machen ist. Dass Gott einen fröhlichen Geber liebhat, schließt nicht die Treue gerade im Bereich des Zehnten aus.

Das Jahr 2008 ist bezüglich des Umgangs mit Finanzen insofern nochmals ein Einschnitt, als dass die Frage Geld und die Sorge um Geld unvermittelt Thema *aller* Menschen in unserer Gesellschaft geworden ist. Auch hier betonen wir, dass die Haushalts- und Finanzprinzipien sich nicht nur in guten Zeiten gut darstellen lassen dürfen, sondern sich auch in notvollen Zeiten zu bewähren haben. Insgesamt gehen wir davon aus, dass die seit 2008 öffentlich diskutierte Finanz- und Wirtschaftskrise mit uns allen zusammenhängt (Beispiel: Versicherungen, Altersvorsorge). Wir versuchen als Christen einen Umgang mit Geld, der für einen gesellschaftlichen Umgang mit Geld exemplarisch sein könnte.

Was steht heute an? Wir sehen vor allem drei Dinge:

Erstens halten wir eine konsequente Budget- und Schuldenberatung für dringend, und zwar für Einzelpersonen genauso wie für (nicht selten) verschuldete Gemeinden sowie christliche Initiativen, Projekte und Werke.

Zweitens hat die heute gängige Theologie in der Regel zwar eine solide Lehre etwa von der Sünde. Wir meinen, dass sie jedoch genauso eine solide Lehre vom Reichtum, vom Vermögen und vom Geld haben sollte. Weder eine klassische Armutstheologie noch eine moderne Wohlstandstheologie scheinen uns von Nutzen zu sein.

Drittens stoßen wir immer wieder auf den angeblichen Widerspruch zwischen dem Reich Gottes und den Regeln des weltlichen Finanzsystems. Die Frage, was es heißt, ein «Glaubenswerk» zu sein, ist weder bei uns noch woanders abschließend geklärt.

2.3 Umgang mit unterschiedlicher Erkenntnis unter Menschen, die Jesus liebhaben

Nicht nur Geld, sondern auch menschliche Erkenntnis – als zunächst ganz andere Lebensdimension – kann zu fundamentaler Heraus- und Überforderung im Reich Gottes werden. Jeder Mensch verfügt über Erkenntnis und hält entsprechend bestimmte Dinge für richtig oder für falsch. Gegebenenfalls ist er bereit, dafür mit unterschiedlichen Mitteln und Methoden zu kämpfen.

Wenn das Geld unter uns als Pilgermission St. Chrischona Anlass war, systematisch über Fragen der Haushalterschaft nachzudenken, so waren es vor allem Fragen rund um die Thematik, was in einer Gemeinde erlaubt und was in einer Gemeinde nicht erlaubt sein soll, die uns dazu führten, systematisch über Fragen des mündigen Umgangs mit biblischer Erkenntnis nachzuforschen. Unsere Beobachtung: Es gibt Menschen, die trotz elementarer Liebe zu Jesus und seinem Wort zu teilweise gegensätzlichen Erkenntnissen kommen. Beispiele: der Dienst der Frau in der Gemeinde, Scheidung und Wiederheirat, gemeinsamer Urlaub zweier unverheirateter Personen mit Verantwortung in der Jugendarbeit, taugliche bzw. untaugliche Bibelübersetzungen u. v. a. m. Wir stellten fest, dass Menschen mit Erkenntnissen in diesen Bereichen sich sehr wohl – unabhängig vom jeweils eingenommenen Standpunkt – auf einzelne biblische Aussagen berufen. Weiter war offenkundig, dass fast ausnahmslos der Wille vorhanden war, einen biblisch orientierten, Gott wohlgefälligen Weg zu gehen. Trotzdem standen wir nicht selten ohnmächtig vor der Situation, dass Konflikte für die Gemeinde unzumutbare Formen angenommen haben oder dass eine der beiden Parteien die Gemeinde verließ. Zurückgelassen wurde dabei oft etwas Destruktiv-Ungeheiltes, deshalb oft unheilsam Weiterwirkendes.

Im Folgenden werden einige Bibelstellen aufgeführt, das sog. Erkenntnisrad vorgestellt und einige mehr oder weniger hilfreiche Fragen erwähnt bzw. Prinzipien dargelegt, an die es sich nach unserer Erfahrung zu halten lohnt.

a) Biblische Hintergründe

Folgende Stellen aus der Bibel waren in unserem Ringen um den Umgang mit unterschiedlicher biblischer Erkenntnis fundamental:

Matth. 22,36–40: «Meister, welches ist das höchste Gebot?» Jesus: «Du sollst den Herrn, deinen Gott, lieben (...) und deinen Nächsten wie dich selbst.»

Joh. 16,13: «Wenn aber der Geist der Wahrheit kommen wird, wird er euch in alle Wahrheit leiten. Er wird nicht aus sich selber reden, sondern was er hören wird, wird er reden.»

Joh. 17 beinhaltet das sog. hohepriesterliche Gebet. Jesus betet für das Einssein derer, die ihm nachfolgen. Zielpunkt (V. 21): «... dass sie alle eins seien, so wie du, Vater, in mir bist und ich in dir, damit auch sie in uns seien, und so die Welt glaubt, dass du mich gesandt hast.»

1. Kor. 1,10: «Ich bitte euch aber, liebe Brüder und Schwestern, beim Namen unseres Herrn Jesus Christus: Sprecht alle mit einer Stimme und lasst keine Spaltungen unter euch zu, seid vielmehr (...) ganz eines Sinnes und einer Meinung!»

1. Kor. 13,1–13: «Wenn ich mit Engelszungen redete, und hätte die Liebe nicht, so wäre ich ein tönendes Erz oder eine klingende Schelle. (...) Unser Wissen ist Stückwerk. (...) Jetzt erkenne ich stückweise, dann aber werde ich begreifen ...»

Eph. 3,17–19: «Deshalb beuge ich meine Knie vor dem Vater (...) So könnt ihr mit allen Heiligen erkennen, welches die Länge und Breite, die Höhe und Tiefe ist, auch die Liebe Christi, die alle Erkenntnis übertrifft.»

Kol. 2,3: «In Christus liegen verborgen alle Schätze der Weisheit und der Erkenntnis.»

1. Tim. 6,3–4: «Wenn jemand anders lehrt und bleibt nicht bei den heilsamen Worten unseres Herrn Jesus Christus und bei der Lehre, die dem Glauben gemäß ist, der ist aufgeblasen und weiß nichts, sondern hat die Seuche der Fragen und Wortgefechte ...»

Fazit: Der Wunsch, dass Menschen einmütig sind, ist bei Jesus und auch beim Apostel Paulus unverkennbar. Genauso ist die Wirklichkeit des gefallenen Menschen und damit der Gebrochenheit menschlicher Erkenntnis bei der Lektüre oben genannter Bibelstellen unverschleiert vor Augen. Die entscheidende Frage scheint nicht darin zu liegen, ob und wie wir zu letztgültigen Erkenntnissen kommen, sondern wie wir mit hier und jetzt geschenkter (und begrenzter) Erkenntnis mündig umgehen, sogar dann, wenn sie der Meinung anderer zuwiderläuft.

b) Das sog. Erkenntnisrad

Im Ringen um einen mündigen Umgang mit unterschiedlicher biblischer Erkenntnis gewannen wir mehr und mehr den Eindruck, dass dieser Umgang, wenn er gelingen soll, mit den in folgender Graphik aufgeführten Dimensionen zusammenhängt.

Erläuterung: In der Mitte sind Jesus und sein Wort. Jesus ist immer auf das Wort, das Wort immer auf Jesus bezogen. Zum einen glauben wir als Christen an Jesus als das «fleischgewordene Wort», dürfen Jesus also niemals von diesem Wort trennen. Zum andern glauben wir gerade nicht «an ein Buch», weshalb wir niemals mit Gottes Wort außerhalb der Liebe zu Jesus operieren sollten. Hier und nur hier – in Jesus und im Wort – können Erkenntnisse verwurzelt sein.

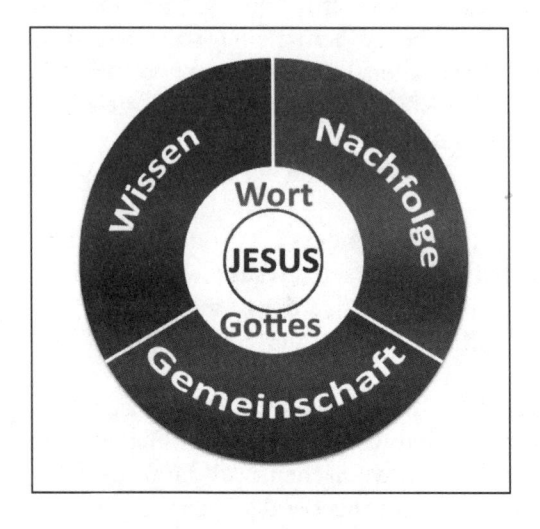

Abbildung 17:
Das Erkenntnisrad

Zu dieser Mitte allen Erkennens kommen nun drei weitere Dimensionen bzw. Kriterien dazu: Wissen, Gemeinschaft und Nachfolge. Diese Kriterien wirken wie Filter, durch die die «gültige» Erkenntnis unter uns Menschen zu fließen hat. Unsere Not besteht oft darin, dass wir zwar ein oder zwei dieser Filter nutzen, aber nicht bereit sind, unsere Erkenntnis auch durch den dritten Filter gehen zu lassen. Dies verhindert taugliche und zukunftsträchtige Erkenntnis.

Zum Filter des Wissens: Hier geht es um biblisches Wissen. Dieses Wissen umfasst erstens das sich zum strittigen Sachverhalt äußernde Bibelzitat (u. a. in wörtlicher Übersetzung), zweitens die Kenntnis des Zusammenhanges, in dem das Bibelzitat steht, und drittens das Wissen um die Auslegungsmöglichkeiten, die ein Zitat zulässt. Zu Letzterem gehört auch das Wissen um die Abgründe, die die Auslegung des bestimmten

Bibelzitates mit sich bringen kann oder im Laufe der Kirchengeschichte mit sich gebracht hat.

Zum Filter der Gemeinschaft: Gemeinsam mit andern Christen erkennen wir mehr von Jesus Christus und seiner Liebe, als wir es allein tun würden. Hier geht es um das gemeinsame Ringen und Abwägen. Dies zu unterlassen ist sündhaft (siehe Hebr. 10,23–25). Es ist klar: Zwischen der Sehnsucht der Harmonisierung und der Unmöglichkeit der völligen Überwindung von Gegensätzlichkeit besteht eine oft unüberbrückbare Spannung. Wir verleugnen nicht, dass solche Spannungen zeitweilig auch ungelöst bleiben müssen.

Zum Filter der Nachfolge: Die Erkenntnis wächst durch das Tun und im Tun. Bleibt es bei untätiger Erkenntnis, wird «das Haus auf Sand gebaut» (Matth. 7,24–27). Jenen Menschen, die aus Liebe zu Jesus das tun, was er sagt, wird sich Jesus selber offenbaren (Joh. 14,21). Es ist verheißungsvoll, vom Tun her und gerade nicht, was eher griechischem statt evangelischem Denken entspricht, vom reinen Denken her erkennen zu wollen. Dass dies niemals in Formen der Werksgerechtigkeit abgleiten darf, ist offensichtlich. Trotzdem: Die mündige Nachfolge ist A und O des persönlichen Glaubens. Darin muss sich Erkenntnis bewähren (als Wahrheit erweisen).

Jeder der drei Filter kennt die mögliche Einseitigkeit. Bei einer Überbetonung des Wissens, bei dem eine gemeinschaftliche Korrektur nicht gelingt, gedeiht eine rationalistische Rechthaberei. Bei einer unkorrigierten Überbetonung des Gemeinschaftlichen kommt es zu einer harmonisierenden Beliebigkeit. Und bei einer nicht korrigierten Nachfolge zu einer aktivistischen Selbstbezogenheit mit der Gefahr der nicht mehr erkennen wollenden Verbitterung.

c) Übungsfelder im Umgang mit unterschiedlicher Erkenntnis

Der Sinn unseres Lebens besteht darin, in Gemeinschaft mit Gott zu leben und ihn zu lieben. Wachsende Gotteserkenntnis wird sich in wachsender Liebe und Barmherzigkeit zu den Menschen ausdrücken. Im Zusammenhang mit dem sog. Erkenntnisrad beschäftigten uns vor allem eine Reihe von Fragen, die bei vorliegender, gegebenenfalls festgefahrener und gegensätzlicher Erkenntnis hilfreich sein können. Solche Fragen sind:

1. An welchen Stellen in unserer Gemeinde wird unsere Einheit am meisten gestört und gebremst? Gibt es Bereiche, auf die wir unweigerlich immer wieder stoßen? Gibt es Fragen, die immer wieder analoge Gefühle (meist der Unzufriedenheit) auslösen?
2. Welches Thema könnte ein Schlüssel sein, durch den wir am ehesten den Gewinn gemeinsamen Erkennens (Erkenntnisrad) erleben und so die Gemeinde in positive Erfahrungen im Bereich Erkenntnis führen könnten?
3. Woraus beziehen wir Sicherheit? Erkennen wir unseren eigentlichen Auftrag? Wo ergaben sich Spuren von Rechthaberei und Pharisäismus in unseren Herzen (möglicherweise in weit zurückliegender Zeit)?
4. In welcher Art reden wir miteinander und mit andern Menschen über Fragen und Themen, in denen unterschiedliche Ansichten vorliegen? Wie vor allem reden wir über betroffene Menschen, die Erkenntnispositionen vertreten, die mit unserer Position nicht zu vereinbaren sind?

Einige Regeln, die sich im Umgang mit unterschiedlicher Erkenntnis bewährt haben:

- Wir *fragen* statt zu behaupten und zu disqualifizieren.
- Wir nehmen *Abschied von einer fruchtlosen Schiedsrichterrolle* und verwenden unsere Energie für die Gestaltung eines Lebens aus dem Glauben.
- Wir *stellen unsere Sicht der Dinge zur Verfügung* und verstehen uns als Handlanger und Diener Gottes und als Haushalter über seine Geheimnisse. Wo wir ungewollt die Rolle des Schiedsrichters eingenommen haben, lassen wir uns das sagen.
- Wir vermitteln unsere Überzeugung so, dass deutlich wird, dass sie nur einen Teil der Wirklichkeit Gottes widerspiegelt,

deshalb ergänzungsbedürftig ist und *geprüft werden* darf und muss.
- Wir *suchen die Ergänzung aktiv* und lassen sie nicht nur zu.
- Wir *benennen unsere Ängste* und lassen andere ihre Ängste (zu Folgen bestimmter Erkenntnisse) benennen.
- Wir verzichten als Leitung *sowohl auf das Ignorieren* als auch *auf das Überbetonen* von bestimmten Erkenntnisbereichen. Insbesondere vermeiden wir Seitenanmerkungen und Seitenhiebe.
- Bleiben unterschiedliche Überzeugungen, so gestehen wir ein, dass *entschieden* werden muss, welcher Überzeugung man sich im praktischen Vollzug als Gemeinde anschließt.

Der Umgang mit unterschiedlicher Erkenntnis ist wie das Prinzip Dienerschaft und die Haushalterschaft Bestandteil des kleinen Einmaleins. Wir sollten damit umgehen können. Dabei schließen wir nicht aus, dass es in Zukunft ein oder mehrere weitere Bestandteile des kleinen Einmaleins geben kann, die sich als elementar wichtig erweisen werden. Wir sollten dafür offen sein.

3. Die fünf entscheidenden Bewährungsfelder des christlichen Glaubens

Neben den für die westliche Kultur grundlegenden Vorgaben und dem so genannten kleinen Einmaleins gibt es eine dritte Voraussetzung, um den christlichen Glauben in Zukunft wirkungsvoll in das öffentliche Leben einzubringen. Es ist das Wissen um fünf zeitunabhängige Bewährungsfelder des christlichen Glaubens. Dabei geht es sozusagen um die Knoten im Netz dessen, was Christentum meint. Diese aus den Augen zu verlieren, kommt einer unverantwortbaren Reduktion des christlichen Glaubens gleich. Wir befürchten, dass wir dieser Gefahr im Laufe der vergangenen 60 Jahre nicht mit genügend Aufmerksamkeit begegnet sind.

Die fünf Bewährungsfelder des christlichen Glaubens sind:

- das Individuum bzw. dessen Lebens- und Verantwortungsbereiche;
- die christliche Gemeinde bzw. die Kirche als Ekklesia;
- die Ehe bzw. Familie;
- die Arbeit und der Beruf;
- der Staat.

Bei diesen fünf Bewährungsfeldern handelt es sich um Ereignisräume des Redens und Wirkens Gottes. Es sind Räume, in denen die Kultur der Gnade zur Entfaltung kommt. In ihnen gewinnt Reich Gottes Gestalt. In diesen Räumen findet Einübung des Glaubens an den dreieinigen Gott statt.

Immer geht es um Räume, in denen sich schöpfungsmäßiges Leben unter dem Horizont der Erlösung entfaltet. Immer geht es um Räume, in die hinein der erlösende Christus sein befreiendes Machtwort spricht. Das eigentlich Befreiende: Genau hier ist das Ende aller Zweiteilung des Lebens in ein – so Bonhoeffer – sog. sakrales und ein sog. profanes, in ein geistliches Leben (z. B. im Gottesdienst) und in ein weltliches Leben (z. B. im Beruf). Es gibt nur geheiligtes oder ungeheiligtes Leben, unabhängig von den Lebensräumen, in denen sich der Mensch als Geschöpf Gottes gerade bewegt. Bonhoeffer: «Es gibt keine zwei Wirklichkeiten, sondern nur die eine ‹Christuswirklichkeit›»: An «Christus teilhabend stehen wir zugleich in der Gotteswirklichkeit und in der Weltwirklichkeit» (Bonhoeffer, «Ethik», S. 62).

Das verheißungsvolle Fazit: Alles Scheitern in diesen Räumen bekommt einen vollkommen neuen Stellenwert und eine vollkommen neue Einordnung. Alles falsche Heiligungsdenken kommt hier zum Ende. Weil sich alles Scheitern im Raum der Gnade ereignet, *darf es sein*. Einer Kultur, die keine Fehler und damit keine Risiken erlaubt, wird eine Absage erteilt.

3.1 Das Individuum in seiner Einzigartigkeit

Als Person, als Mann und Frau, schuf Gott den Menschen – ihm zum Bilde. Der Mensch ist Abbild der Herrlichkeit Gottes, angesprochen von ihm und beauftragt durch ihn. In der Person Jesus sehen wir, was der Mensch ist und als was er gedacht und geschaffen worden ist: in sich unteilbar, ganz und vollkommen. «Welch ein Mensch», konnte Pilatus nur staunend aussprechen (Joh. 19,5).

Das Individuum hat eine Würde. Diese Würde ist zugesprochen. Niemand kann sie sich selber nehmen. Das ist bei Christus so, das ist auch bei uns so (etwa Hebr. 5,4–5).

In den westlichen Ländern ist es ein großes Privileg, dass die unantastbare Würde des Menschen auch in die Verfassungen übernommen worden ist. Der erste Satz des deutschen Grundgesetzes beispielsweise lautet: «Die Würde des Menschen ist unantastbar.» Danach: «Sie zu achten und zu schützen ist die Verpflichtung aller staatlichen Gewalt.» Etwas Vergleichbares nennt

Artikel 4 der schweizerischen Bundesverfassung: «Alle Schweizer sind vor dem Gesetze gleich. Es gibt in der Schweiz keine Untertanenverhältnisse, keine Vorrechte des Ortes, der Geburt, der Familien oder Personen.»
Damit ist klar: *Uns Menschen ist der Zugriff auf die Würde des Menschen untersagt.* Konkret heißt dies: Der Mensch ist für keinen Menschen verfügbar, weder in der Familie noch am Arbeitsplatz, noch im Staat, noch in der Gemeinde. Leitprinzip ist der Respekt vor der Freiheit des Einzelnen.

Messen wir dem Individuum eine derart einzigartige und besondere Bedeutung zu, dann ist es konsequent, logisch und wenig überraschend, dass diabolische, zerstörerische Kräfte zuallererst beim Individuum ansetzen.

Es gibt mehrere Herde der Anfechtung. *Zum Ersten* ist es das Empfinden im Zwiespalt von angenommen sein und abgelehnt sein. Grundentscheidungen vollziehen sich bereits vor der Geburt einer Person: Bin ich als Kind gewollt oder ungewollt? Später folgt die Schule mit ihrem Potenzial des Scheiterns. Unmittelbar im Anschluss daran folgen analoge Fragen im Kampf um Lehrstelle und Arbeitsplatz. Die immer gleich lautende Frage: Bin ich hier überhaupt gewollt? Kann ich genügen? Bin ich akzeptiert? Die Brisanz der Fragen spitzt sich gegen Ende des Lebens nochmals zu: Bin ich gewollt – auch wenn ich in großer Bedürftigkeit scheinbar kaum mehr etwas zum Nutzen anderer beitragen kann?

Zum Zweiten ist es die Parallelisierung der Lebensbereiche. Zwei (oder mehr) «Seelen» wohnen «in meiner Brust»: Am Sonntag und am Montag, in der Arbeit und in der Freizeit, im Alleinsein und in der Gemeinschaft. Das Ringen um die eigene Identität des Einzelnen ist Kernmerkmal unserer Zeit.

Zum Dritten ist es der Zwiespalt der unbegrenzten Möglichkeiten in sehr begrenzter Zeit. Die Nutzung der Optionen in einer von mir festgelegten Reihenfolge gelingt in knapp bemessener Zeit nicht. Es kommt unweigerlich zu einer parallel verlaufenden Nutzung der Optionen. Ergebnis: Das Individuum lebt jetzt *gleichzeitig* in zwei oder mehr Welten. Es wird zum «Di- oder Tri-Viduum».

Worin könnte die hoffnungsstiftende Perspektive liegen? Gott spricht zu Mose als *der, der er ist* («Ich bin, der ich bin ...»; 2. Mose 3,14). In Jesus sehen wir den Ungeteilten, Ungebrochenen, Ganzen – als «das Leben» schlechthin (u. a. Joh. 14,6). Ihm zum Bilde und nach diesem Bilde sind wir geschaffen. Er ist die neue Welt, die da und dort schon aufleuchtet. Merkmal dieser neuen Welt ist das ungeteilte, ganze, einzigartige In-Dividuum – in *seinen* Fußstapfen.

Dass es am Du zum Ich kommt, lernen wir bei Martin Buber. Identität und Authentizität lässt sich niemals aus sich selber heraus gewinnen. *Am Du werde ich zum Ich.* Wer ich bin, wird mir zugesprochen. Dass es zu solchem Ich kommt, ist Voraussetzung gelingender Gemeinschaft – und Gemeinde.

3.2 Die Gemeinde Jesu als Ur-Entfaltungsort des Lebens

Zum elementaren Menschsein gehört ein Lebensraum. Der Mensch ist sowohl gemeinschafts- wie auch kommunikationsfähig und -bedürftig. Seit dem Sündenfall hat dieses Beziehungsgeflecht Grundstörungen erfahren. Zunächst ist der Mensch Glied des Bundesvolkes Gottes. Das «neue Volk Gottes» ist Stiftung dessen, der sein Leben gelassen hat, *damit der Mensch lebe:* Jesus. Er sagte: Ich will bauen meine Gemeinde (Matth. 16,18). Diese Gemeinde ist trotz ihrer gebrochenen Gestalt zum einen unersetzbarer und dem Menschen angemessener Lebensraum schlechthin, zum andern aber auch die Sprache der Weisheit Gottes an die gesamte unsichtbare Welt (Eph. 3,10).

Seit der Auferstehung Jesu wird das Evangelium verkündigt, und alle, die dafür ein Ohr haben und sich von Gott rufen lassen, bilden die Gemeinde. Sie ist Hausgemeinde, Ortsgemeinde oder Gesamtgemeinde an vielen Orten dieser Welt. Gemeinde ist Entfaltungsraum des Reiches Gottes. Über sie entfaltet sich das Reich Gottes in die Welt von heute.

3. Die fünf entscheidenden Bewährungsfelder des christlichen Glaubens 231

Was ist Gemeinde? Gemeinde ist der erste Ort, den sich Christus in dieser Welt sucht, um Gestalt zu gewinnen: Die Gemeinde ist *sein Leib*. Die Grundanfechtung liegt auf der Hand: Der Mensch übernimmt in seiner Selbstüberschätzung das Ruder und reißt den Bau von Gemeinde an sich. Nicht Jesus, sondern der Mensch baut dann Gemeinde. Gemeinde ist dann kein theo- bzw. christozentrisches Projekt mehr, sondern zu einem anthropozentrischen Unternehmen geworden. Gemeinde Jesu degradiert sich in diesem Fall zu einem Ort, an dem das menschliche Bedürfnis Maßstab von Denken, Planen und Entscheiden wird.

Die pragmatische Folge ist offensichtlich: Solange die Gemeinde die Bedürfnisse des Menschen zu befriedigen vermag, ist alles in Ordnung. Sobald dies aber nicht mehr der Fall ist, schließen sich entweder Menschen mit analogen Bedürfnissen zusammen und betreiben ihr eigenes Projekt, oder aber sie verlassen die Gemeinde und drohen, ein solistisches Christsein zu versuchen. Dieses wird unweigerlich verarmen und damit auch die Räume des Individuums, die Räume von Ehe und Familie, die Räume von Arbeit und Beruf sowie die Räume von Staat und Gesellschaft in Frage stellen bzw. unterwandern.

Jesus und die Apostel werden nicht müde, die Schönheit der Gemeinde in sehr unterschiedlichen Bildern zu beschreiben. Beispiele:

- Jesus der gute Hirte, wir die Schafe (Joh. 10).
- Jesus der Weinstock, wir die Reben (Joh. 15).
- Jesus das Haupt, wir der Leib
  (etwa Röm. 12 oder 1. Kor. 12).
- Der Bau mit Jesus als dem Eckstein (etwa Eph. 2; 1. Petr. 2).
- Jesus der Bräutigam, wir die Braut (Eph. 5).

Das alttestamentliche Vorbild ist das wandernde Gottesvolk. Gott selber wohnt inmitten dieses Volkes. Die Hochzeit mit der geschmückten Braut wird in Off. 21,3–7 beschrieben. Das Kernmerkmal: «Er wird bei ihnen wohnen, und sie werden sein Volk sein.» Wo dies ist, werden alle Tränen abgewischt. Leid,

Schmerz und Tod werden nicht mehr sein. Dem Dürstenden wird Wasser des Lebens umsonst gegeben.

Gemeinde hier und heute ist der Ort, an dem *bruchstückhaft* das eine oder andere des eben Beschriebenen bereits jetzt erahnbar, spürbar und erlebbar ist. Der Grund: Mit Jesus ist das Reich Gottes bereits angebrochen. Niemals sollten wir diese Gemeinde verlassen (Hebr. 10,25). Und: Niemals sollten wir Menschen gering von der jetzt real existierenden Gemeinde denken, denn Christus ist Haupt über die ganze Gemeinde, die «sein Leib ist, der erfüllt ist mit dem, der alles in allem erfüllt» (Eph. 1,23). Das in besonderer Weise Verheißungsvolle: Gemeinde Jesu ist nie nur am Sonntagmorgen oder in exklusiv gemeindlichen Veranstaltungen. Weil jeder von uns immer auch Mensch in einem konkreten Stand, in einer konkreten Tätigkeit und unter einer bestimmten Staatsform ist, wird Gemeinde immer einen offenen Raum in diese Welt und diese Weltgeschichte hinein darstellen. Als Mensch stehen wir unter der Herausforderung, ihn, das Haupt, unter uns, in uns und durch uns Gestalt gewinnen zu lassen – an allen Orten, zu allen Zeiten.

3.3 Ehe und Familie

Es gibt sie nicht, die Unterscheidung von «geistlichem» und «weltlichem» Raum. Es gibt nur ein Einüben des christlichen Lebens in unterschiedlichen Feldern, hier der Ehe bzw. der Familie. Gemeinde zu leben ist nicht das «geistliche Mandat», Ehe, Arbeit und Staat zu leben das «weltliche Mandat» (Bonhoeffer). Ehe ist göttliches Mandat mitten in dieser Welt, und, wie sich zu Beginn des 21. Jahrhunderts deutlich zeigt, gerade in aller Angefochtenheit und scheinbaren Aussichtslosigkeit etwas, das *heute* der besonderen Aufmerksamkeit bedarf.

In der Ehe werden die Menschen eins vor Gott, wie Christus mit seiner Kirche eins wird. In diesem Raum gibt Gott den Segen der Fruchtbarkeit und der Möglichkeit zur Zeugung neuen

Lebens. Der Mensch tritt mitschaffend in die Absicht des Schöpfers ein.

Auch Ehe und Familie leiden – das wird keinem Betroffenen entgehen können – unter Anfechtungen. Sehr früh in der Geschichte der Menschheit fallen dunkle Schatten auf die Einzigartigkeit des zueinander Geschaffenseins von Mann und Frau. Der Sündenfall bringt es mit sich, dass das Gebären von Kindern etwas Schmerzhaftes ist. Zudem ist das Verhältnis der Geschlechter seit jeher ein spannungsreiches. Auch wenn beide Geschlechter als Gottes Ebenbild geschaffen sind, liegt – so zeigt die Geschichte der Menschheit – offenbar eine fatale Hierarchisierung sehr nahe. Dass es zu einem «Kampf der Geschlechter» oder gar zum Postulat der «Abschaffung der Geschlechtlichkeit» kommen kann, ist Folge dieser eigenartigen, sündhaften Hierarchisierung.

Die Ehe – darin wiederum besteht die hoffnungsstiftende Perspektive – ist Geschenk des lebendigen Gottes an den als Mann und Frau geschaffenen Menschen. Das Verhältnis von Mann und Frau, von Braut und Bräutigam, wird zum zentralen Bild des Verhältnisses von Gott zu seinem Volk. Nicht die Ehe ist Vorbild für das Verhältnis von Christus zu seiner Gemeinde, sondern umgekehrt: Die Ehe leitet sich vom Verhältnis des Sohnes zur Gemeinde ab. Darin ist sie aufgehoben. Ehe ist damit nicht nur etwas Aufgetragenes und Verpflichtendes, *sondern Abbild von etwas bereits Existentem:* dem unkündbaren Verhältnis von Christus zu seiner (angefochtenen, manchmal rebellischen, ungehorsamen, gebrechlichen, unschönen ...) Brautgemeinde. Nicht ein Gebot leitet in erster Linie das Miteinander der Geschlechter, sondern das Urbild des sich für seine Braut hingebenden Christus.

Tief im Menschen scheint diese Liebe zur ehelichen Verbindlichkeit angelegt zu sein. Ein bemerkenswertes Beispiel soll diesen Abschnitt beschließen: Helga Hengge, weithin bekannte Modejournalistin und erste deutsche Frau, die den Mount Everest erklommen hat, antwortet in einem Interview (Rheinischer Merkur, 1.8.2008) auf die zum Schluss gestellte Frage (Haben Sie mit dem Gipfel des Everest auch den Gipfel Ihrer Wünsche erreicht?) folgendermaßen: «Nein, damals war ich Single, ich wünschte mir eine Familie. Aber das zu erreichen ist viel schwieriger als so mancher Berggipfel.»

3.4 Arbeit und Beruf

«Vorfahrt hat, was Arbeit schafft.» Arbeit und Beruf haben fundamentale Bedeutung in unserer Gesellschaft. Arbeit begegnet uns in der Bibel bereits beim ersten Menschen. Adam, noch im Paradies, soll den Garten Eden «bebauen und bewahren». «Im Schweiße deines Angesichts» geht es für den Menschen nach dem Sündenfall weiter. Arbeit wird – nach dem Sündenfall – «ein Mandat göttlicher Zucht und Gnade» (Bonhoeffer, S. 71). Unter diesem Mandat steht alles, was mit Beruf, Wirtschaft, Bildungswesen, Gesundheitswesen, Wissenschaft und Kunst zu tun hat.

Die menschliche Arbeit besitzt aus biblischer Sicht eine einzigartige Würde: Sie ist die «Fortführung der schöpferischen Arbeit Gottes» (Burkhardt, S. 167). Arbeit ist Dienst an Christus im Sinne von Mithilfe in der Erschaffung, Erhaltung und Ausrichtung dieser Welt, die in Christus geschaffen, erhalten und zum Ziel geführt wird. Durch das göttliche Mandat der Arbeit soll und darf eine Welt entstehen, die auf Christus wartet und auf ihn ausgerichtet ist, offen ist für ihn und ihm zuerst und zuletzt – in der Verherrlichung Gottes – dient.

Arbeit kennt wie das Individuum und der Mandatsbereich Ehe/Familie Anfechtung. Die ausgesprochen positive Sicht menschlicher Arbeit wird getrübt durch «das tief in die menschliche Geschichte eingreifende Ereignis des Sündenfalles» (Burkhardt, S. 167). Herrschaft im Sinne von Haushalterschaft wird zu Herrschaft im Sinne von: Sein wollen wie Gott. Das missbilligt Gott nachdrücklich: «Verflucht sei der Acker um deinetwillen, mit Mühe sollst du dich nähren dein Leben lang» (1. Mose 3,17). «Dornen und Disteln» machen das Bebauen und Bewahren mühevoll. Der Widerstand gegen die Welt der Arbeit wird

3. Die fünf entscheidenden Bewährungsfelder des christlichen Glaubens

nachvollziehbar, das immer wiederkehrende Postulat nach mehr Entlohnung – sozusagen als Wiedergutmachung – verständlich.

Bereits im Alten Testament leuchten Hoffnungsspuren auf: Für Arbeit ist ein angemessener Lohn vorgesehen (5. Mose 24,14). Der Psalmist betet zuversichtlich und glaubensvoll: «Der Herr, unser Gott, sei uns freundlich und fördere/stärke das Werk unserer Hände» (Ps. 90,17). Das Neue Testament fährt fort, die Arbeit und den Arbeiter zu würdigen. Jesus selber hat ein Handwerk gelernt und ausgeübt (Mark. 6,3). Die Würde der Arbeit besteht darin, «sie für den himmlischen Herrn zu tun» (Eph. 6,5–8). Arbeit betont damit den «himmlischen» Charakter, was heißen soll, dass sie eben gerade nicht nur ein mühevolles Übel innerhalb einer gefallenen Welt ist.

In verschiedenen Gleichnissen Jesu wird eine hohe Wertschätzung der Arbeit ersichtlich. So wird in Luk. 5,10 die bruchlose Parallele zwischen Fische fangen und Menschen fischen gezogen. Oder: «Bittet den Herrn der Ernte, dass er Arbeiter sende in seine Ernte» (Matth. 9,37). Arbeit ist nicht etwas, das außerhalb der eigentlichen Wirklichkeit liegt, sozusagen als üble Pflicht. Vielmehr ist sie *integriertes Kernmerkmal menschlicher Existenz*. Was die Konkretion betrifft, nimmt die Bibel kein Blatt vor den Mund. Treue im Kleinen, die Erfüllung der häuslichen Pflicht vor der Übernahme weiterer Verantwortungen oder Behutsamkeit in der Pflichterfüllung sind unüberhörbare Anweisung im Alten und Neuen Testament. In besonderer Weise eindeutig wird die Stellung gegenüber Vorgesetzten proklamiert (etwa Eph. 6,5).

Schlussfolgerung: Analog zu einer Liebe zur Ehe gibt es eine Liebe zur Arbeit. Beides ist mitschöpferisches Tun an der Seite Gottes. Damit steht es unter einer einzigartigen Verheißung.

3.4 Staat

Von keiner gesellschaftlichen Instanz wird heute derart viel erwartet wie vom Staat: Sicherheit, Freiheit, Arbeitsplatzgarantie, soziale Absicherung, Wohlbefinden und vieles andere mehr sind nur Beispiele, an denen sich die Wucht der Ansprüche zeigt. *Gleichzeitig* fällt allerdings auch auf, wie wenig in dieser Welt, aber auch unter Christen, systematisch bedacht wird, was der Staat überhaupt ist, was er leisten kann und wozu er grundsätzlich *nicht* imstande ist bzw. gar nicht imstande sein darf.

Aus drei Gründen ist es insbesondere für Christen Pflicht, sich grundlegenden Fragen ihres Staatsverständnisses zu stellen: Erstens weil die im Westen gewählte Staatsform der Demokratie ihr Wurzelgeflecht im Wesentlichen dem Christentum verdankt, zweitens weil auch Christen Staatsbürger sind, die ihre Rolle gut (oder eben weniger gut) spielen, und drittens weil unsere mitteleuropäischen Staaten in großen Umbruchzeiten stehen.

Der Begriff des Staates ist dem Neuen Testament zunächst fremd. Neutestamentlich ist der Begriff der Obrigkeit im Sinne der Regierungsautorität innerhalb eines gesellschaftlichen Ganzen vorrangig. Obrigkeit, so Bonhoeffer («Ethik», S. 259), ist «von Gott geordnete Vollmacht, weltliche Herrschaft in göttlicher Autorität auszuüben». Obrigkeit ordnet das Gemeinwesen. Mindestens fünf neutestamentliche Texte geben allerdings bedeutende Hinweise, worum es beim Staat geht. Es sind dies die Texte Joh. 18,28–19,16; Röm. 13,1–7; 1. Tim. 2,1–2; Titus 3,1–3; 1. Petr. 2,11–17.

In *Joh. 18 und 19* geht es um die sehr herausfordernde Gesprächssituation zwischen Jesus, den religiösen Führern und dem Vertreter der politischen Macht. Jesus stellt sich zum einen unzweideutig zur weltlichen Macht. Zum andern stellt er unmissverständlich klar: «Mein Reich ist nicht von dieser Welt.» Pilatus als Vertreter der politischen Macht kann nur staunen: «Welch ein Mensch» (Joh. 19,5). *Röm. 13,1–7* klärt, welche Stellung der Obrigkeit bzw. den Regierungsinstanzen des Staates gegenüber angebracht ist (insbesondere Respekt), welche Aufgabe dem Staat zukommt (insbesondere Schutz) und was vom Staatsbürger erwartet werden darf (insbesondere das Gute tun). In den drei weiteren Texten aus dem *Timotheus-*, dem *Titus-* und dem *1. Petrusbrief* werden u. a. die Wichtigkeit des Gebetes (bittet, dankt und fleht), unsere Grundhaltung (insbesondere Hinordnung zum Staat und Bereitschaft, Gutes zu tun) und die Gottesfurcht bzw. die Achtung den politischen Verantwortungsträgern gegenüber hervorgehoben.

Den Staat geringzuschätzen oder nur als stellenweise notwendiges Übel zu betrachten, wäre diesen Texten zufolge verantwortungslos. Der Staat hat im Zusammenhang mit den andern Mandatsbereichen unverzichtbare Bedeutung.

Der heutige Papst Benedikt XVI. bzw. der damalige Kardinal Ratzinger benennt drei Grundgefährdungen der Demokratie (Joseph Kardinal Ratzinger: Christliche Orientierung in der pluralistischen Demokratie. Über die Unverzichtbarkeit des Christentums in der modernen Gesellschaft; in: Lobkowicz 1985): Erstens das Vertrauen in die Strukturen statt in die ethischen Anstrengungen des Menschen. Zweitens den Ersatz von Moral durch Wissenschaft und Technik. Und drittens die Zerstörung der Transzendenz.

Entlang dieser Strömungen ergeben sich drei akute Grundanfechtungen: *Zum Ersten* ist es die Selbstverherrlichung bzw. die Selbstverabsolutierung und – etwas weniger spektakulär – die Selbstüberhebung des Staates, die es zu erkennen gilt. Mit der Absicht, genau hier vorzubeugen, ist das deutsche Grundgesetz insbesondere mit seinen ersten 19 Artikeln erstellt worden. In diesen Bereich hinein gehört weiter die Achtung der Weltanschauungsneutralität staatlicher Mandatsträger. Es ist selbstverständlich, dass der Staat nicht «werteneutral» sein kann und soll (die Werte sind in der Bundesverfassung bzw. dem Grundgesetz festgehalten). Die in den westlichen Demokratien grundgelegte Werteposition jedoch verpflichtet den Staat zu konsequenter *Weltanschauungsneutralität*. Beispiel: Es kann nicht sein, dass bestimmte Anschauungen religiöser oder säkularer Herkunft von politischen Mandatsträgern öffentlich diffamiert werden (Beispiel: Christival 2008).

Die zweite Anfechtung betrifft die Verwässerung von konstitutiven Grundwerten (z. B. die Würde des Menschen) und eine gleichzeitige Vergesetzlichung des alltäglichen Lebens bzw. der äußeren, scheinbar quantifizierbaren Wirklichkeit. Die Rede ist dann von der Überregulierung des öffentlichen Lebens. Ergebnis: Die Bundesrepublik ist «politisch besonders ausgenüchtert, ein bauhausmäßig schmuckloser und funktionaler Staat» (DIE ZEIT, 31.8.2008).

Eine *dritte Grundgefährdung* schließlich betrifft den Umgang der Öffentlichkeit mit dem politischen Verantwortungsträger. Dazu gehört zum einen die schamlose mediale Entprivatisierung intimster Lebensbereiche eines politischen Mandatsträgers, zum andern die Wucht messerscharfer Kritik gekoppelt mit gleichzeitigem Verzicht auf minimale Wertschätzung bei Enttäuschungen von Erwartungen.

Die Obrigkeit hat den Auftrag, die Welt – nicht nur die christliche Welt – mit ihren von Gott gegebenen Ordnungen zu erhalten. Dies tut der Staat als *regulative Macht*, im Unterschied zur konstitutiven Macht aus dem sog. vorpolitischen Raum. Diese regulative Macht ist dazu da, die geschaffene Wirklichkeit in ihrer Ordnung und Freiheit zu erhalten und den Mandatsbereichen Individuum, Ehe und Familie, Arbeit und Beruf sowie Kirche bzw. Gemeinde *ihren gesellschafts- und staatstragenden, konstituierenden Beitrag zu ermöglichen*. Der Staat tut das im Wissen, hierin selber nicht werteschaffend sein zu können (das wäre das ihm nicht zustehende konstitutive Moment). Politische Macht hat in diesem Sinne zuallererst den vorpolitischen Raum zu sichern und dort evangeliumsgemäßes Leben zu ermöglichen und dieses zu fördern. Im Einzelnen heißt dies für Staat und Politik,

- das Individuum in seiner unantastbaren Würde zu achten und zu schützen;
- Ehe und Familie als Ort, an dem es zu neuem Leben kommt und an dem Leben geprägt wird, zu schützen, zu bewahren und zu stützen;

- Arbeit als Ort, an dem die Welt der Werte zum Erhalt der Schöpfung geschaffen wird, wertzuschätzen; und
- der Kirche bzw. Gemeinde, durch die und in der die letzte Wirklichkeit in die vorletzte Wirklichkeit hineingesprochen und damit Orientierung und letztgültige Ordnung gegeben wird, einen privilegierten Ort einzuräumen.

Was ist speziell der Auftrag der Kirche? Gemeinde und Kirche haben zunächst – explizit als «vor-politische» Macht im Staat – daran zu erinnern und zu genanntem Auftrag von Staat und Politik zu mahnen. Kirche und Gemeinde ist *nicht politisch, sondern vor-politisch*. Kirche und Gemeinde ist wie Ehe und Familie oder Arbeit und Beruf konstitutiv und muss sich auf die regulative Macht des Staates verlassen können bzw. sich hier enthalten. Im Weiteren hat die Kirche den Auftrag, so Bonhoeffer (S. 271), alle Welt unter die Herrschaft Jesu Christi zu rufen. Sie spricht den Menschen, auch den politischen Verantwortungsträgern, zu, wer sie sind. Nicht christliche Politik zu betreiben kann ihr Ziel sein, sondern die Anmahnung der Gewährleistung des Schutzes der christlichen Verkündigung und des christlichen Lebens im Gehorsam gegen Christus. Dem Staat bzw. dem Staatswesen wird der größte Dienst getan,

- wenn Kirche und Gemeinde in aller Unvollkommenheit ihre ureigenen Wertvorstellungen leben;
- wenn christliches Zeugnis und Leben öffentlich wahrnehmbar gelebt und profiliert eingebracht wird;
- wenn Elementarbestandteile des christlichen Lebens wie Wahrheit und Liebe etwa in Form von Wertschätzung und Vergebungsbereitschaft auch gegenüber politischen Verantwortungsträgern aktiv gelebt werden; und
- wenn in der christlichen Öffentlichkeit unmissverständlich klar wird, wie bedeutungsvoll Christsein für die Politik ist, auch wenn nur ein Bruchteil der Christen aktiv Politik betreibt oder betreiben kann.

Kardinal Ratzinger betonte in diesem Zusammenhang den Wert, privat und öffentlich vom Guten zu reden. Das Gute und nicht nur das Problematische muss Inhalt des politischen wie auch des vor-politischen Raumes sein.

Zusammengefasst: Es gibt einen sog. politischen und einen sog. vor-politischen Raum. Beide Räume sind um jeden Preis zu unterscheiden. Diese Unterscheidung erlaubt es, das unverzichtbare aufeinander Bezogensein zu entdecken und zu leben. Das öffentliche Bekenntnis des für wahr Gehaltenen, das Zeugen und Erziehen von Kindern, das Hervorbringen von Werten in Wirtschaft, Wissenschaft, Bildung und Kunst sind jenes konstitutive Element, ohne das ein an den regulativen Auftrag gebundener Staat nicht lebensfähig ist. Wo dies übersehen bzw. gering geachtet wird, kommt es zu einer dem Abendland fremden Verwischung von Religion und Staat.

Teil V:
Gemeinde als Antwort Gottes auf die Herausforderungen der Zeit

(Oder: Fünf Schlüsselfelder, in denen Zukunft Gestalt gewinnt)

Teil V ▪ Fünf Schlüsselfelder, in denen Zukunft Gestalt gewinnt 243

Die Antwort auf die vielseitigen und offenkundigen Anfragen unserer modern-postmodernen Welt ist die Gemeinde Jesu. Das Beste, das wir tun können: Jesus selber die Gelegenheit geben, seine Gemeinde innerhalb von je originalen und einmaligen Umständen zu bauen. Die einzige wirklich relevante Fragestellung besteht in der Frage nach *unserem* Beitrag, wenn *Er* seine Gemeinde baut. Wir sehen angesichts des in vorangegangenen Teilen und Kapiteln beschriebenen Geländes, in dem sich Gemeinde bewegt und bewegen muss, fünf Bereiche, in denen es fundamental auf uns als Christen ankommen wird. Es sind gleichzeitig die elementaren Felder des Lernens. Die Felder sind:

- die *Vision* bzw. das Bild von dem, wie Gott seine Gemeinde baut und sein Werk in dieser Welt – wir beschränken uns hier auf die mitteleuropäische Welt – vorantreibt. Wir sollten nicht ohne Vision sein, denn ohne Vision, d. h. ohne ein Bild von einer kommenden Welt und Gesellschaft, kann es kaum zu einem qualifizierten Beitrag der Christen in dieser Welt kommen.
- die *Art und Weise*, in der wir in dieser Welt dienen. Nicht unser Tun, unser Können, unsere Programmgestaltung, sondern unsere Gesinnung ist der Schlüssel, den Herausforderungen dieser Welt zu begegnen. Nicht auf unser Können wird es primär ankommen, sondern auf die reflektierte Gesinnung, in der alles Können, alles Tun, alles Know-how und alle Kompetenz wurzeln.
- die *Qualitätsmerkmale* der Orte und Räume, an denen wir sind und wirken. Diese Orte sind Orte der Hoffnung, der Wahrheit und der Barmherzigkeit. An diesen Orten wird etwas von dem anschaubar und wird etwas von dem gelebt, was für eine künftige Welt notwendig ist.
- die Zuspitzung unseres Unterwegsseins in Form von *Herzensuniversitäten*. Wo Christen sind, ereignet sich Bildung, die

vom Herzen her kommt; eine Bildung, die das Ganze unseres Lebens betrifft und die auf die existenziellen Dimensionen der uns umgebenden Menschen zielt.
- das Wissen, dass *das Schönste noch kommt*. Wir leben in einer vorläufigen Welt und dürfen zu dieser Vorläufigkeit stehen. Die eigentliche, letzte und herrliche Welt steht uns noch bevor.

Damit ist der Rahmen dessen, was wir als Menschen und Christen leisten können, abgesteckt. In diesem Rahmen muss es und wird es zu Antworten auf die Herausforderungen einer immer schneller und komplexer werdenden, einer von zentrifugalen Kräften, von Mangelszenarien, von zunehmender Sexualisierung und postmodernem Denken gekennzeichneten und einer sich von Esoterik, Islam und neu aufflammenden Atheismusdebatten bedroht fühlenden Welt kommen.

1. Nicht ohne eine Vision

Wer nicht sieht oder weiß, worauf er zuläuft, kann seine Geschwindigkeit verdoppeln oder vervierfachen, erhöht dadurch aber nicht die Wahrscheinlichkeit, das Rechte zu tun und das Ziel zu erreichen. Vision zeigt das Bild der Zukunft. Es ist wie eine Photographie der Wirklichkeit in 5, 10 oder 20 Jahren. Diese gibt unserem Gang und Lauf die Richtung. Das Bild richtet aus und erzeugt höchste Aufmerksamkeit.

Es ist unübertrefflich spannend und aufregend zugleich, zu erkennen, *welches Bild Gott* von seinem Volk und für sein Volk und damit exemplarisch für die Welt hat. Es ist Gnade, dass Gott gerade in bedrohten Zeiten seinem Volk Bilder vor Augen malt, die ihm helfen, Schmerz und Verzweiflung angesichts der Umstände zu überwinden. Musterbeispiel dafür ist das Bild vom Land, in dem Milch und Honig fließen. Ohne dieses Bild mit dem inneren Auge zu schauen, wäre das Volk Israel entweder entmutigt in der Wüste zugrunde gegangen oder aber mit letzter Kraft nach Ägypten zurückgekehrt.

Propheten des Alten Testaments sind explizit Menschen, die etwas schauen und diese Schau – oder eben Vision – dem Volk mitteilen und so ihren Weg in eine bestimmte Richtung lenken. Von Jesaja steht, dass er eine «Schauung» hatte (Jes. 1,1 nach der neuen Zürcher Übersetzung). Inmitten der Wirrnisse seiner Zeit «schaut er das Wort» (2,1) und sieht nicht nur Ereignisse wie beispielsweise die zum Berg Zion strömenden und den Krieg nicht mehr erlernenden Völker (Jes. 2,2–6), sondern die Person Jesus, die als Lamm Gottes die Sünde dieser Welt trägt; die Person Jesus, auf der der Geist Gottes ruht und die den Gefangenen Freiheit verkündet, den gebrochenen Herzen Heilung zuspricht, Traurige tröstet und «ein Jahr der Gnade» ausruft.

800 Jahre nach dieser «Schauung» findet sich Jesus genau in dieser Vision wieder. Es war *seine* Vision. Nach der Situation nämlich, in der ihm der Teufel eine Scheinwelt vorgegaukelt hat, «kam er zurück nach Nazareth, wo er aufgewachsen war». Gewohnheitsmäßig ging er am Sabbat in die Synagoge, wo man ihm das Buch des Propheten Jesaja reichte. Jesus las die Stelle aus Jes. 61,1–3: «Der Geist des Herrn ruht auf mir, weil er mich gesalbt hat, Armen das Evangelium zu verkündigen. Er hat mich gesandt, Gefangenen Freiheit und gebrochenen Herzen Heilung zu verkündigen, Geknechtete in die Freiheit zu entlassen, und zu verkünden ein Gnadenjahr des Herrn.» Als Jesus fertig gelesen hatte, «sahen alle Augen auf ihn». Er fing an zu reden und sagte: «Heute ist dieses Wort der Schrift, das ihr eben gehört habt, erfüllt» (Luk. 4,16–21).

Jesus *sieht* sich und findet sich in diesem Jesaja-Wort wieder. Dieses Wort war seine Vision – die Vision für sein Leben und Wirken. Nicht mehr die Geschlagenheit, Heillosigkeit, Sündhaftigkeit und Gefangenschaft der Menschen und des Volkes Gottes steht an erster Stelle, sondern das, was jetzt, durch die Ankunft Jesu, möglich wird: dass Armen das Evangelium verkündet wird, dass Gefangenen Freiheit und Menschen mit gebrochenem Herzen Heilung zugesprochen wird, dass Geknechtete in die Freiheit entlassen werden und dass sich ein *Gnadenjahr des Herrn* anbahnt. Das ist Neuland, genauso wie das Land, in dem Milch und Honig fließen, für das alte Volk Israel Neuland – neues, noch einzunehmendes Land – war.

Wenn wir zu Beginn des 21. Jahrhunderts die vergangenen 60 Jahre und mit ihnen alles Gelungene und Misslungene vor Augen haben, wenn wir sehen, welche Kräfte und Dynamiken sichtbar und unsichtbar an unterschiedlichster Stelle mit unterschiedlichsten Folgen wirken, und wenn wir sehen, welche Szenarien sich uns in den kommenden 10, 20 oder mehr Jahren eröffnen, dann ist nichts so naheliegend und dringend wie die Suche nach einer Vision als inneres Bild, das uns in aller momentanen Ohnmacht und Anfechtung vor Augen stellt, was heute noch nicht ist, aber morgen sein kann.

1. Nicht ohne eine Vision

Martin Luther King hatte am 28. August 1968 ein solch ausrichtendes Bild vor Augen. Er beschrieb, was eines Tages Wirklichkeit sein wird. Sein Traum – seine Vision – bündelte Kräfte. Dass ziemlich genau 40 Jahre später ein Afroamerikaner Präsident der USA wird, hat mit der Kraft zu tun, die in einer Vision steckt. Auszüge aus dieser Vision «I have a dream»: M. L. King sah, *«dass eines Tages auf den roten Hügeln von Georgia die Söhne früherer Sklaven und die Söhne früherer Sklavenhalter miteinander am Tisch der Brüderlichkeit sitzen können»*. Er sah, *«dass seine vier kleinen Kinder eines Tages in einer Nation leben, in der sie nicht nach der Farbe ihrer Haut, sondern nach dem Gehalt ihrer Gesinnung beurteilt werden»*. Er sah, *«dass sich eines Tages selbst der Staat Mississippi, ein Staat, der in der Hitze der Ungerechtigkeit und Unterdrückung verschmachtet, in eine Oase der Gerechtigkeit verwandelt»*. Er sah, *«dass wir eines Tages frei sein werden»*.

Uns ist klar: Es gibt Menschen, die sich mit dem Begriff Vision aufgrund unterschiedlichster Erfahrungen und Beobachtungen schwertun und den Begriff eigentlich nicht mehr hören mögen. Umso mehr sollten wir uns gegenseitig helfen, ein angemessenes Verständnis zu gewinnen. Denn ohne Vision verwildern wir (Spr. 29,18). Ohne Vision steigen wir aus und verlieren die Orientierung auf unserem Weg. Wir kündigen der Zukunft. Letztere kann dann ohne uns stattfinden.

Die Vision ist Photographie der Zukunft. Sie ist Bild, das eines Tages Wirklichkeit sein wird und das uns im heutigen Tun, Entscheiden und Planen ausrichtet und damit Hoffnung gibt. Für das, was wir sehen, investieren wir Kraft und Zeit. Vision ist das, was wir jetzt bloß vor unserem inneren Auge sehen, was wir aber eines Tages vor unseren äußeren Augen konkret, anschaubar, erlebbar sehen werden – so wie Jesus gesehen hat, wie Arme das Evangelium hören, Gebundene frei werden und ein Gnadenjahr anbricht. Vision ist das erstrebenswerte, motivierende Bild der Zukunft. Vision ist Traum von morgen angesichts des Schmerzes von heute.

Testfragen an die Vision sind: Ist die Vision kurz und einprägsam? Bin ich bereit, für die Vision zu leiden? Weckt die Vision Sehnsucht, sich zu beteiligen? Weckt die Vision Hoffnung für die kommenden Jahre? Entspricht die Vision dem Reich Gottes? Gilt die Vision nicht nur bei Schönwetterprogrammen, sondern gibt sie Ausrichtung und Wegweisung auch in heikelsten Fragen und schwierigsten persönlichen, gemeindlichen und gesellschaftlichen Situationen? Fordert die Vision heraus und lässt sie alltägliche Details klein werden? Lässt sie jeden Beteiligten an etwas Großem teilhaben? Gibt die Vision Kriterien, Mitstreiter auszuwählen? Atmet sie Weite und erwärmt sie das Herz? Spendet sie Kraft? Eine Vision ist nur dann eine Vision, wenn sie diesen Kriterien entspricht. Die Erfüllung solcher Kriterien überwindet alle Visionsmüdigkeit.

Begriffe aus dem Umfeld von Vision sind:

- *Leitbild:* Es beantwortet die Frage, welches Teilbild an einem konkreten Ort in einem konkreten Bereich (z. B. Jugendarbeit, Hauskreise) Entscheiden, Planen und Handeln leiten und steuern soll. Das Leitbild ist die ausformulierte Beschreibung einer Vision angesichts konkreter Umstände für eine bestimmte Gruppe von Menschen. Jedes Leitbild bedarf einer Vision.
- *Kernauftrag:* Er beantwortet die Frage, auf welche Bedürftigkeit mit welchem Produkt angesichts der Vision reagiert wird. Es gibt z. B. den in der Vision gründenden Kernauftrag einer Gemeindeleitung oder einer Seniorenarbeit. Die Vision geht vom Zukunftsbild aus, der Kernauftrag primär von den konkreten Bedürftigkeiten und dem «Produkt», das andere nutzen sollen.
- *Strategie:* Strategie ist die Logik, wie die Vision (oder Teile der Vision) Wirklichkeit werden. Strategie beantwortet die Frage, in welchen Schritten sich die Vision oder Teile davon ihrer Verwirklichung nähern sollen. Angestrebte Ziele und gewähltes Vorgehen sind Teil einer Strategie.
- *Ziele:* Ziele sind Meilensteine in der Umsetzung einer Strategie. Sie beantworten die Frage, was messbar, überprüfbar und realistisch Schritt für Schritt angestrebt werden soll. Es macht Sinn, nicht für die Vision als Ganzes, aber für damit zusammenhängende Teilbereiche Ziele zu formulieren.

1. Nicht ohne eine Vision

- *Maßnahmen:* Maßnahmen helfen, Ziele und Teilziele Schritt für Schritt zu erreichen. Je nach Ziel und Rahmenbedingungen werden Maßnahmen gewählt, die vor dem Hintergrund der Vision eine optimale Zielerreichung garantieren. Bei jeder Vision sind Maßnahmen notwendig, die helfen, dass die Vision zum Leben kommt.
- *Projekte:* Projekte sind der Vision verpflichtet und greifen Aspekte davon auf. Sie helfen bei der Verwirklichung solcher Teilaspekte und definieren sich u. a. durch Strategien, Ziele, Pläne, Mitarbeiterauswahl, Maßnahmen, Handlungen, Führung, Überprüfung.
- *Evaluation:* Innerhalb der Evaluation wird überprüft, inwieweit sich Vision bereits verwirklicht hat und inwiefern Ziele und Projekte erfolgreich oder eben nicht erfolgreich umgesetzt worden sind.

Im Tiefsten ist Vision Anschauung der Wirklichkeit Gottes innerhalb bestimmter Umstände. Vision ist deshalb kein «To-do», sondern zuerst Zuspruch. Sie ist ein Aufzeigen – «Anschauungsunterricht» im besten Sinne des Wortes – von dem, was Gott tun kann und tun wird. Sie ist es, die die Kraft hat, der äußerlich sichtbaren Wirklichkeit ein anderes Gesicht und Gepräge zu geben. Sie ist Hoffnungstank in einer Welt, deren Hoffnungspfeiler an verschiedenen Stellen ins Wanken geraten sind.

In diesem Sinne visionär unterwegs zu sein ist anspruchsvoll und ausgesprochen herausfordernd. Vision ist zerbrechlich. Sie bedarf der andauernden Pflege in allen Rückschlägen, des Gesprächs angesichts aller Widerstände und der Thematisierung von Scheitern in unüberwindbaren Notsituationen. Wo diese Pflege, dieses Gespräch und diese Thematisierung fehlen, erkaltet Vision.

Uns als Chrischonabewegung hat die Vision von Jes. 61,1–3 elementar geholfen. Jesaja spricht von einer Pflanzung bzw. einem Garten und damit von einem Lebensraum, in den hinein Gott spricht und in dem Gott handelt. Dieser Lebensraum ist nach Jes. 61 angesichts des verheißenen Gnadenjahres Raum der Gnade, in dem durch begnadete Menschen eine Kultur der

Gnade gelebt und praktiziert wird. Mitwirkende Menschen sind – in Analogie zu Jes. 61,3 – Gärtner. Sie sorgen für gute Wachstumsbedingungen im Hinblick auf das, was sie vor ihren inneren Augen jetzt schon für die Zeit in 5, 10, 20 oder mehr Jahren sehen. Aus diesem Sehen heraus laufen sie – immer vor dem Hintergrund der Gnade – zu Höchstleistung auf, nicht zuletzt im Rahmen von Projekten mit Strategien, definierten Zielen, ausgewählten Personen, beschlossenen Maßnahmen und systematischer Erfolgsprüfung.

Wir trauen einer Vision viel zu. Im Spannungsverhältnis von Not und immer wieder scheiternder Bewältigung dieser Not ist sie Schlüssel. Not vermag zwar auch Vision zu erdrücken, aber dort, wo Vision wie eine Pflanze den Teer einer Straße durchbricht, wird aufleuchten, wozu Vision imstande ist. Sie ignoriert Not nicht und macht Not nicht kleiner, als sie ist. Vielmehr lässt sie Not – in der christlichen Gemeinde genauso wie an Schulen, im Rathaus, in der Firma, im Krankenhaus, am Spielplatz, in der Nachbarschaft – in gänzlich anderem Licht erscheinen und relativiert ihre Macht im besten Sinne des Wortes. Zuletzt gilt: Nicht die Vision für die vorletzte, sondern die Vision für die letzte, ewige Wirklichkeit hat im Tiefsten Gewicht. Diese zu kennen ist Vorrecht derer, die Jesus kennen und sein Kommen lieben.

2. Die rechte Gesinnung als Schlüssel zur Weltveränderung

Leistung beherrscht die westliche Welt. Das Tun, die Aktivität, das umzusetzende Projekt, die zu treffenden Maßnahmen fesseln unser Denken. Wir glauben zu Recht, dass besseres Tun und bessere Programme uns wesentlich helfen. Dabei darf uns allerdings nicht die Tatsache entgehen, dass alles Tun und alle Aktion einen Wurzelboden hat und braucht. Wir nennen diesen Wurzelboden Gesinnung und meinen damit die menschliche Grundhaltung und die Prägung, die einen Menschen charakterisiert, wenn er redet, handelt und entscheidet. Zwar bestreiten wir die Notwendigkeit einer Gesinnung in der Regel nicht, investieren unsere Hauptenergie jedoch lieber in die Verbesserung unseres Tuns als in die Veränderung unserer Gesinnung. Wer Gesinnung missachtet, fällt über kurz oder lang buchstäblich ins Bodenlose.

Wir sehen gerade angesichts der möglichen Szenarien innerhalb der kommenden Jahre und Jahrzehnte (Beispiel: Konfrontation mit dem Islam) die Notwendigkeit einer grundlegenden Reflexion unserer Gesinnung. Dabei stehen uns drei Bereiche bzw. drei Säulen vor Augen. Diese wiederum sind in der bereits beschriebenen Grundhaltung der Dienerschaft verankert. Die drei Säulen sind:

- «Königliche Priesterschaft» als Zuspruch
- «Pilger auf dem Weg» als tiefste Identität
- «Lammesnatur» als Kernmerkmal allen Dienens

Wo diese Gesinnung gelebt wird, entstehen Kulturräume, in denen Leben gepflegt und gefördert wird und in denen sich Konfrontatives und Konfliktträchtiges bewältigen lässt. Es sind

Räume, in denen Menschen immer wieder neu königlich ihren Grundauftrag darin sehen, Menschen zu Gott und Gott zu den Menschen zu bringen (das ist ihr priesterlicher Dienst), «im Himmel» und nicht in dieser Welt zu Hause zu sein (das ist Merkmal der Pilgerschaft) und in jener Art und Weise zu leben, die nicht vom Herrschen, sondern von der Hingabe bestimmt ist (das ist die Art des Lammes). Merkmal aller im Folgenden zu erläuternden Begriffe ist ihre Missverständlichkeit und die Tatsache, dass sie belastet sind. Gerade dies kann uns aber nicht davon abhalten, uns für eine Wiedergewinnung dieser Begriffe leidenschaftlich zu engagieren und eine möglichst scharfe Beschreibung zu versuchen.

2.1 Der Zuspruch:
Als sein Volk – eine königliche Priesterschaft

Königlich-priesterliches Sein, Dienen und Handeln ist erstes neu zu gewinnendes Merkmal zukunftsträchtiger Präsenz von Christen in dieser Welt. Kristallisationspunkt dieses Denkens ist das, was der Apostel Petrus den in der Zerstreuung lebenden Menschen in 1. Petr. 2,9 zuruft: «*Ihr aber seid* ein auserwähltes Geschlecht, *eine königliche Priesterschaft,* ein heiliges Volk, das Volk, das er sich zu eigen machte!» Sein Volk zu sein ist das eine, königlich-priesterlicher Mensch zu sein das andere. Letzteres meint – auf den kürzesten Nenner gebracht – *Menschen zu Gott und Gott zu den Menschen zu bringen.*

a) Biblischer Hintergrund

Es gehört zum Unfassbarsten in der Weltgeschichte, dass Gott den Menschen nach dem Fall nicht fallen lässt, sondern neu beginnt, sich ihm – seinem Volk – zuzuwenden und dieses Volk zu sammeln. Das können wir nur verstehen im Sinne des englischen «to understand»: «sich darunterstellen», sich hineingeben und nachempfinden, welch dramatisch-unfassbares Ereignis

2. Die rechte Gesinnung als Schlüssel zur Weltveränderung 253

sich hier nach dem Sündenfall abspielt. Rational ist uns dieses Geschehen nicht zugänglich.

Gott hat sich sein Volk erwählt. Weil darin die Grundlage allen königlich-priesterlichen Dienens besteht, ist diese Tatsache nicht einfach vorauszusetzen, sondern als Grundlage zu beschreiben. Fünf Bibelstellen machen dies stellvertretend deutlich:

In *2. Mose 19,5* lesen wir: «Und nun, wenn ihr willig auf meine Stimme hören und meinen Bund halten werdet, dann sollt ihr aus allen Völkern mein Eigentum sein; denn mir gehört die ganze Erde.» Hosea greift dies auf *(Hos. 2,25):* «Ich habe Erbarmen mit Lo-Ruhama (*Kein Erbarmen*) und zu Lo-Ammi (*Nicht mein Volk*) sage ich: Du bist mein Volk!» Sehr viel später reden im Neuen Testament u. a. Paulus und Petrus vom gleichen Inhalt. Beispiele sind u. a. *Röm. 9,26* und *Tit. 2,14* («Und es wird geschehen an dem Ort, wo ihnen gesagt wurde: Ihr seid nicht mein Volk, dort werden sie Söhne des lebendigen Gottes genannt werden», bzw. «Er hat sich selbst für uns gegeben, damit er uns loskaufte von aller Gesetzlosigkeit und sich selbst ein Eigentumsvolk reinigte, das eifrig sei in guten Werken»). Petrus fügt in *1. Petr. 2,10* hinzu: «Ihr seid die, die einst kein Volk waren, jetzt aber das Volk Gottes sind, die, die einst keine Barmherzigkeit erlangten, jetzt aber Barmherzigkeit erlangt haben.»

In dieses Grundgefüge hinein sprechen die Texte von der königlichen Priesterschaft. Dazu gehören:

2. Mose 19,6: «Und ihr sollt mir ein *Königreich von Priestern* und eine heilige Nation sein.» Diese Worte schienen so bedeutungsvoll zu sein, dass Mose sogleich die Ältesten des Volkes zusammenrief und ihnen «all diese Worte vorlegte, die ihm der Herr geboten hatte» (V. 7).

Röm. 15,15–16: «Ich habe euch aber zum Teil etwas kühn geschrieben, um euch zu erinnern wegen der mir von Gott verliehenen Gnade, ein Diener Christi Jesu zu sein für die Nationen, *der priesterlich am Evangelium Gottes dient,* damit ...» Interessant, dass Paulus seinen Dienst priesterlich versteht.

Hebr. 10,21–22 (vor dem Hintergrund, dass Jesus unser Hohepriester ist): «Auch haben wir nun einen *großen Priester* über *das Haus Gottes.* Lasst uns also hinzutreten mit aufrichtigem Herzen in der Fülle des Glaubens, das Herz gereinigt vom bösen Gewissen und den Leib gewaschen mit reinem Wasser.» Darin liegt die Voraussetzung, priesterlicher Mensch zu sein.

1. Petr. 2,5 und 9: «Erbaut euch *zur heiligen Priesterschaft*, zu opfern geistliche Opfer, die Gott wohlgefällig sind», und: *«Ihr seid (...) die königliche Priesterschaft.»*

Off. 1,6: «*... der aus uns ein Königreich gemacht hat, eine Priesterschaft für Gott, seinen Vater*, ihm sei die Herrlichkeit und die Herrschaft in alle Ewigkeit, Amen.»

Off. 5,9–10: «Und sie singen ein neues Lied und sagen: Du bist würdig, das Buch zu nehmen und seine Siegel zu öffnen; denn du bist geschlachtet worden und hast durch dein Blut Menschen für Gott erkauft aus jedem Stamm und jeder Sprache und jedem Volk und jeder Nation und hast sie unserem Gott *zu einem Königtum und zu Priestern gemacht*, und sie werden über die Erde herrschen!»

Off. 20,6: «Glückselig und heilig, wer teilhat an der ersten Auferstehung! Über diese hat der zweite Tod keine Macht, sondern *sie werden Priester Gottes und des Christus sein und mit ihm herrschen.*»

Die Berufung zum Priester spitzt sich vom Alten Testament her in Jesus selber zu. Er ist der eigentlich priesterliche Mensch, der den beiden Grundaufgaben des Priesters entspricht: Die Welt zu Gott und Gott in die Welt zu bringen. Darin und dabei ereignet sich Versöhnung. In Jesus sehen wir das Urbild des priesterlichen Menschen. Er ist priesterlicher Mensch in königlicher Souveränität.

b) Der priesterliche Dienst des priesterlichen Menschen

Ein Priester steht zwischen Gott und den Menschen. Das hebräische Wort für Priester hat die ursprüngliche Bedeutung von «Stehen» oder «dienend vor Gott stehen». Eine zweite Bedeutung meint, «Gott geweiht» und «heilig» zu sein. Die Salbung im Alten Testament sollte die Aussonderung des Priesters für den Herrn versinnbildlichen.

2. Die rechte Gesinnung als Schlüssel zur Weltveränderung

Was tut der Priester? Die beiden Grundaufträge waren: Vertretung des Volkes vor Gott und Vertretung Gottes vor den Menschen. In Bezug auf die *Vertretung des Volkes vor Gott* oblag den Priestern vor allem der Dienst am Heiligtum, genauer: der Dienst im Heiligen (Tempel) und am Brandopferaltar (im Vorhof des Tempels). Im Heiligen hatten sie das Räucherwerk auf dem Räucheraltar *anzuzünden* und auf dem Brandopferaltar im Tempelvorhof die Opfer *darzubringen*. Ferner war es ihre Pflicht, darüber zu *wachen*, dass das Feuer auf dem Brandopferaltar stets brannte (3. Mose 10,1ff.). Auch die *Reinigung des Heiligtums* und seiner Einrichtungen sowie die Instandhaltung war ihre Aufgabe. In Bezug auf die *Vertretung Gottes vor den Menschen* hatten die Priester in erster Linie das Volk im Gesetz zu *unterweisen* (Lehre als Kundgabe des Elementarwissens, da das Volk sonst verwildern würde) und *schwierige Rechtsfälle zu entscheiden* (u. a. 3. Mose 10,11; 5. Mose 17,8–13; 19,17; 21,5; Mal. 2,7). Im Auftrag des Herrn hatten die Priester das Volk zu *segnen* (4. Mose 6,22–27). Im Kriegsfall sollten sie es zum *festen Vertrauen auf den Herrn ermahnen* (5. Mose 20,2–4).

Wer diesen Tätigkeiten nachspürt, wird sofort den Bezug zum Neuen Testament herstellen. Beispiele: *Sünden zu vergeben* (Mt. 16,19; 18,18; Joh. 20,23 als Stellen, an denen Jesus seinen Jüngern die Vollmacht gibt, in seinem Namen Sünden zu vergeben oder die Vergebung zu verweigern), *zu verkündigen* (Röm. 15,16) oder *ein Opfer darzubringen* (Röm. 12,1; Hebr. 13,15–16 oder Phil. 2,17). Aus den Texten im Alten Testament leuchtet etwas auf vom «Entzünden», von einer Pflege und Sorge um die Heiligkeit Gottes, von Ganzhingabe und von Entscheidungen, die nur in und aus der Nähe Gottes getroffen werden können. Am Rande sei erwähnt, dass der Priesterdienst nie etwas nur Angenehmes war. Die Tätigkeit des Priesters trug etwas in sich, das der normal empfindende Mensch nicht freiwillig wählen würde.

Es ist klar: Was den Opferdienst seit dem Kommen Jesu betrifft, so ist «alles vollbracht». Das einzigartige und einmalige Opfer Jesu genügt. Damit allerdings ist das Priesterliche in der

Welt nicht überflüssig geworden. Es gewinnt eine neuartige Perspektive und bleibt als entscheidende Gesinnungssäule bestehen. Davon legen eine Reihe neutestamentlicher Stellen Zeugnis ab (siehe u. a. Röm. 12,1; 15,16; Phil. 2,17 oder Hebr. 13,15–16).

c) Priesterlich leben

Es ist u. a. Jakob Kroeker, der einen tiefen Einblick in das gibt, was heute «priesterlich leben» meint. Es scheint, als bräuchte das 21. Jahrhundert in besonderer Weise solche Menschen. Hier einige Zitate (aus seinem Büchlein «Allein mit dem Meister»):

Eine «Priesterseele» tut sich dadurch hervor, dass «wir den Vater sehen, bevor wir den Menschen sehen». Hätte der Sohn nicht zuvor den Vater gesehen, er «hätte nie unter uns treten und unseren Jammer sehen können». Er wäre «nur zum Ankläger geworden». Aber «er sah den Vater, bevor er uns sah, und so wurde er zum Heiland und Retter der Welt». Kroeker fährt fort: «Wer die Welt sieht, wie sie ist, ohne zuvor eine Priesterseele geworden zu sein, wird zum (religiösen) Revolutionär.» Und weiter: «Mühselige und Beladene fragen nach Priesterseelen. Nach Priesterseelen, die mehr besitzen als ein Priestergewand, denen man es abfühlt, dass sie in ihrem ganzen Wesen ein Heiligtum sind. Solche Organe und Werkzeuge sucht Gott.» Jene Persönlichkeiten sind etwas Besonderes, deren «Leben durch den Umgang mit Gott zu einem priesterlichen geworden ist. Wahrer Prophetendienst fließt immer aus einer mitleidenden Priesterseele und beginnt mit einem der Welt verborgenen Stehenbleiben vor dem Herrn.» Ein Letztes: Gott wird «Dienst, unendlich viel Dienst haben für alle, die priesterlich lieben und leiden können».

Fazit: Es gibt im Neuen Testament eine Einladung, sein Mensch- und Christsein unter dem Zuspruch und Anspruch eines priesterlichen Dienens und einer Hingabe mit priesterlicher Grundgesinnung zu sehen. Dabei geht es nicht um eine Kulthandlung, sondern um die Hingabe des ganzen Menschen an

2. Die rechte Gesinnung als Schlüssel zur Weltveränderung 257

Gott. Der priesterliche Mensch sieht den glimmenden Docht und entzieht ihm nicht das letzte Öl. Er sieht, so Kroeker, das zerbrochene Rohr und wird es «nicht zertreten, sondern verbinden, pflegen, heilen und mit neuem Leben füllen». Als Jesus die Menschen sah, jammerte es ihn (Matth. 9,36). Dieses Jammern war Ausdruck seiner priesterlichen Seele.

d) Das königliche Element

Ganz im Gegensatz zu möglicherweise gemütsmäßiger Betroffenheit des priesterlichen Menschen steht das königliche Element des priesterlichen Seins. Priesterlicher Dienst hat etwas Königliches an sich. Die Söhne Davids, die in 2. Sam. 8,18 als Priester bezeichnet werden, waren nach 1. Chronik 18,17 «die Ersten an der Seite des Königs». Wo immer Jesus ist, da ist auch das königliche Element – wie in Sacharia angekündigt (Sach. 9,9: «Juble laut, Tochter Zion, jauchze, Tochter Jerusalem! Siehe, *dein König kommt zu dir!*»). Immer war der Priester Jesus auch der König. Dieses Königliche scheint durch, wenn Sünden vergeben, wenn Gefangene befreit, wenn Kranke geheilt, wenn Blinde sehend und wenn Traurige getröstet werden und wenn im Raum der Gnade Wunder geschehen. Wenn Jesus «angetan war mit einem langen Gewand und gegürtet mit einem goldenen Gürtel», dann heißt das nichts anderes, als dass Jesus stets beides war: Priester und König. Das lange Gewand weist hin auf die «Priesterwürde», und der goldene Gürtel deutet auf die «Königswürde» hin (Fritz Rienecker, «Das Schönste kommt noch»; Band II, S. 73). Das königliche Amt tritt vor allem in der Offenbarung zum Vorschein: Jesus ist König. Sein Königtum hat Bestand. Der königliche Charakter ist der Widerspruch zur Unterjochung des Menschen unter sich selber nach dem Sündenfall. Worin besteht die Folge? Die Erlösung macht möglich, dass das priesterliche Dienen – im Unterschied zur Arbeit unter Disteln und Dornen – königliche Züge trägt, auch heute.

2.2 Pilgerschaft

«Ein Tag, der sagt dem andern, mein Leben sei ein Wandern (...) mein Heim ist nicht in dieser Zeit»: So dichtete Gerhard Tersteegen in einem seiner zahlreichen Lieder. In evangelischer wie auch besonders in katholischer Tradition ist Pilgerschaft Bestandteil gelebter Spiritualität. Im katholischen Raum kennen wir die Wallfahrten und entsprechende Wallfahrtsorte. Im evangelischen Raum sind es die Pilgerfahrten etwa nach Taizé, zu Kirchentagen oder, wie Zimmerling in seinem Buch «Evangelische Spiritualität» es darstellt, an die unterschiedlichsten (Pfingst-)Treffen bei Kommunitäten und christlichen Werken.

Pilgerschaft hat tiefe biblische Wurzeln. Sowohl im Alten wie im Neuen Testament spielt das Motiv des Wanderns eine herausragende Rolle. Stellvertretend für das Alte Testament seien der Auszug Abrahams aus Ur in Chaldäa (1. Mose 12,1–3) und der Auszug Israels aus Ägypten (2. Mose 3ff.) erwähnt. Im Neuen Testament haben vor allem das Johannes-Evangelium und der Hebräerbrief «eine Theologie des Weges» entwickelt (siehe Zimmerling, S. 268). Jesus selber ist «der Weg», und zwar der Weg zum Vater, den zu gehen unmöglich ist ohne Jesus (Joh. 14,3–6). Das Unterwegssein ist Kernmerkmal christlicher Existenz. Das unanfechtbare Ziel ist die himmlische Welt Gottes.

Werfen wir nochmals einen Blick in das Alte Testament, entdecken wir vor allem im Buch der Psalmen eine Serie von expliziten «Wallfahrtspsalmen». Die Psalmen 120 bis 134 sind sog. Wallfahrtspsalmen, in gewissem Sinne Pilgerlieder als Lieder für Menschen auf ihrem Pilgerweg. Pilgerschaft hat etwas Selbstverständliches an sich. Mehrere Elemente kennzeichnen u. a. die Wallfahrt bzw. Pilgerschaft in den Psalmen: Zunächst ist es die Freude an der Erinnerung. Es gibt so etwas wie eine «Ernährung» durch die Erinnerung an die Guttaten Gottes im Volk Israel.

Erinnerung hat weder mit Nostalgie noch mit einer Sonderlektion in Geschichte zu tun, sondern mit der Vergewisserung,

2. Die rechte Gesinnung als Schlüssel zur Weltveränderung 259

heute mit dem gleichen guten Gott unterwegs zu sein wie damals die Väter, als Gott sie aus der Sklaverei in Ägypten befreit hat. Erinnerung ist Kraftquelle, die der Gegenwart und der Not des Alltags Flügel verleiht.

Zweitens ist Pilgerschaft von der Klage in der Gegenwart gekennzeichnet. Im Gegensatz zum Jammern hat die Klage eine Adresse: Gott. An ihn richtet sich die Klage und die daraus hervorgehende Bitte: «Wende, oh Herr, unser Geschick!» Insbesondere Ps. 126 redet dann – das wäre ein drittes Merkmal – von den «Hoffnungstränen»: «Die mit Tränen säen, werden mit Jubel ernten, weinend geht hin, der den Saatbeutel trägt, doch mit Jubel kommt heim, wer die Garben trägt» (V. 5–6).

Pilgerschaft hat etwas mit dem Leid zu tun, dass nämlich unter Schmerzen gesät werden muss, wenn es zu einer Ernte kommen soll. Pilgerschaft hebt sich fundamental von allem touristisch anmutenden Unterwegssein ab. Nicht das Betrachten großer Sehenswürdigkeiten, der Genuss der Langsamkeit, das Aussteigen aus einer hochtechnisierten Welt oder die Suche nach Stille stehen im Vordergrund, sondern das Unterwegssein in gegebenenfalls rauer Wirklichkeit auf ein großes Ziel hin: das ewige Zusammensein mit Gott.

Die Wallfahrtspsalmen rufen zu großem Vertrauen in Gott, zum Leben aus der Gnade Gottes (vor allem Ps. 136) und zu realistischer Selbsteinschätzung («Wenn nicht der Herr das Haus baut ...»; Ps. 127). So etwas kann nur einem Pilger als einem Menschen gelingen, der im Himmel verwurzelt und deshalb auf Erden frei ist.

Im Neuen Testament kommt der Begriff der Pilgerschaft explizit wenig vor. Bezeichnenderweise ist es der 1. Petrusbrief, also der Brief speziell an «Fremde in der Zerstreuung», der den Begriff aufgreift. Je nach Übersetzung taucht das deutsche Wort pilgern bzw. Pilger und Pilgerschaft in 1. Petr. 1,17 und 2,11 auf. Das Leben in der Welt gilt als Leben «in der Fremde».

Nur in solchem Selbstverständnis kann sich Entmachtung der irdischen Begierden ereignen. Aus diesem Grund spricht auch der Hebräerbrief vom «wandernden Gottesvolk» (Hebr. 11,10.13.14). Es wird eben nicht sesshaft, bindet sich nicht.

Die Füße auf Erden sollen frei bleiben. Die Verankerung ist in der «letzten», nicht in der «vorletzten» Wirklichkeit. Von dieser letzten Wirklichkeit her, also von der Verwurzelung in der himmlischen Realität, lassen sich das Frei-Sein auf Erden und die Unabhängigkeit von irdischen Dingen einüben und praktizieren.

Was das im Einzelnen heißt, ist besonders gut in den Petrusbriefen ablesbar. Zum einen ist es der Weg, ein heiliges Leben zu führen. Gott ist heilig, und das sollen wir auch sein. Dazu gehört die «geheiligte Freiheit» unter ganz konkreten Umständen. Dazu gehört geheiligter Lebenswandel trotz und in Anfechtung.

Kirchengeschichtlich spannend ist die Nähe des Pietismus zu dem, was mit Pilgern und Pilgerschaft gemeint ist. So etwa kann Zinzendorf betonen, was für Mitglieder der «Gemeinen» gilt (in: Zimmerling, S. 175): Sie sind «Boten als Pilger ihres Heilandes, der schon als Säugling mit seinen Eltern ins Exil nach Ägypten gehen musste». Solches Leben lehrt uns, überall «daheim zu sein, wo wir hinkommen, Hütten machen, aber diese, wenn notwendig, genauso schnell wieder abbrechen». Die Pilgerschaft bedeutet keine Heimatlosigkeit, weil die Boten wissen, dass sie überall in der Welt in der Liebe Jesu «geborgen sind».

In der Zeit nach Zinzendorf (er lebte von 1700 bis 1760) ist es vor allem Christian Friedrich Spittler (1781–1867), dem der Gedanke der Pilgerschaft unaufgebbar wichtig ist. Spittler war gepackt von der Botschaft der Schrift, dass Christen «Gäste, Fremdlinge und Pilgrime auf Erden» sind. Als solche dienen sie ihrem Herrn in Liebe und mit ganzer Hingabe. Ein echter Christ sei ein «Pilgermissionar auf Erden». Das wollte Spittler selber sein. Entsprechend gründete er die «Pilgermission St. Chrischona» bei Basel. Dass sich dort bis heute rund 6000 Menschen «als Pilgermissionare» ausbilden ließen, diese bisher in 107 Ländern Dienst taten und sich zurzeit rund 120 Personen in der Ausbildung befinden, ist erstaunlich. Spittlers «letzter Wille»: «Das teure Evangelium von Jesus Christus, dem Gekreuzigten und Auferstandenen und nun zur Rechten des Vaters Sitzenden», soll von «unsern» Pilgermissionaren «in Demut und in Einfalt des Herzens fort und fort verkündigt werden». Sie sollen «als Licht leuchten». «In solchem Geist ist die Pilgermission gegründet worden, bei solchem Geist hat sie bisher großen Segen gehabt, und wenn solcher Geist bei ihr ferner waltet, so wird sie für alle Zukunft gesegnet sein zum Preise des Herrn und zum Segen vieler Menschen.»

In der Geschichte der Pilgermission ist viel von den «ausgesandten Pilgern» die Rede. Deren Kernauftrag umschreibt Carl Heinrich Rappard als Nachfolger Spittlers in der Leitung der Pilgermission: Es geht darum, «in die Fußstapfen ihres Herrn zu treten». Dieser (Jesus) war im Vater verankert und war deshalb dazu im Stande, die wichtigste Tat in dieser Weltgeschichte zu vollbringen.

Wohl auf die kürzeste Formel hat es der 5. Direktor der Pilgermission, Edgar Schmid, gebracht. Die «Kurzformel für Pilgermissionare» lautet (in: «Wenn Gottes Liebe Kreise zieht. 150 Jahre Pilgermission St. Chrischona», S. 22): «Sich vergessen heißt sich gewinnen.» Und: «Persönlichkeit wird, wer sich selbst vergessen kann.» Das sind Merkmale eines Menschen, der – auch wenn es in dieser heutigen Welt eigenartig klingt – Zukunft hat, um diese ringt und nicht in den vielen scheinbar notwendigen Aktivitäten versinkt, sondern darauf Acht hat, in rechter Gesinnung zu leben.

2.3 Die Lammesnatur als Kernmerkmal unseres Dienens in der Welt

Jesus sendet seine Leute in die Welt, *wie ihn sein Vater gesandt hat* (Joh. 17,18; 20,21). In der Regel neigen wir dazu, diese Aussage Jesu vor allem in jenem Teil ernst zu nehmen, der das Gesandtsein in die Welt betrifft. Weniger Beachtung findet das *Wie* der Sendung, also *die Art und Weise,* in der diese Sendung stattfindet. Diese Art und Weise wird u. a. vom Propheten Jesaja in seinem 53. Kapitel, im sog. Gottesknechtlied, mit dem Begriff des «Lammes» umfasst. In diesem Begriff, den das Johannes-

Evangelium und dann vor allem die Offenbarung aufgreifen, leuchtet ein Zentralkriterium der Art des Dienstes Jesu auf. Inhaltlich wird er u. a. in den Seligpreisungen gefüllt: Selig etwa «der Sanftmütige», denn er «wird das Land besitzen» (Matth. 5,5).

Es liegt auf der Hand, dass der Begriff der Lammesnatur viel Anlass zu Missverständnissen gibt. Wir wissen um den Missbrauch innerhalb der Heiligungsbewegung des 19. Jahrhunderts, wo Heiligung mit dem Hinweis auf die Lammesnatur oft meinte, duldsam zu sein, auf Widerspruch zu verzichten und im Sinne der Lammesnatur zu unnötigen Widerwärtigkeiten Ja zu sagen. Dass der Begriff der Lammesnatur auch innerhalb von Diakonissenschaften teilweise schwer missbraucht worden ist, ist zu bedauern, kann aber 100 Jahre später nicht legitimieren, auf ihn aufgrund des Missbrauchspotenzials zu verzichten.

Wenn wir im Folgenden dem Begriff nachspüren und beabsichtigen, ihn wieder zu gewinnen, dann hat das drei Gründe: Zum einen beinhaltet der Begriff, dass Jesus «uns in die Welt sendet, wie er vom Vater gesandt worden ist» (Joh. 17,18; 20,21), und mit Sicherheit auch die Art und Weise der Sendung im Unterschied zum bloßen Faktum der Sendung. Wir sind *in der gleichen Art*, d. h. der gleichen Gesinnung wie Jesus in diese Welt gesandt (siehe beispielsweise Phil. 2,5, wo unmissverständlich gesagt ist, dass «ein jeglicher gesinnt sei, wie Christus auch war»).

Zum Zweiten ist uns das große «Hochzeitsmahl des Lammes» verheißen (Off. 19,7–9). Es wäre fahrlässig, zu dieser Hochzeit in einer anderen «Natur» anzutreten, als der einladende Bräutigam sie in sich trägt. Wenn das Lamm sich seine Braut schön macht, dann ist damit sicherlich nicht eine äußere, sondern vielmehr eine innere Schönheit gemeint.

Der dritte Grund nährt sich aus der Aktualität des «Kampfes der Kulturen». Die zentrale Frage dort: Mit welchen Waffen, Mitteln und Methoden kämpfen Christen in einer solchen Auseinandersetzung? Innerhalb eines derartigen Feldes drängt sich ein Grundentscheid auf: Entweder kämpfen wir mit den Waffen dieser Welt und damit der potenziellen Feinde, oder es gibt in der Tat eine alternative, andere Art zu kämpfen. Wir meinen, es wäre die richtig verstandene Art des Lammes, wie sie in der Heiligen Schrift beschrieben ist.

a) Der Begriff der Lammesnatur

Im Alten und im Neuen Testament ist an verschiedensten Stellen, schwerpunktmäßig in der Offenbarung, von Jesus als dem Lamm die Rede. Ein erstes Mal taucht der Begriff des Lammes in Jes. 53,7 auf: «Er wurde misshandelt, aber er beugte sich und tat seinen Mund nicht auf *wie das Lamm*, das zur Schlachtung geführt wird, und *wie ein Schaf*, das stumm ist vor seinen Scherern.» Auf dieses Lamm weist später Johannes der Täufer hin (Joh. 1,29): «Siehe, das Lamm Gottes, das die Sünde der Welt trägt.» Interessant in diesem Zusammenhang ist der Umstand, dass der Evangelist Johannes den Begriff Lamm in einer sehr entscheidenden Situation nochmals aufgreift: In Joh. 21,15 gebietet Jesus dem Petrus – nach dessen Versicherung der Liebe dem Auferstandenen gegenüber –, *«seine Lämmer zu weiden»*. Dies wiederum kann nur in «Lammesnatur» geschehen. In Apg. 8,32 ist es dann Philippus, der im Zusammenhang mit dem äthiopischen Hofbeamten, dem Kämmerer, die Rede vom Lamm Gottes aufgreift. Ausgerechnet diese Rede vom Lamm eröffnet den Weg zu Bekehrung und Taufe des Beamten und damit der Äthiopienmission.

Ausführlich ist dann wieder in der Offenbarung vom Lamm die Rede. Hier tritt der Begriff insgesamt 29 Mal auf. Markant sind vor allem ...

1. *Off. 5,6–13:* «Und ich sah *ein Lamm* stehen wie geschlachtet (...) Und es kam und nahm das Buch aus der Rechten dessen, der auf dem Thron saß. Und als es das Buch nahm, fielen die vier lebendigen Wesen und die vierundzwanzig Ältesten nieder vor dem *Lamm* (...) und sie singen: Du bist würdig, das Buch zu nehmen (...) Und ich hörte eine Stimme vieler Engel rings um den Thron, die mit lauter Stimme spra-

chen: Würdig ist das *Lamm*, das geschlachtet ist, zu empfangen Macht und Reichtum und Weisheit und Stärke und Ehre und Herrlichkeit und Lobpreis.»
2. *Off. 7,9–10:* «Und siehe, eine große Volksmenge, die niemand zählen konnte, aus jeder Nation und aus Stämmen und Völkern und Sprachen, stand vor dem Thron und vor dem *Lamm* (…) Und sie rufen mit lauter Stimme und sagen: Das Heil unserem Gott, der auf dem Thron sitzt, und dem *Lamm!*»
3. *Off. 17,14:* «Diese werden mit dem Lamm Krieg führen, und das Lamm wird sie überwinden; denn es ist Herr der Herren und König der Könige.» Höhepunkt ist schließlich …
4. *Off. 19,7–8:* «Lasst uns fröhlich sein und jubeln und ihm die Ehre geben; denn die Hochzeit des *Lammes* ist gekommen, und seine Braut hat sich bereitgemacht. Und ihr wurde gegeben, dass sie sich kleide in feine Leinwand, glänzend, rein; denn die feine Leinwand sind die gerechten Taten der Heiligen …»

Was wird daraus deutlich? Jesus, dem Sohn Gottes, wohnt jene Eigenschaft inne, die sich mit dem Bild des Lammes umschreiben lässt. Nicht als gescheiterter Herrscher, sondern als Lamm vollbringt er die heils- und weltgeschichtlich größte Tat. Wo es um Gott geht, *ist die Lammesnatur die angemessene Art, sich zu verhalten.* Die Seligpreisungen lassen uns die Luft atmen, die vom Lamm ausgeht – immer in großer Zerbrechlichkeit und Angefochtenheit.

Deutlich ist: Lammesnatur hat nichts zu tun und nichts gemeinsam mit so etwas wie Rückzug, Bravheit, Furchtsamkeit, Unauffälligkeit, Konfrontationsfurcht oder Ähnlichem. In Lammesnatur ist der größte Kampf der Weltgeschichte siegreich geführt worden. Besiegt sind Sünde, Tod und Teufel. Der Hinweis auf den Löwen von Juda (Off. 5,5) – eben in Lammesnatur – lässt erahnen, welche Dynamik hier im Spiele ist: Das Lamm ist – für unsere westliche Rationalität kaum nachvollziehbar – König aller Könige.

2. Die rechte Gesinnung als Schlüssel zur Weltveränderung 265

b) Jesus in der Lammesnatur

In den Seligpreisungen beschreibt Jesus, was er und wie er lebt. Nach drei Jahren öffentlicher Wirksamkeit kann Pilatus nur noch ausrufen: «Ecce Homo – was für ein Mensch!» Beispielhaft seien im Hinblick auf diesen Zusammenhang fünf Ereignisse aus dem Leben Jesu wiedergegeben:

- Die Berufung auf das Wort Gottes in der Versuchungsgeschichte (Matth. 4,1–11). Nicht um ihn selber, sondern um den Vater ging es. Und nicht sein Wohlergehen stand im Vordergrund, sondern das ewiggültige, richtig zitierte Wort Gottes.
- Jesus anlässlich der Bergpredigt (Matth. 5–7): Jesus stieg auf den Berg und «*setzte sich* (…) und tat seinen Mund auf und lehrte sie». Dieses sich Setzen ist Ausdruck der Vollmacht des Lehrenden. Äußere Erhabenheit war unnötig. Jesus kam auf Augenhöhe – er wurde ganz Mensch.
- Jesus reitet in Jerusalem nicht auf einem Schlachtross ein, sondern auf einem Esel. Dieser Umstand wurde vom Propheten Sacharia bereits vorausgeschaut (Sach. 9,9: «… Siehe, dein König kommt zu dir […] demütig ist er und reitet auf einem Esel […] er schafft den Völkern Frieden …»).
- Noch im Garten Gethsemane widersteht Jesus der Sprache des Schwertes: Nicht der das Schwert zückende Jünger Jesu, sondern der Knecht, dem das Ohr abgeschlagen wird, erfährt in diesem dramatischen Moment die heilende Zuwendung Jesu. Und an diesem Ort betet Jesus: «*Nicht mein, sondern dein Wille geschehe*» (Matth. 26,39).
- Auch wenn Jesus gekonnt hätte und ihm das zugetraut worden ist: Er steigt bei seiner Kreuzigung nicht vom Kreuz herab. Von diesem Kreuz her, nicht von einem Thron aus, rief er: «Es ist vollbracht!» An diesem Kreuz noch zeigt er einem Verbrecher den Weg ins Paradies.

Jesus lebt in seinem ganzen Leben die Spannung «als Schaf unter den Wölfen». Die Begegnung mit «Wölfen» ist *nicht wöl-*

fisch, sondern in der Art des Lammes, in Lammesnatur. Das Thema der Offenbarung: *Überwindung* geschieht durch das Lamm und ereignet sich in «Lammesnatur». Dass dabei der Geist, der auf Jesus ruht (in Jes. 61,1 angekündigt, in Matth. 12,18–19 bestätigt) die entscheidende Rolle spielt, ist offensichtlich: Der Geist ist jetzt bei der geschundenen Gemeinde – das Lamm thront und hat den Sieg erlangt. In Off. 22,17 «sprechen der Geist und die Braut: Komm!» Es bedarf der Vollmacht durch den Geist, «nicht zu schreien und nicht zu streiten», das geknickte Rohr nicht zu zerbrechen, den glimmenden Docht nicht auszulöschen und dem Recht zum Sieg zu verhelfen. Der Heilige Geist, der Geist Gottes, wird immer diese Farbe und diesen Klang des erniedrigten Jesus in sich tragen und den Menschen lieb machen. So verstehen wir die Stelle, dass Gott in den Schwachen mächtig ist (2. Kor. 12,9) und dass genau diese Schwäche keine Blamage, sondern Sieg bedeutet.

c) In den Fußstapfen des Lammes: Beispiele

Wer diese Gesinnung und diese Art zu denken, zu reden und zu handeln bei Jesus gesehen hat, wird merken, dass sowohl in der Bibel als auch in der Kirchengeschichte unzählbare analoge Beispiele zu finden sind – immer auch als Kontrast zu Beispielen, die genau von gegenteiligem Reden und Handeln berichten, in der Bibel genauso wie in der Kirchengeschichte.

Musterbeispiel im Alten Testament ist David auf der Flucht vor Saul:

Dramatische Geschichte Nr. 1: David ist in der Höhle, als Saul genau in dieser Höhle seine Notdurft verrichtet. David hat – so beschrieben in 1. Sam. 24 und aufgegriffen in mehreren Psalmen – in der Höhle die einzigartige Möglichkeit, seinen lebensgefährlichen Verfolger Saul umzubringen und dem eigenen Herumirren ein Ende zu setzen. Während Saul seine Notdurft in der Höhle, in der sich David aufhält, verrichtet, schneidet jener – er könnte jetzt ohne großen Aufwand mit dem todbringenden Spieß zustoßen – einen Rockzipfel vom Gewand Sauls

2. Die rechte Gesinnung als Schlüssel zur Weltveränderung 267

ab, ohne dass dieser es merkt. Bezeichnenderweise macht sich David aber nicht aus dem Staub (was wiederum falsch verstandene Lammesnatur wäre), sondern stellt sich Saul und konfrontiert ihn mit dem Umstand, dass dieser nicht mehr am Leben sein könnte. Für David war klar (V. 12–14): Seine Hand soll rein sein von Bosheit und Verrat. Das Gericht überlässt David Gott.

Dramatische Geschichte Nr. 2: Eine vergleichbare Geschichte wiederholt sich, als David sich kurz danach nachts in die Zeltstadt Sauls begibt und wiederum nicht tut, was er mit Leichtigkeit hätte tun können (nämlich den Tod seines Erzfeindes Saul herbeiführen; siehe 1. Sam. 26). David praktiziert vorausnehmend Lammesnatur, die nie von königlicher Würde losgelöst ist. Er tut, was menschlich gesehen zutiefst unvernünftig ist: Er setzt sich, wenn und weil es um Gott geht, nicht für sein eigenes (Überlebens-)Interesse ein.

Weitere Beispiele aus dem Alten Testament ließen sich anfügen. Immer wieder geht es darum, dass Gott nicht im Gewaltigen, im Getöse, im Furchterregenden erscheint, sondern im «Säuseln eines leisen Windes» (etwa 1. Kön. 19,12: Nicht im großen starken Wind, der Berge zerreißt, kommt Gott. Auch nicht im Erdbeben und im Feuer, sondern im «Säuseln»). «Eine andere Welt ist nicht nur möglich, sie ist auch schon unterwegs. An stillen Tagen kann ich sie auch schon atmen hören» (so die Inderin Arundhati Roy; zit. nach Claiborne, S. 22).

Im Neuen Testament finden wir analog eine Reihe von Beispielen, die dann, wenn wir Macht und gewaltiges Auftreten erwarten, erstaunen und irritieren. Beispiel: Paulus und Silas befinden sich im Gefängnis von Philippi und singen in Todesgefahr Loblieder (Apg. 16,19–40). Nachdem die beiden die Möglichkeit hätten, aus dem Gefängnis zu entweichen, wenden sich Paulus und Silas dem Gefängniswärter zu, der sich das Leben nehmen will. Erstaunlich ist in der Folge auch bei Paulus, dass er sich nicht galant aus der Affäre zieht und aus dem Staub macht (die Richter der Stadt wollten ihn und Silas «heimlich fortschicken»). Paulus stellt sich den Anklägern und bringt klar zum Ausdruck, was hier unrechtmäßig vor sich ging, bevor er nochmals Lydia und die Brüder besucht, um ihnen Mut zu machen. Lammesnatur also: Kein feiger Rückzug, sondern Aufrichtigkeit und Blick auf das, was recht ist. Dass gerade darin die Stärkung und Ermutigung anderer Menschen Platz hat, ist umso erstaunlicher, aber vermutlich Schlüssel beim Bau der Gemeinde damals und heute.

Die «Theologie» dazu liefert Petrus, wenn er Anweisungen an «Verstreute» gibt: Im Zusammenhang mit Anweisungen für das öffentliche Leben bzw. den Anweisungen für Sklaven formuliert er (1. Petr. 2,20–21): «Was ist das denn für ein Ruhm, wenn ihr ausharrt und dabei für Verfehlungen Züchtigungen hinnehmen müsst? Wenn ihr aber ausharrt und für gute Taten Leiden hinnehmt, so ist das Gnade bei Gott. (...) Auch Christus hat ohne eigenes Verschulden gelitten und euch ein Vermächtnis hinterlassen, damit ihr seinen Spuren folgt.» Die Schlussfolgerung: «... damit ihr seinen Fußstapfen nachfolgt!»

Ein krasses Gegenbeispiel etwa finden wir in Matth. 14,9 im Zusammenhang mit der Hinrichtung von Johannes dem Täufer: «Voll Schmerz» befahl der König, jenen Menschen hinzurichten, der auf das Lamm hinwies. Merkmal dieses Königs war die Wankelmütigkeit: «Betrübt, doch um der Eidschwüre und der Tischgenossen willen ...», erfüllte er den Wunsch der eifersüchtigen und niederträchtigen Ehefrau. Es kostete das Leben von Johannes dem Täufer in einem Vorgang, der pures Gegenbeispiel darstellt für die Art des Lammes, wie wir es in der Schrift kennenlernen.

d) Fazit

Gott kämpft anders als wir Menschen. Wir Menschen lieben das Großartige und die Demonstration der Macht, auch der Macht Gottes. Bei Gott geht es um etwas anderes, etwas nicht «Weltkonformes», nicht «Weltkompatibles». Zu Mose spricht Gott: Ich werde für euch streiten, und ihr werdet stille sein (2. Mose 14,14). In Ps. 107,29–30 wird es bestätigt: Er macht den Sturm zur Stille, und es schweigen die Wellen. Die Stillung des tosenden Sturmes ist bei Jesus anschaubar (Matth. 8,23–27). Die Art Gottes und die Mittel des Kampfes – so die Schlussfolgerung – sind aus der Sicht dessen, der das Machtvolle vor Augen hat, zum Scheitern verurteilt. «Nicht durch Heer oder Kraft soll es geschehen ...» Gott kämpft anders.

Wir erkennen in der Gesinnung der Lammesnatur vor allem das definitive Stoppschild gegen alles Urteilen von oben, gegen alle Überheblichkeit, gegen die Schiedsrichterrolle in dieser Welt, gegen alle Philosophie des Dagegenseins und gegen alles Einmischen in dieser Welt mit Hilfe weltkonformer Waffen. Dass wir eine Meinung haben, dass wir öffentlich und politisch klar Stellung beziehen und dass unsere Position wahrnehmbar gemacht wird und werden muss, steht außer Zweifel und mit Gesagtem nicht im Widerspruch. Der entscheidende Punkt jedoch ist die Art und Weise unserer öffentlichen Artikulation.

«Leise Töne» könnten in Zukunft wirkungsvoller sein. Sie beschreiben die Schönheit des Glaubens und damit unser europäisches Erbe deutlicher als alle Machtdemonstrationen. Die leisen Töne, die Töne des Lammes, könnten die eigentliche Ressource des Christen sein. In diesem Boden wurzelt die Vollmacht von Reden und Handeln. Wer nämlich – so nochmals Jakob Kroeker – «schweigen kann, wenn Gott redet, wird durch Wort und Tat reden können, wo andere schweigen». Eine Anzahl konkreter Beispiele findet sich im Büchlein von Norbert Lurz: «Die Kraft der Milde. Werden die Sanftmütigen wirklich die Erde besitzen?»

Wir besingen diese Art, Gott zu dienen, im Lied «Herr, weil mich festhält deine starke Hand» («Singt mit uns», Nr. 91). Die Strophe 2 heißt: «Weil du für mich das Lamm geworden bist, vertrau ich still. Weil ich durch dich dem Tod entrissen ward, präg tief in mich, Herr, deine Lammesart.» Das Lamm selber besingen wir u. a. in der «großen Doxologie»: «Ehre sei Gott in der Höhe, und Frieden auf Erden (...) wir loben dich (...) Herr, himmlischer König, allmächtiger Vater (...) Herr, du Lamm Gottes, der du die Sünde der Welt trägst (...) du allein.»

Damit ist deutlich: Auf drei Gesinnungssäulen ruht der Humus, in dem gedeihen kann, was in dieser Welt für Zukunft steht. In dieser Gesinnung entstehen Hoffnung, Wahrheit und Barmherzigkeit, die sich nicht durch akute Nöte ersticken lassen.

3. Was unsere Welt braucht: Orte der Hoffnung, der Wahrheit und der Barmherzigkeit

Menschen verbreiten – ob sie wollen oder nicht – eine Atmosphäre, eine Aura, einen Charme und eine Stimmung. Von jedem Menschen geht so etwas aus wie ein emotionales Klima. Das war bei Jesus nicht anders: Eine Frau beispielsweise, die 12 Jahre Blutungen hatte, ahnte, dass sie bereits bei der Berührung des Gewandes Jesu gesund würde.

Die schon mehrmals erwähnte Prophetie in Jes. 61,1–3, die Jesus für sich in Anspruch nimmt, mündet in der Botschaft von der Pflanzung bzw. dem Garten. In diesem dritten Vers sieht Jesaja, nachdem er die Wirkungen des kommenden Herrn beschrieben hat, einen Garten bzw. eine Pflanzung, die Gott zur Ehre angelegt sei. Wo Jesus ist, werden also nicht nur Dinge klar- und richtiggestellt. Auch passieren nicht «nur» Wunder. Wo Jesus ist, entsteht eine Pflanzstätte, ein Lebensort, ein Lebensraum, ein Kulturraum (in dem dies und jenes gedeiht oder nicht gedeiht).

Wenn wir im Folgenden von «Orten» beispielsweise der Hoffnung reden, dann meinen wir solche Räume des Lebens im Sinne von Milieus, Zellen oder Lebens- und Kulturräumen. Die Betonung liegt dabei nicht auf den Grenzen der Räume, sondern auf der Mitte und eben dem Klima, der Atmosphäre und der emotionalen Grundstimmung, die von dieser Mitte ausgehen. Im Neuen Testament ist entsprechend von «Haushalten» die Rede (griechisch findet sich hier der Begriff «Oikos» [wörtlich: «Haus»], in dem beispielsweise die Stichworte Ökonomie oder Ökologie wurzeln). An solchen Orten lernen wir, gut mit dem uns Anvertrauten umzugehen. Gemeinde definiert sich damit, wenn sie einen solchen Ort darstellt, nicht als einen Ort von Programmen, nicht als einen Ort von Standpunkten und nicht als Ort verschiedenster (oder gleicher) Meinungen. Gemeinde Jesu ist Raum des Lebens, Ereignisraum, Lebenswerkstatt, Kulturraum. Wer diesen Raum betritt, kann sagen, dass er sich «hier zu Hause fühlt». Er empfindet Stabilität und Freiraum, er atmet Freiheit und im besten Fall den Hauch des Himmels und der Ewigkeit.

Die entscheidende Frage: Wovon sind solche Orte – an denen sich Gemeinde trifft, miteinander kommuniziert oder gar gemeinsam lebt – geprägt? Sind es Räume des Vertrauens, Räume der Versöhnung, Räume der Gnade, Räume der Voraussicht, Räume, in denen Verantwortung übernommen wird? Sind es Räume der Einkehr bei Jesus, der Einfalt des Herzens, der Einmütigkeit und der Einsicht? Oder sind es Räume der Kritik, des Neides, der Machtgelüste, der Besitzansprüche, der Besserwisserei, der Anspruchshaltung und des Ungenügens? Nach dem einen oder andern sind Atmosphäre, Aura, Stimmung, Klima und Kultur geprägt ...

Wir glauben, dass Räume, wie wir sie hier meinen, immer ein Stück Himmel auf Erden sind. Es sind Orte, an denen gelebt wird, was vom Himmel her verheißen ist. Es sind Orte, an denen sich ereignet, worum wir im Vaterunser beten: «*Wie im Himmel, so auf Erden.*» Killer und Zerstörer solcher Lebens- und Kulturräume sind die Mächte des Todes. Wo diese wirksam sind, gedeiht Leben nicht, Vorhandenes wird zerstört und Glaube an Wiederherstellung wird geraubt.

In der Geschichte der Kirche gab es immer wieder das Bestreben, solche Orte zu schaffen. Klöster und Kommunitäten sind genauso wie erweckliche Gemeinschaften innerhalb und außerhalb der Kirche solche Versuche. Ein anschauliches Beispiel mit evangelischem Hintergrund sind die «Ortsgemeinen» im Sinne von Zinzendorf. Hier geht es darum, «*alle* Bereiche des menschlichen Lebens vom Christusglauben her zu durchdringen» (Zimmerling, S. 9). «Gepackt von der Wahrheit der christlichen Botschaft waren die Bewohner bereit, sich ihr Experiment etwas kosten zu lassen. Angesichts des gemeinsamen Ziels ihres Glaubens stellten sie ihre Privatinteressen zurück (...) Die Ortsgemeinen waren sozial-diakonische Lebensgemeinschaften», sog. «Solidargemeinschaft» (S. 10). Das Zusammenleben im Alltag «entschied über Bestand oder Untergang der Gemeinden». Standesschranken wurden überwunden. Verschiedenheit war Selbstverständlichkeit. Es waren Orte, an denen «lieben gelernt» worden ist. Theologie war genauso selbstverständlich, gehörten doch gedachter und gelebter Glaube zusammen wie Schwimmbad und Wasser. Eines der berühmten Worte Zinzendorfs lautete: «Da mihi locum et mobebo mundum» – «Gib mir einen Ort, und ich werde die Welt bewegen». Im Tiefsten sind solche Orte Ruheplätze und Gasthöfe, an und in denen «Seelen zum Lamm» geladen werden «und alle Welt in den ewigen Hochzeitssaal».

3.1 Unsere Zeit braucht Orte der Hoffnung

Spener, der «Vater des Pietismus», hatte, als er die eingangs in diesem Buch zitierten «Pia desideria» verfasste, «Hoffnung auf bessere Zeiten». Solche Hoffnung teilen wir durch und durch, auch 335 Jahre später. Wir glauben, dass wir zu Beginn des 21. Jahrhunderts umso mehr und umso intensiver Orte der Hoffnung schaffen und gestalten müssen. Der Grundwasserspiegel der Hoffnung ist in unserer aktuellen Gesellschaft nicht hoch.

Der Hintergrund des Wortes Hoffnung ist spannend. In der hebräischen Sprache heißt Hoffnung so viel wie «eine Schnur spannen», und zwar mit der Absicht, die Mauer eines Hauses gerade zu bauen. Hoffnung ist dann – im übertragenen Sinn – «gespanntes Sein zwischen heute und morgen», und zwar mit dem Ziel, dass das Leben im Hier und Jetzt «gerade» gebaut wird. Seit dem Kommen Jesu hat die Hoffnung im biblischen Sinne klare Konturen. Die Hoffnungsschnur ist gespannt zwischen Kreuz/Auferstehung und der Wiederkunft. Keine Frage also, was Hoffnung stiftet: Es ist das Gespanntsein zwischen Kreuz/Auferstehung und Wiederkunft. Hoffnung hat, wer in diesem Spannungsverhältnis lebt. Ein Ort der Hoffnung ist ein

Ort und Raum, in dem sich Menschen zusammenschließen und in diesem Spannungsbogen von Kreuz/Auferstehung und Wiederkunft Jesu Leben gestalten.

Wo Räume der Hoffnung sind, kann Zukunft «gerade» gebaut werden. Unsere Zeit braucht mehr denn je diese Orte und Räume der Hoffnung. Es braucht sie zum Gelingen individuellen Lebens genauso wie für die Welt von Ehe und Familie, Arbeit und Beruf, Staat und Gesellschaft. Es braucht sie mehr denn je in einer Zeit der Zunahme von Geschwindigkeit und Komplexität, in einer Zeit mit alltäglichen Mangelszenarien und in einer Zeit, die von Kämpfen der Kulturen verschiedenster Art gekennzeichnet ist.

Die Bibel redet an vielen und unterschiedlichsten Stellen von Hoffnung. Hiob fragt (17,15): «Worauf soll ich denn hoffen? Und wer sieht noch Hoffnung für mich?» In Psalm 146 werden Quellen der Hoffnung beschrieben (V. 5–6): «Wohl dem, dessen Hilfe der Gott Jakobs ist, der seine Hoffnung auf den Herrn setzt, auf seinen Gott, der Himmel und Erde gemacht hat.» Abraham, so wird im Römerbrief beschrieben (Röm. 4,18), hat geglaubt *auf Hoffnung hin*, wo eigentlich nichts zu hoffen war. Im gleichen Brief mahnt Paulus (Röm. 12,12): «Seid fröhlich in der Hoffnung ...!» Und in Röm. 15,13 bekräftigt er: «Der Gott der Hoffnung aber erfülle euch mit aller Freude und Frieden im Glauben, *dass ihr immer reicher werdet an Hoffnung* durch die Kraft des Heiligen Geistes.» Der gleiche Paulus hebt im Epheserbrief einleitend im Hinblick auf sein Gebet hervor (1,15): Er – Gott – «erleuchte die Augen eures Herzens, *damit ihr wisst, zu welcher Hoffnung* ihr durch ihn berufen seid».

Als eigentliche Hoffnungsbriefe gelten die Petrusbriefe, verfasst für die (verfolgten) «Zerstreuten in Kleinasien». Einleitend formuliert Petrus: «Gepriesen sei Gott, der Vater unseres Herrn Jesus Christus, der uns *wiedergeboren hat zu einer neuen, lebendigen Hoffnung.*» Etwas später (V. 12–13) betont der Apostel: «Wie der, der euch berufen hat, heilig ist, so sollt auch ihr heilig sein! (...) Seid nüchtern *und setzt eure Hoffnung völlig auf die Gnade.*»

Hoffnung versteht sich im Dreiklang zusammen mit Glaube

und Liebe. Ohne den Humus der Liebe ist Hoffnung nicht denkbar, ohne Hoffnung aber auch Liebe nicht. Unsere These: Die Erkaltung der Liebe und die Zunahme der Gesetzlosigkeit, von der der Evangelist Matthäus spricht (Matth. 24,12), hängt elementar mit der Zerstörung von Hoffnung zusammen: Ohne Hoffnung lohnt sich Liebe nicht.

Menschen mit unterschiedlichstem Hintergrund haben im Laufe der Weltgeschichte immer wieder über Hoffnung nachgedacht. Beispiele:

Die Hoffnungslosigkeit ist schon die vorweggenommene Niederlage. (*Karl Jaspers*)
Die größten Menschen sind jene, die anderen Hoffnung geben können. (*Jean Jaurès*)
Die Hoffnung ist der Regenbogen über dem herabstürzenden Bach des Lebens. (*Friedrich Nietzsche*)
Mut und Liebe haben eines gemeinsam: Beide werden von der Hoffnung genährt. (*Napoleon Bonaparte*)
Wir können wohl das Glück entbehren, aber nicht die Hoffnung. (*Theodor Storm*)

Wann, so könnte bzw. müsste jetzt gefragt werden, entstehen Räume der Hoffnung, also Räume, in denen Hoffnung geboren wird, Hoffnung gepflegt wird und Hoffnung getankt werden kann? Wir sehen und erkennen diesbezüglich fünf Wege dahin:

1. **Hoffnung entsteht in der Vorstellungswelt des Menschen:** Etwas sehr simpel ausgedrückt, hat Glaube seinen Ort im Herzen, Liebe ihren Platz in den Händen und Hoffnung ihren Sitz im Kopf. Wenn jemand Hoffnung hat, ist zuerst *seine Gedankenwelt* von einer ganz bestimmten Sache ergriffen. Eine ganz bestimmte Vorstellung ist entstanden. Der Mensch konzentriert sein Denken auf ein Ereignis, das gut ist und das kommen wird. Dieser Mensch bezeugt: «Es geht» oder «es wird». Ein hoffnungsvoller Mensch ist – so lässt sich zusammenfassen – ein Mensch mit einer aufgeräumten und auf die Zukunft hin konzentrierten Gedankenwelt. Ein erster

Hinweis zum Werden von Orten der Hoffnung besteht folglich in der Erneuerung des Denkens (siehe Röm. 12,2). Der hoffende Mensch ist der im Denken erneuerte Mensch. Langfristig kann jemand, der diesen Zusammenhang ignoriert, vielleicht ein fleißiger oder ein anständiger oder ein moralisch gut handelnder oder ein wissender Mensch, aber kein hoffnungsvoller Mensch sein.

2. **Hoffnung betrifft die Vorstellung von einem Weg auf ein Ziel hin.** Hoffnung hat, wer ein Ziel bzw. einen Zielzustand vor seinem inneren Auge hat *und Wege sieht, wie er dieses Ziel erreichen kann.* Gute Ziele allein geben keine Hoffnung. Hoffnung entsteht, wenn *entsprechende Wege gesehen werden.* Ein Mensch hat beispielsweise dann Hoffnung für einen Tag, wenn er Wege sieht, wie er die Hauptherausforderung dieses Tages gut bewältigen kann. Ein Mensch hat in jenen Momenten Hoffnung, in denen er Wege sieht, wie er die Hauptfragen für die kommenden Monate zufriedenstellend beantworten kann – und hat keine Hoffnung, wenn sich ihm die Antworten auf diese Hauptfragen nicht erschließen. Wir Christen haben dann Hoffnung, wenn wir für die kommenden 5, 10, 20 oder 50 Jahre Wege sehen, die sich innerhalb der in Mitteleuropa herrschenden Umstände trotz Widerwärtigkeiten und vielen «Un-Weg-Samkeiten» als gangbar erweisen. Hoffnung hängt, so lautet die Schlussfolgerung, immer stark damit zusammen, ob realisierbare und erfolgversprechende Wege auf einen gewünschten Zustand hin vorstellbar sind. Christen sind *«Weg-Seher»* angesichts eines herrlichen Ziels.

3. **Hoffnung liegt in Personen.** Hoffnung entsteht mit und dank und über Personen. Dabei geht es um Menschen in ganz bestimmten Umständen, sei es in bestimmten Dörfern oder Städten, sei es in bestimmten Firmen, sei es im Feld von Ehe und Familie, sei es in der Politik. Es sind Menschen, deren Denken auf die Zukunft hin zentriert ist und die Wege in aller Unwegsamkeit sehen und gehen. Hoffnung gewinnt, wer um solche Personen weiß und sich mit solchen Personen zusammentut. Um solche Personen herum finden sich

Räume der Hoffnung. Wo sie sind, ist Raum der Hoffnung und Kultur der Hoffnung. In solcher Kultur wird zuallererst *erzählt* (Erzählen ist Kulturmerkmal von Orten der Hoffnung), besonders darüber, wie Wege gegangen worden sind, wo Frucht entstanden ist und wie und wo Scheitern bewältigt worden ist.

4. **Hoffnung ist nie gegen etwas, sondern immer *für* etwas – nie gegen eine Sache, sondern *für* eine Sache.** Hoffnung entzündet sich nie am Dagegen-, sondern immer am Dafürsein. Hoffnung entstand in der Vergangenheit nicht am Widerstand gegen Ehe ohne Trauschein, gegen Homosexualität oder gegen Schwangerschaftsabbruch, sondern immer an Personen, die Wege wussten und Wege gingen, die betroffenen Menschen zur Hilfe wurden. Hinter dem Dagegensein mögen Wünsche und Sehnsüchte liegen, aber keine Hoffnungen. *Brutstätten der Hoffnung liegen im «Dafürsein».*

5. **Hoffnung ist der rote Teppich, der uns von der Zukunft her ausgelegt ist.** Hoffnung ist nicht Sache der Vergangenheit, sondern der Zukunft. Hoffnung kann trotz gescheiterter Vergangenheit gedeihen – vorausgesetzt, es leuchten Wege auf, in denen sich dieses Scheitern bewältigen lässt. Hoffnung ist ein ausgelegter roter Teppich, auf den sich erfolgreiche *und* gescheiterte Menschen stellen dürfen. Auf diesem Teppich hat es genug Platz. Wer seinen Platz als «VIP» – als von Gott her so betrachtete «very important person» – auf diesem roten Teppich hat, wird alles tun, um all das, was diesem roten Teppich Unehre erweist, abzulegen. Und er wird alles tun, viele andere Menschen auf diesen roten, von der Wiederkunft Jesu her ausgelegten Teppich einzuladen und sie dafür zu gewinnen.

Die Vergangenheit zeigt: Gerade Engpässe in der Geschichte der Menschheit waren fruchtbarer Humus, um echte Hoffnung anstelle von naivem Idealismus gedeihen zu lassen. Gerade in engen Zeiten scheint der Mensch eine besondere Antenne dafür zu besitzen, Hoffnung aufzunehmen und Orte, an denen Hoffnung ist, zu suchen und an deren Gestaltung mitzuwirken.

Hoffnung hat mit Wirklichkeit und angemessenem Umgang mit ihr zu tun. Hoffnung ist nicht blinder Optimismus, sondern – so ließe sich zusammenfassend umschreiben – «himmlischer Realismus». Wo solche Hoffnung ist, existiert so etwas wie eine ansteckende Gesundheit, gegebenenfalls innerhalb einer krank gewordenen und krankmachenden Gesellschaft.

3.2 Unsere Zeit braucht Orte der Wahrheit

Wenn Hoffnung einer tiefen Sehnsucht des Menschen entspricht, so ist Wahrheit zumindest auf den ersten Blick ein Begriff, vor dem unsere Zeit tendenziell zurückschreckt und mit Machtanspruch in Verbindung bringt; ein Begriff, den sie in die Nähe des Schimpfwortes «Fundamentalismus» rückt. Dass Wahrheit – im Unterschied zur Behauptung irgendeiner religiösen Richtigkeit – etwas Befreiendes und Schönes an sich hat, ahnte etwa Zinzendorf, als er seine «Ortsgemeinen» als «Asyl für die Geradheit und Wahrheit» verstand. Wörtlich: «Mein Zweck bei den Ortsgemeinen (...) war, ein Asyl für die Geradheit und Wahrheit zu schaffen, dass alles menschliche Elend erscheinen dürfe, wie es ist.» An solchen Orten ist «Geradigkeit der Herzen zu sehen» (nach Zimmerling, S. 84). Solche Geradheit, Geradlinigkeit, Aufrichtigkeit, Wahrhaftigkeit scheint sich schon eher dem zu nähern, wonach sich auch der heutige westeuropäische Mensch sehnt und ausstreckt.

Weil Wahrheit nicht immer und sofort mit Leben und Freiheit assoziiert wird, lohnt es sich, fünf Ebenen des Wahrheitsbegriffes zu unterscheiden:

Ebene 1: Wahrheit als empirisch nachweisbare Behauptung («empirische Wahrheit»). Beispiel: Es ist wahr, dass immer da, wo ich auf dieser Erde einen Gegenstand fallen lasse, dieser nach unten (und eben nicht nach oben) fällt. Diese Wahrheit ist «intersubjektiv überprüfbar», wie der wissenschaftstheoretisch korrekte Begriff dazu lautet: Wer immer es überprüft, kommt zum gleichen Ergebnis.

3. Was unsere Welt braucht: Orte der Hoffnung ...

Ebene 2: Wahrheit im Sinne von logischer Richtigkeit («logische Wahrheit»). Beispiel: Wenn feststeht, dass alle 7-jährigen Kinder schulpflichtig sind, und mein Sohn 7 Jahre alt ist, dann ist es logisch wahr, dass mein Sohn jetzt zur Schule muss.

Ebene 3: Wahrheit im Sinne eines unwidersprochenen Konsenses («Konsenswahrheit»). Beispiel: Angesichts eines wolkenlosen Himmels herrscht Konsens, dass heute «schönes Wetter» herrscht.

Ebene 4: Wahrheit im Sinne einer relationalen Gewissheit («relationale Wahrheit»). Beispiel: Ein Mann sagt zu (s)einer Frau, untermauert durch seine ganze Körpersprache: «Ich liebe dich.» In einzigartiger Beziehung ist diese Aussage wahr, unumstößlich und fundamental.

Ebene 5: Jesus sagt von sich, dass er die Wahrheit sei (Joh. 14,6). Das ist die Ebene der «personalen Wahrheit». Solche Wahrheit verlässt den rational-sachlichen Raum. Sie ist erfahr- und erlebbar, umso mehr aber voller Bedeutung. In dieser Ebene sind alle andern Ebenen der Wahrheit aufgehoben und getragen.

Graphisch lässt sich das folgendermaßen darstellen:

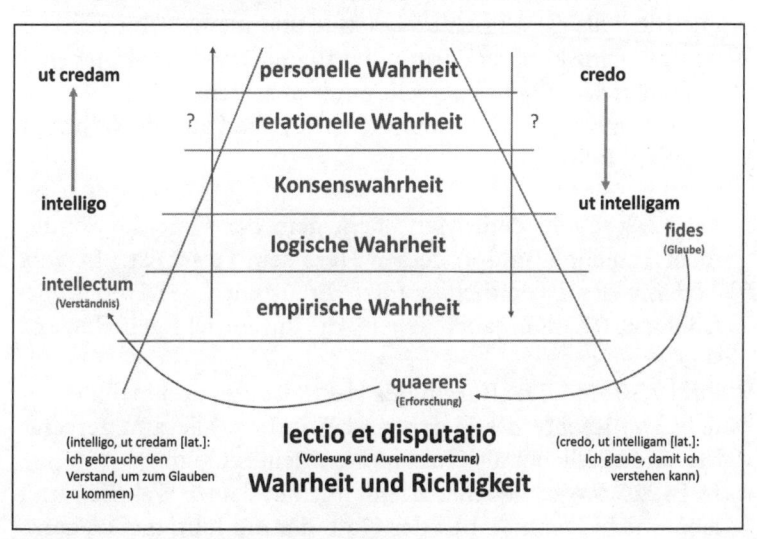

Abbildung 18: Fünf Ebenen von Wahrheit

Die entscheidende Botschaft aus der Skizze: Die *ganze* Wirklichkeit ist in der einen Wahrheit, die Jesus selber ist, gehalten und eingeschlossen. Die innerste, tiefste und alles umschließende Wahrheit ist Jesus. Diese Wahrheit macht frei. Wo sie ist, kann Leben atmen. Es entsteht ein Kulturraum und Ort, an dem gerne gelebt wird und in dem sich Leben entfaltet. In diesem Raum hat Richtigkeit genauso Platz wie Wissenschaft und Logik. Wie Zinzendorf aufleuchten lässt, sind es Begriffe wie Wahrhaftigkeit, Geradlinigkeit und Aufrichtigkeit, die sich an diesem Ort der Wahrheit entfalten und Kultur prägen.

Es ist nicht zufällig, dass vom Wort Gottes als wahres Wort des lebendigen Gottes an unterschiedlicher Stelle von einem Ereignis die Rede ist. Nahezu unzählige Male finden wir im Alten und im Neuen Testament die Formulierung: «Das Wort geschah» oder «das Wort ereignete sich» (beginnend mit 1. Mose 15,1; im Neuen Testament siehe etwa 1. Kor. 2,4; 1. Thess. 1,5). Das wahre Wort ist damit Ereignis und ein Geschehen, niemals statische Richtigkeit. Als Ereignis allerdings richtet es – dynamisch – aus und auf.

Die Bibel als dieses sich ereignende und niemals nur richtige Wort ringt ganz konkret darum, der freimachenden und lebensschaffenden Wahrheit Gastrecht unter uns Menschen zu geben. Zunächst sind es die Psalmen, die ein Loblied auf die Wahrheit beinhalten. Beispiele:

- Ps. 32,2: «Wohl dem Menschen, dem der Herr die Schuld nicht anrechnet und in dessen Herz kein Falsch ist.» In Vers 11 fährt der Psalmdichter fort: «Freut euch des Herrn und frohlockt (…) und jauchzet alle, die ihr aufrichtigen Herzens seid!»
- Ps. 19,10–11: «Die Furcht des Herrn ist rein und bleibt ewiglich. Die Rechte des Herrn sind Wahrheit, allesamt gerecht. Sie sind köstlicher als Gold und viel feines Gold.»
- In Ps. 25,5 wird gebetet: «Leite mich in deiner Wahrheit und lehre mich! Denn du bist der Gott, der mir hilft; täglich harre ich auf dich.»

3. Was unsere Welt braucht: Orte der Hoffnung ...

- In Ps. 26 (V. 3) bezeugt der Psalmist: «Denn deine Güte ist mir vor Augen, und ich wandle in deiner Wahrheit.»
- Sodann Ps. 36,6, wo der Psalmdichter schwärmt: «Herr, deine Güte reicht, so weit der Himmel ist, und deine Wahrheit, so weit die Wolken gehen.»
- In Ps. 43,3 bittet der Psalmdichter: «Sende dein Licht und deine Wahrheit, dass sie mich leiten und bringen zu deinem heiligen Berg und zu deiner Wohnung.»
- Ähnlich auch in Ps. 86,11: «Weise mir, Herr, deinen Weg, dass ich wandle in deiner Wahrheit; erhalte mein Herz bei dem einen, dass ich deinen Namen fürchte.»
- Ps. 51,8 wiederum betont: «An Wahrheit im Innersten hast du, mein Gott, Gefallen.»
- In Ps. 100,5 dann wird proklamiert: «Denn der Herr ist freundlich, und seine Gnade währet ewig und seine Wahrheit für und für.»
- Schließlich Ps. 119,151: «Herr, du bist nahe, und alle deine Gebote sind Wahrheit.» Und V. 160: «Dein Wort ist nichts als Wahrheit, alle Ordnungen deiner Gerechtigkeit währen [«bewahrheiten sich»] ewiglich.»

Auch im Neuen Testament finden wir eine Reihe von fundamentalen Hinweisen zum Thema Wahrheit und damit zu Räumen und Orten der Wahrheit. Das allseits bekannte Beispiel findet sich in 1. Kor. 13,6: Liebe freut sich «nicht über die Ungerechtigkeit, sie freut sich aber an der Wahrheit». In Eph. 4,25 werden wir ermahnt, «die Lüge abzulegen und Wahrheit zu reden». In Eph. 5,9 spricht Paulus weiter davon, dass «die Frucht des Lichts lauter Güte und Gerechtigkeit und Wahrheit» sei.

Ein sehr ausgeprägtes Anliegen wiederum scheint der Apostel Johannes zu haben. Ihm ist klar: «Wenn wir sagen, wir haben keine Sünde, so betrügen wir uns selbst, und die Wahrheit ist nicht in uns» (1. Joh. 1,8). Wer sagt: Ich kenne Jesus, und hält seine Gebote nicht, der ist ein Lügner, und «in dem ist die Wahrheit nicht» (2,4). In 3. Joh. 4 erzählt Johannes von großer Freude. Wörtlich: Ich habe keine größere Freude als die, zu hören, dass meine Kinder «in der Wahrheit leben». Die Liebe zur Wahrheit spitzt sich in jenem Wort zu, das sozusagen christliches Selbstverständnis umreißt: Erweist euch als *«Gehilfen der Wahrheit»* (V. 8).

Uns scheint, als hätten wir hier einen großen Aufholbedarf: Erstens im Grundverständnis von Wahrheit und zweitens im Raumschaffen für diese einzigartige, nicht bedrohliche, sondern freimachende Wahrheit. *Nicht Richtigkeit ist dabei gefragt, sondern Aufrichtigkeit.* Nicht schöne Fassade – vielleicht fromm verziert –, sondern Wirklichkeit. Nicht Schein, sondern Sein. Solche Wahrheit ist in unserer bedrohten Welt Bollwerk gegen alle Lüge, alles Unwahre und alles Unaufrichtige, alles Vorgespielte und alles verhängnisvoll Zweideutige.

Damit ist offenkundig: Wahrheit ist keine abstrakte Kategorie, auch keine Kategorie, die sich für oder gegen andere Menschen als Mittel zu einem bestimmten Zweck anwenden lässt. Wahrheit ist existenziell und betrifft zuerst immer mich selber in meinem So- und Dasein, in meinen Stärken und Schwächen und in meinen gelingenden und weniger gelingenden Beziehungen. Wahrheit ist darin relational und hat etwas mit Offenbarung und «Offen-Legung» zu tun: Sie drängt sich nicht auf – sie zeigt sich. Sie überfällt nicht – sie bietet sich an. Sie kommt niemals gewaltsam – sie kommt «auf leisen Sohlen». Wahrheit nimmt dort Wohnung, wo ihr freiwillig und freizügig Einlass gewährt wird.

Wie und wo entstehen Orte der Wahrheit? Orte der Wahrheit sind Orte, an denen «Be-Währtes» Raum hat und zur Sprache gebracht wird. An unterschiedlichster Stelle erweist sich die ganz praktische und existenzielle Frage nach dem «Be-Währten» bzw. dem «Nicht-Bewährten» im eigenen Leben als hilfreich. Was zum Beispiel bewährt sich bzw. erweist sich als Wahrheit in den Lebensbereichen

- des Umgangs mit Geld und Besitz (auch: Schulden);
- des Umgangs mit schwierigen Menschen;
- des Umgangs mit dem Älterwerden;
- des Umgangs mit Angst und Bedrohung;

3. Was unsere Welt braucht: Orte der Hoffnung ...

- des Umgangs mit Versuchung;
- des Umgangs mit Verlust und Scheitern;
- des Umgangs mit ...

Es ist beflügelnd zu erkennen, was sich alles im Leben eines Menschen als bewährter Erfahrungsschatz angesammelt hat. Dabei spielt es kaum eine Rolle, ob dieser Mensch 20 oder 90 Jahre alt ist. Bewährtes kann verfügbar gemacht werden, und Bewährtes kann in Form von goldenen Regeln einer Gemeinschaft zusammengefasst werden. An solchen Orten ist man gerne, und an solche Orte kommt man gerne. Es sind Orte der Freiheit und der Inspiration: Was, wenn Jugendliche aufgrund des bewährten Erfahrungsschatzes Älterer nicht in die Schuldenfalle geraten? Was, wenn Älterwerden zu etwas Schönem wird, weil Bewährtes aus dem Leben anderer Menschen bekannt ist? Was (so könnten wir weiterfragen), wenn eine Gemeinschaft in einem Dorf oder einer Stadt einen Schatz von Bewährtem diesem Dorf oder dieser Stadt verfügbar macht?

Das Geheimnis: Jesus selber ist *«die Wahrheit»* – als Person. *Ihr* Gastrecht zu geben, ist jener hoffnungsvolle Weg, Orte der Wahrheit zu pflanzen und zu pflegen. Es sind von Aufrichtigkeit, Geradheit, Eindeutigkeit, Einlinigkeit und nachvollziehbarer Transparenz geprägte Orte. Es scheint, dass Kardinal Josef Ratzinger davon etwas ahnt, wenn er formuliert (Lobkowicz, S. 34): «Die einzige Kraft, mit der sich das Christentum öffentlich zur Geltung zu bringen vermag, ist die Kraft seiner inneren Wahrheit. Diese Kraft ist heute so unentbehrlich wie eh und je, weil der Mensch ohne Wahrheit nicht überleben kann. Das ist die sichere Hoffnung des Christentums; das ist seine ungeheure Herausforderung an jeden Einzelnen von uns.» Diese Kraft der Wahrheit ist vonnöten in einer Zeit der Auflösung gesellschaftlicher Grundordnung, der Erkaltung von Liebe und des alltäglichen Scheiterns in Elementarbereichen des Lebens. Neben «Weg-Sehern» sind es «Wahr-Sager», die in unserer Zeit unverzichtbar sind.

3.3 Unsere Zeit braucht Orte der Barmherzigkeit

Auch Barmherzigkeit hatte im Laufe der vergangenen 2000 Jahren eine an Vielfalt nicht zu übertreffende Geschichte. Die Erzählung vom barmherzigen Samariter gilt als fest verankertes abendländisches Kulturgut. Von den ersten Christen wird gesagt, dass ihre missionarische Durchschlagskraft vor allem den sieben leiblichen Werken der Barmherzigkeit zu verdanken sei (Hungrige speisen, Durstigen zu trinken geben, Nackte bekleiden, Fremde beherbergen, Gefangene befreien, Kranke pflegen, Tote begraben). Das Mittelalter ist die Geschichte der Hospitäler, Waisenhäuser und Findlingsheime.

Später waren es u. a. Spener, Francke und Zinzendorf als Begründer des Pietismus, die für die Schaffung von Orten der Barmherzigkeit sorgten. Spener beispielsweise ordnet – er gilt deshalb auch als «Vater des modernen Sozialstaates» – nach dem Dreißigjährigen Krieg innerhalb einer Kultur des Pessimismus die Armenpflege der Stadt Frankfurt und später Berlin neu. Das Almosengeben beispielsweise wird durch das Prinzip der Beschaffung von Arbeitsplätzen ersetzt, die Menschenwürde im Sinne, dass Menschen ohne Ansehen der Person und des Glaubens versorgt werden, ist Leitinstanz, und es gilt das Prinzip der Eigenverantwortung (der Staat unterstützt, wo diese an ihre Grenzen stößt). Anstalten für randständig gewordene Menschen (Arme, Kriegsverwundete, Kranke, Alte ...) werden zu Orten des Lebens und der Lebensperspektive.

Von August Herrmann Francke sind die sog. Halle'schen Anstalten bekannt, in denen Waisenkinder neue Heimat fanden und gleichzeitig Lehrer für die Schulung dieser Kinder ausgebildet wurden. Zinzendorf war es, der mit unterschiedlichsten Lebensformen experimentierte und dem es immer wieder darum ging, dass der Mensch in seinem Gewordensein den für ihn angemessenen Platz bekam und fand.

Biblisch gesehen spielt die Barmherzigkeit eine heilsgeschichtlich fundamentale Rolle. Beispiele dafür finden sich bereits im ersten Mosebuch (etwa 1. Mose 24,27: «Gelobt sei der Herr, der Gott Abrahams, meines Herrn, der seine Barmherzigkeit und seine Treue von meinem Herrn nicht hat weichen lassen»; oder 5. Mose 7,9: «So sollst du nun wissen, dass der Herr, dein Gott, allein Gott ist, der treue Gott, der den Bund und die Barmherzigkeit bis ins tausendste Glied walten lässt»).

Viel von Barmherzigkeit ist in den Psalmen die Rede (etwa Ps. 23,6: «Gutes und Barmherzigkeit werden mir folgen mein Leben lang»; oder als Gebet in Ps. 40,12: «Du aber, Herr, wollest deine Barmherzigkeit nicht von mir wenden»; dann Ps. 119,77: «Lass mir deine Barmherzigkeit widerfahren, dass ich lebe; denn ich habe Freude an deinem Gesetz»).

Dass Gott seinen Sohn Jesus in die Welt sendet, ist Zeichen seiner Barmherzigkeit (Luk. 1,78). Herausragende Verheißung im Neuen Testament hinsichtlich Barmherzigkeit ist Matth. 5,7: «Selig sind die Barmherzigen; denn sie werden Barmherzigkeit erlangen.» Gott hat Wohlgefallen an Barmherzigkeit (anstelle von Opfern; Matth. 12,7). Für Paulus ist klar: Es ist die Barmherzigkeit, die Lebensveränderung ermöglicht (Röm. 12,1: «Ich ermahne euch nun, liebe Brüder, durch die Barmherzigkeit Gottes, dass ihr ...»). Auf den barmherzigen Gott selber stimmt Paulus ein Loblied an (2. Kor. 1,3: «Gelobt sei Gott, der Vater unseres Herrn Jesus Christus, der Vater der Barmherzigkeit ...»). Gott ist «reich an Barmherzigkeit» (Eph. 2,4). Barmherzigkeit ist Herzensanliegen der Apostel generell: Eine Reihe von Briefen beginnt oder endet mit der Formulierung: «Gnade, *Barmherzigkeit*, Friede von Gott sei mit Euch ...» (so etwa 1. Tim. 1,2 oder 2. Joh. 1,3).

Orte der Barmherzigkeit weisen bestimmte Merkmale auf:

- Orte der Barmherzigkeit sind **Orte der Gastfreundschaft**. Gastfreundschaft ist die Königin unter den Merkmalen dienender Menschen. Gastfreundschaft leuchtet als erste Lebensäußerung der ersten gläubig gewordenen Europäerin, der Lydia in Philippi, auf, als sie nach ihrer Bekehrung Paulus und seine Gefährten mit zu sich nach Hause nimmt. Erstaunlich, dass Ulrich Beck in seinem Buch «Weltrisikogesellschaft» der Gastfreundschaft eine Schlüsselrolle in einer künftigen Gesellschaft zuweist (S. 339). Eine künftige Welt ohne Barmherzigkeit ist kalt und nicht lebenswert. Gastfreundschaft ist ein Zeichen dafür, dass Barmherzigkeit vorhanden ist.

- Orte der Barmherzigkeit sind sodann **Orte der Dankbarkeit und der Großzügigkeit**. Zu Letzterem schreibt u. a. Kenneth Blanchard das Buch «Das Prinzip Großzügigkeit. Von der Kunst, sich reich zu schenken». Es ist das Geheimnis der Barmherzigkeit, dass sie Boden zu eigenem Beschenkt- und Reichwerden darstellt. Großzügigkeit und Dankbarkeit sind Ausdrucksform dieser Lebensweise.
- Orte der Barmherzigkeit sind **Orte der Würdigung und Wertschätzung** des Menschen und des menschlichen Lebens – am Lebensanfang und am Lebensende genauso wie inmitten des Lebens, wo Entwürdigung und Ablehnungsphänomene drohen, zur selbstverständlichen Normalität zu werden.
- Orte der Barmherzigkeit sind schließlich **Orte des Friedens und der Sicherheit**. Es geht im tiefsten Sinne um Orte des «Schalom Gottes», des Friedens Gottes in dieser Welt. Wo Schalom zugesprochen wird, darf sich der Angesprochene uneingeschränkt sicher wissen und fühlen. Orte der Barmherzigkeit sind Orte, an denen Schwerter zu Pflugscharen geschmiedet werden, und Orte, an denen der Krieg nicht mehr gelernt wird (Jes. 2,4).

Völlig klar: Weder Barmherzigkeit selber noch die Schaffung von Orten der Barmherzigkeit sind bloß optionale Varianten für gewissensorientierte Persönlichkeitsprägungen oder bezahlte Spezialisten. Vielmehr sind Barmherzigkeit und Orte der Barmherzigkeit fundamentale Notwendigkeit für eine das Leben liebende Zukunft. Barmherzigkeit ist existenzielle, nicht delegierbare Lebensform und als solche Bestandteil einer zukunftsträchtigen Lebenskultur. Solche Kultur gründet in der Barmherzigkeit Gottes. Zu den *Weg-Sehern* und den *Wahr-Sa-*

gern kommen die *Wohl-Täter* hinzu. *Das macht Zukunft lebbar und lebenswert.*

Die persönliche Anfrage am Ende dieses Abschnitts zu den Orten der Hoffnung, der Wahrheit und der Barmherzigkeit: Bin ich selber ein Mensch, der in seinem Reden, Denken und Handeln das Zustandekommen und die Pflege von Orten der Hoffnung, der Wahrheit und der Barmherzigkeit fördert *oder aber hindert?* Unser Kontinent ruht, so haben wir an früherer Stelle betont, auf den beiden Säulen Wahrheit und Barmherzigkeit. Es kann nicht darum gehen, Begriffe wie Hoffnung oder Wahrheit abschließend zu definieren. Vielmehr geht es um das Mitwirken in der Gestaltung solcher Erlebnis- und Erfahrungsräume. Von solchen konzentrierten Orten lebte unser sog. christliches Abendland. Und von solchen Orten wird unser sog. christliches Abendland auch in Zukunft leben – oder es wird als solches nicht mehr existieren. Europa lieben heißt, solche Räume der Hoffnung, der Wahrheit und der Barmherzigkeit zu gestalten. Es sind Biotope, in denen Leben gedeihen und wachsen kann. Es sind Orte, an denen gerade nicht nach Profit und Nutzen für sich, sondern nach dem Gewinn für das Ganze gefragt wird.

4. Die Zuspitzung: Herzensuniversität als Geburtsstätte von Mündigkeit

Wir haben unsere Routinen. Zu selbstverständlichen Denk- und Handlungsroutinen gehören im Hinblick auf die Förderung christlichen Lebens etwa das Bibellesen, die christliche Gemeinschaft oder der Gottesdienst. Als Sprungbrett in einen akademischen Beruf gelten Schule und Universität. Von Zeit zu Zeit werden Anfragen an solche Routinen gestellt: Schlagwort im Bereich Gottesdienst war etwa der «besucherfreundliche Gottesdienst». Im Bereich Universität war es im Jahr 1963 die Rede von der «Bildungskatastrophe». Im Jahr 1997 war es die Proklamation der Bildung als «Mega-Thema» durch den damaligen Bundespräsidenten Roman Herzog. Und im Jahr 2008 war es das Ausrufen von Deutschland zur «Bildungsrepublik» (durch die Bundeskanzlerin Angela Merkel).

Bildung ist die Seele Europas. Diese verrohen und verwahrlosen zu lassen, käme einem Drama gleich und würde unsere europäische Zukunft elementar in Frage stellen. Art und Qualität dieser Bildung gilt es aber vor dem Hintergrund des bisher Gesagten und angesichts der aktuellen europäischen Herausforderungen neu zu gewinnen. Dabei steht uns weder eine weitere Akademisierung der Hochschullandschaft noch verbesserte Aus-, Weiter- und Fortbildung, noch die Schaffung einer Anzahl christlicher Schulen und Hochschulen, noch eine neue Initiative zur Gründung von weiteren Bibelschulen vor Augen. Vielmehr geht es um eine neue Qualität dessen, was an bestehenden Orten (seien es Universitäten, Ausbildungsstätten, Konferenzen oder andere Orte der Bildung) angeboten oder getan wird. Es wird darum gehen, Bildung – unabhängig von schon vorhandenen oder noch nicht vorhandenen Strukturen und Organisationen – als Herzensbildung und Universität als Herzensuniversität zu verstehen.

4.1 «Herzensuniversität» – warum nicht?

Seit bald 1000 Jahren gehören Universitäten zum nicht mehr wegzudenkenden Bestandteil europäischer Kultur. Ursprung des Universitätsgedankens ist der Wunsch, dass der Glaube denkerisch erfasst wird. In «lectio et disputatio», in «Vorlesung und Auseinandersetzung», kam es zu vertiefter intellektueller Wirklichkeitserfassung.

Während der Platz und die Verortung des Intellektes im Hinblick auf Bildung unwidersprochen selbstverständlich – und deshalb stets auch bezahlt – war, musste die Herzensdimension von Bildung immer wieder neu um ihren Platz und ihre Berechtigung ringen und kämpfen. Die Zukunft Europas wird mit Höchstleistungen des Intellektes in Verbindung gebracht und sehr viel weniger mit Tiefgang in der Dimension des Herzens. Obwohl das Herz «Herzstück» der biblischen Botschaft war und ist, hatten es «Herzenslogik» (Blaise Pascal) wie auch Herzenssprache stets schwer, sich Gehör zu verschaffen. Die Herzensdimension war im besten Fall fakultative Begleiterscheinung an Universitäten, nicht aber fundamentale Ermöglichung menschen- und zukunftsorientierten Denkens.

«Herzensuniversität» ist wie eine logisch konsequente Antwort auf unsere Zeit und unser «lustloses Land» (Titel eines Leitartikels des Rheinischen Merkurs vom 24.7.2008). Nicht, was kopfmäßig klar ist, muss jetzt auch noch mit einigen Herzenstönen verziert werden, sondern was dem Herzen des Menschen und damit dem Kern alles Menschlichen entspricht, muss Grundlage allen Denkens sein. Wo, wenn nicht an solchen Orten des «Herzensdenkens», wo, wenn nicht an «Herzensuniversitäten», kann entdeckt, gelernt, entfaltet und eingeübt werden, was es heißt, Mensch der Gnade und daraus hervorgehend

4. Die Zuspitzung: Herzensuniversität als Geburtsstätte von Mündigkeit

Mensch der Hoffnung, der Wahrheit und der Barmherzigkeit zu sein? Wo, wenn nicht an Herzensuniversitäten inmitten bestehender Universitäten, Ausbildungsstätten und Konferenzen, kann entdeckt und eingeübt werden, wie in königlich-priesterlicher Dienerschaft gedacht und gelebt wird? Wo, wenn nicht an Herzensuniversitäten, kann «Pilgerschaft» und «Lammesnatur» «eingesehen» und eingeübt werden? Wo, wenn nicht an Herzensuniversitäten, lassen sich die eigentlichen Fragen der Zukunft ohne Macht- und Ansehensgelüste stellen? Und wo kann um echte und tragfähige, nachhaltig und langfristig gültige Antworten ohne politische Hintergedanken gerungen werden? Wo, wenn nicht an Herzensuniversitäten, werden diese Dinge von innen her «geschaut» und «visionär» umgesetzt?

Biblisches Denken, und das ist letztendlich der Anlass, den Begriff der Herzensuniversität zu wählen, achtet das Herz hoch. Jesus klopft am Herzen an und bittet hier (also nicht zuerst im Kopf) um Einlass (Off. 3,20). Um dieses Ringen um Einlass in das Herz kämpft auch Paulus (Eph. 3,17: «... dass Christus durch den Glauben in euren Herzen Wohnung nehme ...»). Jesus selber spricht davon, dass das Reich Gottes «inwendig» in uns ist (Luk. 17,20–21). Unser Herz soll fest werden (Hebr. 13,9: «Denn es ist gut, dass ...»). Das Herz ist der Ort, wo der Vater im Himmel hineinsieht, denn er sieht «das Verborgene» (Matth. 6, Vers 4, 6 und 18). Paulus sieht die Herausforderung und «hört nicht auf» zu beten, dass «ihr (...) Erleuchtung für die Augen des Herzens habt», damit «ihr wisst ...» (Eph. 1,15–19). Im Sendschreiben an Laodicea schließlich ist die Rede von sicherlich nicht materieller Augensalbe, «damit du siehst» (Off. 3,18). In solchem Humus gedeiht wahre Mündigkeit.

Schlussfolgerung: Die Suche nach Orten, an denen sich ereignet, was in unserer Zeit «not-wendig» ist, ist offenkundig. *Wir bedürfen konkreter Orte, wo gelernt wird, wie wir mit beschriebenen Herausforderungen umgehen können.*

Herzensuniversität deutet in keinster Weise darauf hin, dass es sich lediglich um etwas «Inwendiges» oder bloß um etwas «nach innen Gerichtetes» handelt. Vielmehr werden hier qualifiziert die Fragen der ganzen Welt in universalem Blick auf die ganze Zukunft ins Visier genommen.

Herzensuniversität nimmt die Fragen auf, die im Zuge der vorangehenden Buchseiten aufgeworfen worden sind. An der Herzensuniversität – in welcher Form sie sich auch immer ereignet – wird stellvertretend gelebt, wessen eine künftige Gesellschaft als Knotenpunkt grundlegend bedarf. Es ist Think-Tank vom Herzen her und von ganzem Herzen. Herzensuniversität ist schließlich der Ort, an dem das solide und präzise, «theologische» und dem Menschen dienende Denken zur Hochform geführt wird. Herzensuniversität ist der Ort, an dem die innere Logik des Denkens von Gott her ihren Platz findet.

4.2 Was geschieht an der Herzensuniversität?

Glaubt ein Mensch an Jesus Christus, «wird er von ihm in die Schule des Heiligen Geistes übergeben» (so die Überzeugung von Zinzendorf; zit. nach Zimmerling, S. 163). Der Heilige Geist wird als «Professor der Gläubigen» verstanden. Zinzendorf redet deshalb (ebd., S. 164) von einer «Schule des Heiligen Geistes». Hier soll sich der Christ «an die Regungen des Geistes im Herzen so gewöhnen wie an die Ermahnungen der leiblichen Eltern». Das Hauptziel des Unterrichts durch den Heiligen Geist besteht darin, Christus zu verherrlichen und die Gläubigen auf die Hochzeit des Lammes bei der Wiederkunft von Christus vorzubereiten bzw. sie «schön zu machen für den Bräutigam». Spener war es, der zu noch früherer Zeit von den Universitäten als «Werkstätten des Heiligen Geistes» gesprochen hat (zit. nach Bockmühl, «Denken im Horizont der Wirklichkeit Gottes», S. 319).

Das **erste Ereignis** an der Herzensuniversität wird damit die Öffnung für den Heiligen Geist sein müssen. Der Heilige Geist hat bildende Funktion. Wer also das klassische Kirchenlied «Oh komm, du Geist der Wahrheit» ernsthaft mitsingt, steht an der Schwelle dessen, was wir Herzensuniversität nennen. Wer ernst-

4. Die Zuspitzung: Herzensuniversität als Geburtsstätte von Mündigkeit

haft mitsingt, darf darauf gefasst sein, für das Bildungsprojekt Gottes gewonnen zu werden. Dieses ereignet sich dort, wo wir von Herzensuniversität sprechen.

Das **zweite Kernereignis** ist die Anbetung. Rein historisch hat die Universität (die erste Universität war Bologna ab dem Jahre 1158) ihre Wurzeln in der Kirche, deren Innerstes immer schon die *Anbetung Gottes* war. Anbetendes Denken wäre also zweites Merkmal einer in unserem Sinne verstandenen Herzensuniversität. Anbetung ist kein Programm, sondern Grundausrichtung, keine Veranstaltung neben anderen, sondern Boden allen gesunden Denkens; keine Liturgie, sondern Ort, an dem die Liebe zu Gott «mit ganzem Denken» (Mark. 12,33) praktiziert und eingeübt wird. Anschauliches Muster: Die Weisen aus dem Morgenland, die das Kind in der Krippe anbeten und ihm geben, was sie haben. Dass diese «Morgenland-Haltung» auch Muster für die «Weisen aus dem *Abendland*» sein könnte, hat vor allem Dietzfelbinger in seinem Buch «Jesus Christus und die Weisen aus dem Abendland» angemahnt.

Herzensuniversität ist – **drittens** – ein Ort des «Schauens». Das bereits mehrmals zitierte Buch des Propheten Jesaja beginnt mit einer einzigartigen Einleitung. Es geht um eine «Schauung» des Jesaja (Jes. 1,1). Kap. 2,1 beginnt mit der Aussage, dass Jesaja «das Wort» über einem Land und über einer Stadt «geschaut» hat. Herzensuniversität ist in Analogie dazu zuerst und zuletzt ein Ort solcher Schauung und solchen Sehens «des Wortes»; jenes Wortes nämlich, das in Jesus Fleisch geworden ist (Joh. 1,14).

An der Herzensuniversität ist **viertens** klar, *woher die Lehre kommt*. Was das meint, ist etwa am bereits genannten Universitätszepter von Heidelberg ablesbar. Hier befinden sich nicht die Philosophie, nicht die Theologie, nicht die Rechtswissenschaft und nicht die Naturwissenschaft in der Mitte, sondern *Christus, der die Fakultäten lehrt*.

Christus ist – mit aufgeschlagener Bibel in den Händen – der Dozent der Fakultäten. Er lehrt, und die Fakultäten hören. Hauptinhalt des Denkens kann damit nicht das Abstrahieren sein, sondern zuallererst die Beziehung zu dem, der wie kein anderer lehrt.

Carl Heinrich Rappard, Inspektor von St. Chrischona von 1868 bis 1909, fasste gesundes Lehren und Lernen in folgendem Satz zusammen: Die Ausbildung «hat zur Basis das christliche Gemeinschaftsleben. (...) Lehrer und Schüler sitzen zu den Füßen des Herrn, der durch sein Wort zu ihnen redet». Ihm war wie seinem Vorgänger und Gründer der Pilgermission St. Chrischona klar: *Vor* allem Aneignen von Wissen braucht es ein Hören auf den Gott, der redet. Ihm zu Füßen zu sitzen ist verheißungsvolles Vorrecht im Hinblick auf ein Lernen, das dem Leben nahe ist und dem Leben dient. Alles menschliche Lernen und Lehren wurzelt nirgends anders als in dieser unmittelbaren Beziehung mit niemand Geringerem als dem Lebensspender schlechthin. Das ist viertes Kernereignis an der Herzensuniversität.

Die Art und Weise des Lehrens und Lernens ist damit vorgegeben. Es war Erich Schick, dem zufolge man von «fünf E» sprechen könnte, um zu echter Erkenntnis und Einsicht – dies ist Grundanliegen jeder Universität – zu gelangen (siehe Erich Schick: «Der verborgene Mensch des Herzens»). Er nannte dabei – damit ist das **fünfte Kernmerkmal** der Herzensuniversität zur Sprache gebracht – die *Einkehr* (Jesus kehrt bei uns ein), die dazu notwendige Bereitschaft zur *Einsamkeit*, die *Einfalt* des durch den gegenwärtigen Gott beschenkten Menschen und die *Einheit* derer, die am Erkenntnisprozess beteiligt sind. *Einsicht* (und Erkenntnis) bekommen hier Humus, der Verstand Verankerung, das Denken Kraft. Hier befindet sich die Pflanzstätte, in der die eigenartige und künstliche Trennung von Theorie und Praxis, von abstrakter Überzeugung und Umsetzung ins Leben, von Kopf und Herz im Keim erstickt wird. Denken ist Praxis. Und Praxis ist gut aufgehoben in einem Denken, das im Herzen und in dessen Schauen verankert ist.

Damit wird nochmals deutlich: Herzensuniversität ist weder von ehrwürdigen Gebäuden noch von korrekten Strukturen, noch von formalisierten Abschlüssen abhängig. Herzensuniversität findet immer dort statt, wo sich Herzensbildung ereignet,

4. Die Zuspitzung: Herzensuniversität als Geburtsstätte von Mündigkeit 295

wo Herzenswärme gelebt und wo Sprache des Herzens gehört und gesprochen wird. Herzensuniversität ist dort, wo die Knie der Weisen sich beugen, wo der Auferstandene lehren darf, wo Herzen gestärkt werden, wo mit den Augen des Herzens geschaut wird und wo jene Gesinnung gefestigt wird, die ein Dienen Gott und den Menschen gegenüber hervorbringt.

Herzensuniversitäten sind – so könnte definiert werden – Lebenswerkstätten aus der Anbetung heraus. Der eigentliche Lehrer ist Jesus. In seiner Nähe haben Menschen aus unterschiedlicher Herkunft und mit unterschiedlichem Hintergrund in unterschiedlichster Anzahl Platz. Die Zugangsvoraussetzung besteht allein im Wunsch, dass *das Ganze* gehört und geschaut werden darf und dass «*Sein Reich komme, Sein Wille geschehe und Sein Name verherrlicht werde*». In ein derartiges Projekt kann man sich nur ganz und von ganzem Herzen investieren.

4.3 Von der Anfechtung der Herzensuniversität

Herzensuniversität kennt keine Grenzen. Herzensuniversität findet statt, wenn ein Vater seinen Kindern hilft, Geradlinigkeit und Aufrichtigkeit im Leben zu erkennen und entsprechende Wege zu gehen. Herzensuniversität kann sein, wenn sich an einer existierenden Hochschule eine Gruppe von Menschen zusammentut, um ihren Fachbereich aus der Anbetung und aus dem Hören auf den «Meister des Lebens» zu sehen und zu verstehen. Herzensuniversität kann sein, wenn sich Menschen aus unterschiedlichster Prägung für eine Woche Zeit nehmen, um hinzuhören, wenn be- und verhandelt wird, wie persönliche, familiäre, berufliche und politische Herausforderungen der kommenden 10, 20, 30 oder 60 Jahre bewältigbar werden. Und Herzensuniversität kann sein, wenn eine Ausbildungsstätte dafür sorgt, dass die Anbetung Gottes, die Sicht des Herzens und die Gesinnung des Menschen Vorrang hat vor jeglicher wissensorientierten Perfektionierung des Lehrplanes.

Herzensuniversität ist angefochten. Es scheint, als wäre es

immer einfacher, einen Weg des Kopfes statt des Herzens, einen Weg des Messens und der Berechnung statt des Schauens, einen Weg der Beurteilung statt der Gesinnung, einen Weg der «Ratio» statt den Weg der «Relatio» zu wählen. Es ist Rosenstock-Huessy, der in seinem Buch «Die europäischen Revolutionen und der Charakter der Nationen» insbesondere im Abschnitt über die Reformation die nicht immer glückliche Rolle der Theologie im Zusammenhang mit Universität beschreibt. Beispiele für diese unglückliche Rolle sind:

- die Machtverquickung von weltlichen Fürsten und Theologieprofessoren, die zu Unliebsamem ihre Gutachten verfassten bzw. zu verfassen hatten;
- das Lehramt an der Universität, das das Hirtenamt der Kirche abzulösen versuchte;
- die Aufgabe der Theologie als Wissenschaft in ihrem Wächteramt für die «Rechte Lehre».

Solches Verständnis von Universität und Theologie förderte nicht den Gedanken einer Hochschule, der es um Herzensbildung geht. Wo die Macht- statt die Herzensfrage im Vordergrund steht, wird Herzensuniversität erstickt.

Angesichts der Anfechtbarkeit benötigt das, was wir Herzensuniversität nennen, einen Schutzraum. Wir sehen ihn in folgenden fünf Werten, welche Kernelemente allen Dienens sind: Vertrauen, Verantwortung, Versöhnung, Voraussicht und Verfügbarkeit. Diese fünf Werte beschreiben jene Kultur, in der Zerbrechliches und Anfechtbares Lebensraum und Schutz erfahren. Nur auf ihrem Humus kann Herzensuniversität gedeihen. Unter den fünf Werten verstehen wir Folgendes:

Vertrauen: Vertrauen heißt, dem andern das Gute zu unterstellen und davon auszugehen, dass er das Gute meint und will. Solches Vertrauen braucht es zwischen Bischof und Professor, zwischen Leitenden und Lehrenden, zwischen Lehrenden und Studierenden sowie je unter Studierenden, Lehrenden und Leitenden.

Verantwortung: Verantwortung heißt, für das geradestehen, was man lebt und tut. Weder die Umstände noch die Vergangenheit sind für bestimmtes Denken und Handeln primär verantwortlich, sondern ich selber. Das gilt für die persönliche Lebensführung genauso wie für das, was sich innerhalb von Fach- und Leitungsbereichen ereignet.

Versöhnung: Versöhnung heißt, die Dinge, die man verschuldet hat, in Ordnung zu bringen. Versöhnung beinhaltet die Bitte um Vergebung und den Zuspruch von Vergebung. Ob es sich um schwerwiegende oder scheinbar nebensächliche Dinge handelt, ist sekundär.

Voraussicht: Voraussicht heißt abwägen, was in 5 oder 10 oder 20 Jahren kommen wird. Voraussicht heißt, vorauszusehen und vorauszuahnen, was passiert, wenn wir uns so verhalten, wie wir uns verhalten oder zu verhalten gedenken. Voraussicht beinhaltet die Bereitschaft, sein Denken und Handeln verändern zu lassen. Voraussicht sieht über den Berg hinaus die saftige Wiese im nächsten Tal. Voraussicht kommt einem Späherdienst gleich. Voraussicht ist chancenorientiert.

Verfügbarkeit: Verfügbarkeit meint die Bereitschaft zu sagen: «Du darfst mich haben» – und zwar zu Gott und zu Menschen. Verfügbarkeit nimmt Distanz zu Ansprüchen und zu fordernden Erwartungen. Verfügbarkeit ist der Königsweg bezüglich Hingabe und Bereitschaft, Zukunft zu bauen und Gegenwart zu verändern.

Herzensuniversität ist anfechtbar. Werte, die bejaht werden, geben einen kulturellen Rahmen. Wirkliche Stabilität jedoch wird erst durch eine solide Theologie und durch eine eingegangene und angestrebte Verbindlichkeit geboten.

4.4 Erste Voraussetzung einer Herzensuniversität: Eine solide Theologie

Möglicherweise werden nicht die Theologen, aber mit Sicherheit eine solide Theologie Schlüsselfunktion in einer künftigen

Gesellschaft haben. Wer über Gott und den christlichen Glauben Aussagen macht, macht *theologische* Aussagen. Eine Theologie repräsentiert nicht nur, wer Theologie studiert hat, sondern wer sich – in welcher Art auch immer – zu Gott, zu dessen Existenz, zu dessen Wirken sowie zu dessen Absichten Gedanken macht und diese äußert. Wenn solche Aussagen oberflächlich, weltfremd, unverständlich oder gar abstoßend wirken, ist dies nicht ein Argument gegen alles rund um das, was sich «Theologie» nennt, sondern ein Argument für das Fehlen einer soliden Theologie, die sich als «Hirtendienst» (Bockmühl, u. a. in seinem Buch «Denken im Horizont der Wirklichkeit Gottes») versteht. Uns scheint, dass eine solche Theologie nicht nur Gebot der Stunde, sondern Grundlage von dem ist, was wir mit Herzensuniversität meinen.

Solide Theologie ist von vier Merkmalen gekennzeichnet:

Erstens gehen wesentliche, für uns heute selbstverständliche Grundgedanken in Kirche und Staat auf maßgebende, theologisch solide denkende Menschen zurück. Beispiele: Grundgedanken des modernen Sozialstaates gehen auf Spener als «Vater des Pietismus» zurück; oder: Grundgedanken der Lehrerausbildung wurden durch August H. Francke und Christian H. Zeller, einem Freund von Christian Friedrich Spittler, inspiriert. Diese Entwicklungslinie fortzusetzen wäre im Hinblick auf die kommenden Jahre und Jahrzehnte Pflicht einer Herzensuniversität. Zukunftsträchtig ist, wie die Vergangenheit zeigt, eine solide Theologie.

Zweitens ist eine sich dem Hirtendienst verpflichtete Theologie immer eine Theologie, die die fatale und wenig hilfreiche Unterscheidung von Theorie und Praxis, Kopf und Herz, Glaube und Denken wirkungsvoll überwindet. Theologie leitet zu begründetem Denken und Leben an. Lehre und Leben sind kein Widerspruch. Eine solide Theologie zeigt, was das Kreuz Jesu meint, was Gnade bedeutet und wie sich darin gegründetes Denken, Planen, Entscheiden und Leben in Wort und Tat ausdrückt. Theologie ist lebensorientiert und liebt das Leben.

Drittens bewahrt uns eine gute Theologie vor fatalen Verkürzungen, Überheblichkeiten, Vereinseitigungen, Verober-

4. Die Zuspitzung: Herzensuniversität als Geburtsstätte von Mündigkeit

flächlichungen und Kurzsichtigkeiten im Zusammenhang mit unserem christlichen Glauben, unserer Verkündigung und unserer Art der Existenz in der Gesellschaft. Beispiele solch fataler Reduktionismen sind zahllos, etwa: Über- und Unterbetonung des Heiligen Geistes, Loslösung des Glaubens aus dem Zusammenhang der Liebe, Gebrauch des Wortes oder des Amtes als Manipulationsinstrument. Theologie ist ein Korrektiv, das uns in eine verantwortete und verantwortbare Lebenspraxis führt.

Viertens ist Theologie Hoffnungstank. Theologie zeigt stets die größeren Zusammenhänge. Sie zeigt insbesondere das Ziel der Geschichte auf. Sie bringt mein aktuelles Denken und Empfinden in den Raum der Zielgerade der Weltgeschichte. Sie relativiert – im besten Sinne des Wortes – mein aktuelles Denken und Handeln. Die Verzweiflung im Hier und Jetzt kommt durch die Vergegenwärtigung der letzten Wirklichkeit innerhalb meiner vorletzten Wirklichkeit zu einem Ende. Theologie rollt den (bereits erwähnten) roten Teppich von der Zukunft her aus.

Das, was klassisch und negativ mit Theologie in Verbindung gebracht wird, muss überwunden werden. Dazu gehört:

- Zukunftsträchtige Theologie ist dem Evangelium verpflichtet und muss sich aus den Verstrickungen von Rationalismus und Skeptizismus befreien. Es gilt, den Mantel der Besserwisserei, der Leidenschaft für Spitzfindigkeiten, des moralistischen Fingerhebens und der Versuchung der Überheblichkeit abzulegen. Theologie ist Magd und darf diese Rolle nicht verlieren. «Herrische Theologie», so Bockmühl, «produziert notwendig eine misstrauische Gemeinde» (S. 75). Solche Theologie hat an Herzensuniversitäten keine Daseinsberechtigung.
- Theologie ist kein «theoretisches Geschäft». Weltfremdheit (und daraus folgendes Schiedsrichtertum) sind Vorwürfe, die sich die Theologie an Herzensuniversitäten nicht erlauben darf. Theologie mischt sich (und muss das dürfen) in die Herzensanliegen christlicher Gemeinde wie Evangelisa-

tion, Diakonie, Gemeindebau oder Gesellschaftsverantwortung ein. Aber nicht als Beurteilungs-, sondern als Mitwirkungsinstanz. Das tut sie in ihrer biblischen Verwurzelung, in ihrer Kenntnis der Kirchengeschichte und ihrem Wissen um bisher gelungene und misslungene Versuche, christliches Leben zu fördern und zu beflügeln. Dabei wehrt sie sich gegen alles Subjektivistische und Geschichtslose.
- Theologie ist ebenso wenig eine solistische Angelegenheit begabter Denker. Vielmehr riskiert sie mit ihrem Beitrag zu fundierter Meinungsbildung den gemeinschaftlich verankerten Weg. Sie setzt zwar das fleißige Arbeiten in der Studierstube voraus, begnügt sich aber niemals mit der lediglich im Alleingang gewonnenen Erkenntnis. Theologie lässt sich auf den konspirativen Prozess als Prozess des Ringens um lebens- und zukunftstaugliche Erkenntnis ein. Theologie im Rahmen von Herzensuniversität sucht die Verbindlichkeit und die Bewährung im gemeinschaftlichen Leben.

Theologie, so könnte anhand einer biblischen Geschichte zusammengefasst werden, «gibt Speise». In Matth. 24,45–51 werden uns zwei Typen von «Knechten Gottes» gezeigt. Der eine berauscht sich und schlägt die eigenen Leute, der andere unterstellt sich der Anweisung seines Herrn, den Mitknechten «die Speise zur rechten Zeit» zu geben. Der Bezug zu Psalm 145 ist offensichtlich: «Alle Augen» warten auf Gott, der ihnen ihre Speise zu seiner Zeit gibt und der «seine milde Hand auftut und alles sättigt, was da lebt» (Ps. 145,15). Wahre Theologie klinkt sich hier ein, bringt «gesunde Lehre» (Spr. 13,14) bzw. «heilsame Lehre» (vor allem 1. und 2. Timotheusbrief) ein und versieht so den Hirtendienst, den unsere Welt genauso wie Herzensuniversitäten so dringend benötigt. Sie hört auf «den Gott, der redet». Nur so kann diese zu echter Mündigkeit führen (siehe Eph. 4,11–15). Solche Theologie wird einer Herzensuniversität stets Raum geben, und solcher Theologie wird dort, wo Herzensuniversität ist, immer Raum gegeben werden.

4.5 Zweite Voraussetzung einer Herzensuniversität: Verbindlichkeit in und trotz postmoderner Zeit

Es ist spannend, wenn Menschen der säkularen Welt plötzlich auf ureigene christliche Anliegen aufmerksam machen. Peter Gross, Schöpfer des Begriffes und Autor des Buches «Die Multioptionsgesellschaft», mahnt im Hinblick auf das scheinbar überkommene traditionelle Familienkonzept zu freiwillig eingegangenen, «lebenslänglichen» Verbindlichkeiten (in: A. Pongs: «In welcher Gesellschaft leben wir eigentlich?», S. 122): Es gilt, «personale Gefäße zu erfinden und zu installieren, die nicht nur (...) zwischen Privatheit und Öffentlichkeit neue (...) Systeme einziehen, sondern in denen Geistes- und Herzensverwandte (...) Netzwerke bilden, in denen sie sich lebenslängliche Treue und Hilfe schwören». Die Bibel verwendet in vergleichbarem Kontext Begriffe wie Genossen, Hausgenossen und Hausgenossenschaft (etwa Gal. 6,10; Eph. 2,19; 1. Tim. 5,8), und Zinzendorf benutzt in solchem Zusammenhang Begriffe wie «Chöre» oder «Banden».

Die eigentliche und tiefe Frage: Kann es überhaupt ein Überleben des individualistischen Christseins in unserer und der kommenden Zeit geben? Wir meinen nein. Herzensuniversität wird deshalb nie individualisiertes Christsein fördern und bestärken. Herzensuniversität beruht selber auf der Verbindlichkeit derjenigen, die Herzensuniversität in welcher Form auch immer betreiben.

Herzensuniversität orientiert sich am Grundempfinden des Propheten Haggai. Dieser konstatiert (Haggai 1,9): «Ihr habt nach vielem ausgeschaut, und siehe, es wurde wenig.» Der Vorwurf: Jeder schaut auf das Eigene und auf «sein Wohnen in eigenen getäfelten Häusern», während das Haus Gottes «in Trümmern liegt» (V. 4). Haggais Anliegen: Heraustreten aus dem Häuserbauen für sich allein und Hineintreten in das gemeinsame Anliegen, das Haus Gottes zu bauen. Die Auswirkung (V. 14): Und der Herr erweckte den Geist ... und den Eifer des ganzen Restes des Volkes, «so dass sie kamen und sich an die Arbeit am Haus des Herrn der Heerscharen, ihres Gottes, machten». Herzensuniversität richtet sich am Bau dieses Hauses aus, sie gründet selbst in solchem Denken, und sie wirbt um solches Denken.

Dass die katholische-klösterliche Tradition zum Gedanken der (lebenslangen) Verbindlichkeit eine Nähe hat, liegt auf der Hand. Die drei Versprechen, nämlich Verzicht auf Ehe, Verzicht auf eigenen Besitz und geschwisterliche Einordnung, waren Grundpfeiler dieser Lebensform.

Beispielhaft und in gewissem Sinne vorbildhaft sind zudem die Anfänge der Schweiz: Der Grundstein einer über 700 Jahre dauernden Geschichte besteht in Form einer miteinander eingegangenen Verbindlichkeit, bekannt als «Eidgenossenschaft». Grundpfeiler dieser 1291 eingegangenen Verbindlichkeit waren unter anderem:

- Die Verbindlichkeit wird nicht in eigenem Namen, sondern «im Namen Gottes» eingegangen (wiedererkennbar in der bis heute geltenden Bundesverfassung).
- Die «Leute der Talschaft Uri, des Tales Schwyz und die Leute der Gemeinde von Unterwalden» haben sich «wegen der bösen, arglistigen Zeit» verbunden.
- Versprochen haben sie sich «Schutz und Beistand gegen jeden Feind». Wenn einer angegriffen wird, werden alle angegriffen.
- Entsteht Streit unter den Eidgenossen, so sollen «die Einsichtigen» unter ihnen vermitteln.

Ein drittes Muster verbindlichen Lebens ist schließlich die (evangelische) Diakonissenschaft seit Mitte des 19. Jahrhunderts. Den Gründern (Theodor Fliedner, Wilhelm Löhe und andere) waren u. a. drei Gedanken wesentlich: Es ging um Lebensperspektive, es ging um Ermöglichung von Heimat für junge, engagierte Frauen, und *es ging um Bildung*. Uns scheint, als hätte ein inhaltlich vergleichbarer Lebensentwurf heute mehr denn je Chancen auf Verwirklichung.

Nur verbindliches Leben bzw. die Bereitschaft dazu erlaubt Herzensuniversität. Einige Beispiele:

4. Die Zuspitzung: Herzensuniversität als Geburtsstätte von Mündigkeit 303

- Was ich sage, gilt – auf mein Wort ist Verlass. Was ich denke und preisgebe, ist nicht heute so und morgen wieder anders. Denken und Reden sind verlässlich. Und wo sie es nicht sind, müssen Übungsfelder geschaffen werden, auf denen Einübung möglich ist.
- Denken, Reden und Handeln stimmen überein. Sein und Schein sind keine getrennten Welten. «Das Schaufenster» weist nur auf das hin, was real «im Laden» vorhanden ist. Vorgegeben wird nur, was hinter-legt ist.
- Was ich habe, gehört nicht mir. Es ist mir von Gott zu guter und treuer Haushalterschaft anvertraut. Dazu gehört nicht nur Geld und Besitz, sondern auch Erkenntnis. Damit – auch mit unterschiedlicher Erkenntnis – würdig und mündig umzugehen, ist Pflicht von Menschen, die tragfähige Zukunft bauen möchten.
- Verbindlichkeit ermöglicht (und damit wird es sehr konkret), gezielt die Erlaubnis zu erteilen, dass andere in meine eigene Lebensführung hineinreden dürfen. Nicht nur mein Denken, sondern auch mein Lebensstil und meine Lebensführung sind zu oft mehr von chaotischen als von himmlisch-geordneten Mächten geprägt. Die eigene Lebensführung offenzulegen und preiszugeben ist Zeichen werdender Mündigkeit und nicht Zeichen von Schwäche. Sie betrifft meinen Umgang in und mit Beziehungen genauso wie meinen Umgang mit mir selber und mit all dem, was mir anvertraut ist. Dazu bedarf es einer Person, welche die Erlaubnis hat, hier hineinreden zu dürfen.

Herzensuniversität inspiriert und ermöglicht verbindliches Leben und Handeln. Zu Beginn des 21. Jahrhunderts stellt sich die Frage der verbindlichen Lebensentwürfe genauso brisant wie bei der Gründung der Eidgenossenschaft oder bei Löhe und Fliedner im 19. Jahrhundert. Die Grundfragen nach Beheimatung, nach Lebensperspektive und nach echter Bildung sind heute nicht anders. Händeler sagt in seinem Buch «Die Geschichte der Zukunft» (S. 221): «Die Qualität der zwischenmenschlichen Beziehungen wird zur wichtigsten Quelle der

Wertschöpfung.» Wir glauben, dass es in unserer Zeit Orte des verbindlichen Lebens braucht. Herzensuniversitäten sind Kristallisationspunkte in individualistischer Zeit. Das alte Kirchenlied «Herz und Herz vereint zusammen ...» enthält eine Reihe hilfreicher Impulse auch für die heutige Zeit.

Herzensuniversität: Ort also des Herzens, Ort der Herzensbildung, Ort der Herzenssprache, Ort in solider Theologie und Ort, an dem Lebensformen und Lebensentwürfe gefunden werden, mit Hilfe derer künftige Herausforderungen zu bewältigen sind. Herzensuniversität ist Raum, in dem Ungewohntes gedacht und gewagt wird. Es ist Ort des Hörens, Ort des Verstehens und Ort des Vertrauens. Es ist Geburtsort von Visionen, die den schnelllebigen Alltag überdauern.

Dieser Abschnitt zu einem *Elementarort künftiger Gesellschaft* soll nicht abgeschlossen werden ohne ein Hinhören auf ein für Herzensuniversität konstitutives und über Jahrhunderte hinweg gesungenes Lied von Gerhard Tersteegen (1697–1769). Es ist das Lied «Gott ist gegenwärtig». Mehrere Aussagen und Einladungen sind grundlegend. Einige seien hier genannt:

Gott ist gegenwärtig, lasset uns anbeten / und in Ehrfurcht vor ihn treten. / Gott ist in der Mitten, / alles in uns schweige / und sich innigst vor ihm beuge (aus Strophe 1).

Wir entsagen willig allen Eitelkeiten (...) / dir zum Eigentum ergeben: / Du allein / sollst es sein, / unser Gott und Herre, / dir gebührt die Ehre (aus Strophe 3).

Du durchdringest alles, lass dein schönstes Lichte, / Herr, berühren mein Gesichte. / Wie die zarten Blumen willig sich entfalten, / lass mich so, / still und froh, / deine Strahlen fassen / und dich wirken lassen (aus Strophe 6).

Mache mich einfältig, innig abgeschieden, / sanfte und im stillen Frieden, / mach mich reines Herzens, dass ich deine Klarheit / schauen mag im Geist und Wahrheit (aus Strophe 7).

4. Die Zuspitzung: Herzensuniversität als Geburtsstätte von Mündigkeit

Herr, komm in mir wohnen, lass mein' Geist auf Erden, / dir ein Heiligtum noch werden. / Komm, du nahes Wesen, dich in mir verkläre, / dass ich dich stets lieb' und ehre. / Wo ich geh', / sitz' und steh', / lass mich dich erblicken / und vor dir mich bücken (aus Strophe 8).

Nicht ein Tun wird gefeiert. Keine Aktivität steht im Vordergrund. Vielmehr ist es die alles möglich machende Gegenwart Gottes, die in diesem Kirchenlied besungen wird. Nicht um Ausstieg aus der Wirklichkeit geht es, sondern um das Risiko des Einstiegs in die wie auch immer geartete Wirklichkeit – im Wissen um die Gegenwart des allmächtigen und Mensch gewordenen Gottes.

5. Das Schönste kommt noch – das Unvollkommene darf jetzt sein

Die Wirklichkeit, die Wahrheit darüber und die Gebrochenheit in allem In-die-Zukunft-Schauen lässt auch pessimistische Einschätzungen zu. Als geschichtslos denkende Menschen des 21. Jahrhunderts drohen wir nicht nur die Überlieferung aus der Vergangenheit aus den Augen zu verlieren, sondern auch die Zukunft. Doch nicht nur die Zukunft der kommenden 5, 10, 20, 30 oder 60 Jahre droht zu verschwimmen, sondern in besonderer Weise die eigentliche, nicht vorläufige, erste und ewige Zukunft droht weggewischt zu werden. Ergebnis: die definitive Gefangenschaft in der Gegenwart.

Solche Unsicherheit und manchmal Verzweiflung erinnert an das Dasein der Jünger nach dem Karfreitagsgeschehen. Am Abend dieses Tages denken sie hinter verschlossenen Türen, dass sie selber – als Anhänger des verurteilten und gekreuzigten «Aufrührers» – jetzt wohl an der Reihe sind, verhaftet zu werden. Grundsätzlich wussten sie zwar um die Botschaft und Verheißung: Dreimal hatte Jesus unter ihnen von der Auferstehung gesprochen. Diese Ankündigung wollte in diesem Moment allerdings nicht wirklich greifen, und die «düstere Miene» (Luk. 24,17) blieb. Froh wurden sie erst, als sie den Auferstandenen sahen. Und vierzig Tage mussten sie noch warten, bis Vollmacht kam, weltverändernd in diese Welt zu gehen.

Drei Hinweise zu diesem bevollmächtigten und doch vorläufigen In-dieser-Welt-Sein:

Hinweis 1: Das Leben der Jünger und Apostel in dieser Welt war geprägt von einem *geschaut haben und sehen werden*. Petrus beispielsweise hebt angesichts von Vorwürfen, doch nur Fabeln zu folgen, klar hervor: «Wir sind Augenzeugen seiner Majestät geworden» (2. Petr. 1,16). Er wird wohl Szenen in Erinnerung haben wie das Erlebnis auf dem Berg Tabor oder das Sinken auf dem See Genezareth. Was die Zukunftszuversicht betrifft, so ist es Johannes, der es am prägnantesten auf den Punkt bringt: «Wir werden ihn sehen, wie er ist» (1. Joh. 3,2). Eingebettet in diese Grundgewissheiten – ihn geschaut zu haben und ihn sehen zu werden –, war zuversichtliches und vertrauensvolles Stehen und Ausharren in unterschiedlichsten Umständen und Herausforderungen denk- und lebbar.

Hinweis 2: Die Letztfrage kann nicht sein, ob wir heute in einer Multioptionsgesellschaft, einer Risikogesellschaft oder einer postmodernen Erlebnisgesellschaft leben. Vielmehr ist die letzte Grundfrage die, ob und inwiefern es heute gelingen kann, einen Beitrag dazu zu geben, dass sich die «Brautgemeinde» innerhalb der jetzt aktuellen Welt zur «Hochzeit des Lammes» schmücken und rüsten lässt. Grundbotschaft, Aufforderung und Mahnung sowohl der letzen Reden Jesu – den Endzeitreden – wie auch der Offenbarung sind klar: «Wachet», «sehet», «wachet und betet», «lasst euch nicht irreführen», «tut Buße» (angesichts von Furcht vor Leid, falscher Lehre, fehlender Hörbereitschaft, Unwachsamkeit und Lauheit), «kehrt um» …! In allem aber gilt: Alles Vorläufige wird einmünden in das Aussprechen der Grundsehnsucht der Brautgemeinde: *«Jesus, komme bald!»* Jesus selber wird alles Vorläufige und Vorletzte hineinnehmen in die letzte und ewige Wirklichkeit. Das wird eine schöne Wirklichkeit sein.

Hinweis 3: Es wird in der Tat schön sein. Johannes wird (so Fritz Rienecker, dem wir die prägnante Grundaussage «Das Schönste kommt noch» verdanken) *«unersättlich beim Betrachten des Neuen Jerusalems».* Er konnte sich am Glanz und «an der Herrlichkeit seiner Räume», die er schaute, «nicht genug satt sehen». Johannes wurde deshalb «nicht müde, Jerusalems Mauern zu messen (…) und nicht müde, Jerusalems Perlentore zu bewundern».

Man möge Texte der Offenbarung deuten, wie man will, «so viel bleibt gewiss: ein unbeschreiblich herrlicher Wohnsitz wird

5. Das Schönste kommt noch – das Unvollkommene darf jetzt sein 309

Jerusalem sein» (Band II; S. 119). Rienecker betont: Es soll uns und kann uns im Tiefsten nicht stören, dass vor diesem Ziel des himmlischen Jerusalems «noch manches dunkle Tal auf unserem Pilgerwege liegt».

Wie sehr solches nicht billiger Trost ist, wird daran erkennbar, dass die nicht immer nur leicht verdauliche Offenbarung in immer wieder neuen Anläufen die Schönheit des Himmels aufleuchten lässt. Die Offenbarung wird so in allem Düsteren, das sie aufzeigt, zum Trostbuch. Die unfassbare Verheißung: Das Lamm, das thront, wird die Gemeinde in der Zwischenzeit «weiden und sie zu Wasserquellen des ewigen Lebens führen, und Gott wird alle Tränen abwischen von ihren Augen» (Off. 7,16–17). Dass dies hier und jetzt schon – manchmal sehr verborgen – aufleuchtet, ist Trost in wirrer Zeit.

Das Ende kommt. Dieter Schneider, bekannt durch eine Reihe von Büchern und über Jahre an Konferenzen beteiligt, an denen so etwas wie Herzensuniversität aufleuchtet, gebraucht dort, wo uns letztlich Worte fehlen, Bilder. Beispiele:

- Wenn du Fahrrad fahren lernst: Schau bloß nicht auf die Lenkstange, denn dann würdest du stürzen. Schau auf das Ziel und nimm dieses Ziel als Fixpunkt deiner ganzen Bemühungen!
- Wenn du schwimmen lernst: Schau bloß nicht ins Wasser, denn dann würdest du sinken. Schau an das Ufer. Das ist Fixpunkt, und dorthin sollst du gelangen!
- Wenn du beim Marathonlauf mitmachst: Worauf richtest du dich aus? Eines muss klar sein: Du willst am Ziel ankommen.

Unser Ziel: Das Fest aller Feste. Mag sein, dass wir zwischenzeitlich mit turbulenten und abscheulichen Dingen zu tun haben. Hier, das steht fest, «haben wir keine bleibende Stadt, die Zukünftige suchen wir» (Hebr. 13,14). Alles Abscheuliche und Furchtbare hat ein Ende. Dahinter leuchtet das eigentlich Schöne schon auf: das Fest aller Feste.

Wir gehen einem guten Ende entgegen. Dort wartet nicht der

Zufall oder das Chaos, sondern die himmlische Hochzeit. Am Ende steht nicht übermächtiger Tod, sondern der gedeckte Tisch. Der Bräutigam lädt ein. Als Ehrengast darf ich dabei sein!

«Die Verheißung Jesu macht unser Leben zum Vorabend des Festtages», sagt Adolf Schlatter als einer der tiefgründigsten Theologen der Moderne. Der Blick in den Himmel – so kann gefolgert werden – macht uns «erdenfest». Deshalb gilt schon jetzt: «Hier ist der Himmel los!» (Titel eines Buches von René Christen). Also: Das Schönste kommt noch – und deshalb darf heute alles Unvollkommene, auch wenn «der Himmel schon los ist», durchaus noch sein.

Nachwort

Das Jahr 2009 wird ähnlich in die Geschichte eingehen wie 1949 und 1989. Es sind Jahre der Wende. Wie der Traum einer sozialistischen Gesellschaft zu einem Ende kam, so wird auch der Traum einer freien, gesicherten und unanfechtbar kapitalistischen Gesellschaft in Europa verblassen. Das vorliegende Buch gibt einen Einblick in das Ringen um eine lebenswerte und dem Evangelium gemäße Zukunft. Angebracht ist ein breites Bedenken unserer Zeit und ein breit abgestütztes Vordenken in eine Zukunft hinein, die Gott gehört. An unterschiedlichster Stelle sind alte Denkpfade zu verlassen und neue Formen der Weg-Suche zu beschreiten.

Was wird 2016 sein? Trends treten immer deutlicher vor Augen. Wichtiger und wesentlicher als die korrekte Analyse allerdings ist die Liebe zu dem, was kommt. Nur das, was ich liebe, kann ich verändern.

Ein letzter Gedanke möge inspirieren: Wolfgang Schmidbauer, ausgewiesener Psychologe und Therapeut, schreibt 2009 das Buch «Ein Land – drei Generationen». Es ist eine «innere Biographie» Deutschlands. Die drei Generationen sind: Erstens die traumatisierte Kriegs- und Aufbaugeneration, zweitens die sich selbst überschätzende Protestgeneration und drittens die Genießergeneration ohne Selbstwertgefühl. Wenn nun, und so ist da und dort die Beobachtung, die heute 16-, 18- und 20-Jährigen plötzlich die aktive Beziehung zu den 80- und 90-Jährigen suchen, dann deshalb, weil sie ahnen, dass sie unmerklich und ungewollt auch zu einer Art «Trümmergeneration» geworden sind und dass ihnen wie ihren Großeltern eine fundamentale Aufbauarbeit – kirchlich, gesellschaftlich und politisch – bevorsteht. Es ist so: Wir brauchen so etwas wie «die zweiten Gründerjahre der Republik» (Angela Merkel). Mehr denn je darf und kann Gemeinde Jesu ein Ort sein, an dem gehört wird, was andere erfahren haben. Ein Ort, an dem fundamental Neues geboren wird und an dem generationenübergreifend gelernt wird, worauf es in den kommenden 7, 10, 30 oder 60 Jahren ankommen wird – um der Zukunft und des Lebens willen. Genauer: um des Reiches Gottes willen.

Literaturverzeichnis

Baumann, Andreas: *Der Islam – Gottes Ruf zur Umkehr? Eine vernachlässigte Deutung aus christlicher Sicht.* Basel, Brunnen, 2003. 142 S.

Baumann, Martin und Stolz, Jörg (Hrsg.): *Eine Schweiz – viele Religionen. Risiken und Chancen des Zusammenlebens.* Bielefeld, Transcript, 2007. 406 S.

Beauvoir de, Simone: *Das andere Geschlecht.* Hamburg, Rowohlt, 1951. 751 S.

Beck, Ulrich: *Schöne neue Arbeitswelt. Vision: Weltbürgergesellschaft.* Frankfurt, Campus, 1999. 255 S.

Beck, Ulrich: *Weltrisikogesellschaft. Auf der Suche nach der verlorenen Wahrheit.* Frankfurt, Suhrkamp, 2007. 439 S.

Biedenkopf, Kurt: *Die Ausbeutung der Enkel. Plädoyer für die Rückkehr zur Vernunft.* Berlin, List, 2007. 223 S.

Blanchard, Kenneth H. und Cathy, Truett S.: *Das Prinzip Großzügigkeit. Von der Kunst, sich reich zu schenken.* Asslar, Gerth, 2003. 117 S.

Bockmühl, Klaus: *Denken im Horizont der Wirklichkeit Gottes. Schriften zur Dogmatik und Theologiegeschichte.* Bockmühl-Werk-Ausgabe II/I. Gießen, Brunnen, 1999. 375 S.

Bonhoeffer, Dietrich: *Ethik.* Zusammengestellt und herausgegeben von Eberhard Bethge. München, Kaiser, 1958. 300 S.

Burkhardt, Helmut: *Ethik. Das gute Handeln: Sexualethik, Wirtschaftsethik, Umweltethik und Kulturethik.* Band II/2. TVG-Reihe. Gießen, Brunnen, 2008. 276 S.

Claiborne, Shane: *Ich muss verrückt sein, so zu leben. Kompromisslose Experimente in Sachen Nächstenliebe.* Gießen, Brunnen, 2006. 365 S.

Demandt, Alexander (Hrsg.): *Das Ende der Weltreiche. Von den Persern bis zur Sowjetunion.* München, Beck, 1997. 282 S.

Diamond, Jared: *Kollaps. Warum Gesellschaften überleben oder untergehen.* Frankfurt/Main, Fischer-Taschenbuch-Verlag, 2006. 702 S.

Dodds, Eric R.: *Heiden und Christen in einem Zeitalter der Angst.* Frankfurt, Suhrkamp, 1985. 197 S.

Doppler, Klaus und Lauterburg, Christoph: *Change-Management. Den Unternehmenswandel gestalten.* Frankfurt/Main, Campus, 1994. 345 S.

Faix, Tobias und Weißenborn, Thomas (Hrsg.): *ZeitGeist. Kultur und Evangelium in der Postmoderne.* Marburg, Francke, 2007. 255 S.

Gabriel, Mark A.: *Islam und Terrorismus. Was der Koran wirklich über Christentum, Gewalt und die Ziele des Djihad lehrt.* Gräfelfing, Resch, 2004. 269 S.

Geißler, Heiner: *Zugluft. Politik in stürmischer Zeit.* München, Bertelsmann, 1990. 319 S.

Gross, Peter: *Die Multioptionsgesellschaft.* Frankfurt, Suhrkamp, 1995. 435 S.

Guardini, Romano: *Das Ende der Neuzeit. Ein Versuch zur Orientierung.* Mainz, Matthias-Grünewald-Verlag, 1986. 99 S.

Händeler, Erik: *Die Geschichte der Zukunft. Sozialverhalten heute und der Wohlstand von morgen (Kondratieffs Globalsicht).* Moers, Brendow, 2003. 463 S.

Hempelmann, Heinzpeter: *Wir haben den Horizont weggewischt. Die Herausforderung: Postmoderner Wahrheitsverlust und christliches Wahrheitszeugnis.* Wuppertal, Brockhaus, 2008. 411 S.

Hempelmann, Reinhard u. a. (Hrsg.): *Panorama der neuen Religiosität. Sinnsuche und Heilsversprechen zu Beginn des 21. Jahrhunderts.* Gütersloh, Gütersloher Verlagshaus, 2005. 688 S.

Hille, Rolf: «Lebendige Hoffnung und nüchterne Erwartung. Wege zum sachgemäßen Verständnis biblischer Apokalyptik». In: Morgner, Christoph: *Das lässt hoffen. Festschrift für Theo Schneider.* Gießen, Brunnen, 2009. 239 S. (S. 65–73).

Hofmann, Horst-Klaus und Irmela (Hrsg.): *Anstiftungen. Chronik aus 20 Jahren OJC.* Moers, Brendow, 1988. 847 S.

Horx, Matthias: *Aufstand im Schlaraffenland. Selbsterkenntnisse einer rebellischen Generation*. München, Wien, Hanser, 1989. 215 S.

Horx, Matthias: *Future Fitness. Wie Sie Ihre Zukunftskompetenz erhöhen. Ein Handbuch für Entscheider*. Frankfurt, Eichborn, 2003. 241 S.

Huntington, Samuel P.: *Kampf der Kulturen. Die Neugestaltung der Weltpolitik im 21. Jahrhundert*. Hamburg, Spiegel-Verlag, 2006. 580 S.

Jenkins, Philip: *Die Zukunft des Christentums. Eine Analyse der weltweiten Entwicklung im 21. Jahrhundert*. Gießen, Brunnen, 2006. 384 S.

Klages, Helmut: *Wertedynamik. Über die Wandelbarkeit des Selbstverständlichen*. Zürich, Edition Interfrom, 1988. 171 S.

Krockow, Graf von, Christian: *Die Zukunft der Geschichte. Ein Vermächtnis*. München, List, 2002. 207 S.

Krockow, Graf von, Christian: *Die Deutschen in ihrem Jahrhundert – 1890–1990*. Reinbek bei Hamburg, Rowohlt, 1992. 579 S.

Kroeker, Jakob: *Allein mit dem Meister*. Bielefeld, CLV, 1998. 191 S.

Lobkowicz, Nikolaus (Hrsg.): *Das europäische Erbe und seine christliche Zukunft*. Veröffentlichung der Hanns-Martin-Schleyer-Stifung, Band 16. 1985. 458 S.

Lurz, Norbert: *Die Kraft der Milde. Werden die Sanftmütigen wirklich die Erde besitzen?* Basel, Brunnen, 2008. 128 S.

Meiß, Klaus (Hrsg.): *Aufbruch in die Postmoderne*. Marburg, Francke, 2008. 260 S.

Michel, Karl-Heinz: *Die Wehen der Endzeit. Von der Aktualität der biblischen Apokalyptik*. TVG. Gießen, Brunnen, 2004. 62 Seiten.

Miegel, Meinhard: *Die deformierte Gesellschaft. Wie die Deutschen ihre Wirklichkeit verdrängen*. München, Ullstein, 2003. 303 S.

Miegel, Meinhard: *Epochenwende. Gewinnt der Westen die Zukunft?* Berlin, Propyläen, 2005. 312 S.

Miegel, Meinhard und Wahl, Stefanie: *Das Ende des Individualismus. Die Kultur des Westens zerstört sich selbst.* Bonn, Aktuell, 1994. 207 S.

Newbigin, Lesslie: *Salz der Erde?! Fragen an die Kirche heute.* Neukirchen-Vluyn, Aussaat und Schriftenmissionsverlag, 1985. 88 S.

Opaschowski, Horst W.: *Deutschland 2030. Wie wir in Zukunft leben.* Gütersloher Verlagshaus, 2008. 783 S.

Opaschowski, Horst W.: *Was uns zusammenhält. Krise und Zukunft der westlichen Wertewelt.* München, Olzog, 2002. 195 S.

Otte, Max: *Der Crash kommt. Die neue Wirtschaftskrise und wie Sie sich darauf vorbereiten können.* Berlin, Econ, 2006. 299 S.

Pietschmann, Herbert: *Das Ende des naturwissenschaftlichen Zeitalters.* Frankfurt, Ullstein, 1983. 335 S.

Pongs, Armin: *In welcher Gesellschaft leben wir eigentlich?* Band I bis III. München, Dilemma, 1999–2007.

Rienecker, Fritz: *Das Schönste kommt noch.* Band I und II. Wuppertal, Sonne und Schild, 1964–1965.

Rosenstock-Huessy, Eugen: *Die europäischen Revolutionen und der Charakter der Nationen.* Moers, Brendow, 1987. 583 S.

Roß, Jan: *Was bleibt von uns? Das Ende der westlichen Weltherrschaft.* Berlin, Rowohlt, 2008. 220 S.

Russenberger, Michael: *Führungskultur in der Schweiz. Eine sozio-historische Studie.* Gießen, Brunnen, 2005. 160 S.

Rutz, Michael: *Aufbruch in der Bildungspolitik. Roman Herzogs Rede und 25 Antworten.* München, Goldmann, 1997. 283 S.

Schäuble, Wolfgang: *Scheitert der Westen? Deutschland und die neue Weltordnung.* München, Bertelsmann, 2003. 271 S.

Schick, Erich: *Der verborgene Mensch des Herzens. Biblische Meditationen.* Gladbeck, Schriftenmissions-Verlag, 1953. 204 S.

Schirrmacher, Frank: *Das Methusalem-Komplott.* München, Heyne, 2004. 219 S.

Schlatter, Adolf: *Der Dienst des Christen. Beiträge zu einer Theologie der Liebe.* Gießen, Brunnen, 2002. 135 S.

Schmid, Edgar (Hrsg.): *Wenn Gottes Liebe Kreise zieht. 150 Jahre Pilgermission St. Chrischona (1840–1990).* Gießen, Brunnen, 1990. 132 S.

Sedlmayr, Hans: *Verlust der Mitte.* Frankfurt/Main, Ullstein, 1991. 264 S.

Seiwert, Lothar J.: *Wenn Du es eilig hast, gehe langsam. Das neue Zeitmanagement in einer beschleunigten Welt. Sieben Schritte zur Zeitsouveränität und Effektivität.* Frankfurt/Main, Campus, 1998. 230 S.

Stürmer, Michael: *Welt ohne Weltordnung. Wer wird die Erde erben?* Hamburg, Murmann, 2006. 255 S.

Türk, Hans Joachim: *Postmoderne.* Mainz, Matthias-Grünewald-Verlag, 1990. 140 S.

Verenkotte, Clemenz: *Das Ende der friedlichen Gesellschaft. Deutschlands Illusionen im globalen Krieg.* München, Droemer, 2005. 335 S.

Vorländer, Wolfgang: *Vom Geheimnis der Gastfreundschaft. Einander Heimat geben in Familie, Gesellschaft und Kirche.* Gießen, Brunnen, 2007. 108 S.

Weizsäcker (von), Carl Friedrich: *Die Tragweite der Wissenschaft.* Stuttgart, Hirzel, 1964. 243 S.

Wilkens, Erwin: *Die Zukunft der Kirche und die Zukunft der Welt. Die Synode der EKD 1968 zur Weltverantwortung der Kirche in einem revolutionären Zeitalter.* München, Kaiser, 1968. 222 S.

Wright, Ronald: *Eine kurze Geschichte des Fortschritts.* Reinbek bei Hamburg, Rowohlt, 2006. 200 S.

Zimmerling, Peter: *Evangelische Spiritualität. Wurzeln und Zugänge.* Göttingen, Vandenhoeck und Ruprecht, 2003. 310 S.

Der Autor

Dr. Markus Müller ist seit dem 11. November 2001 Direktor der Pilgermission St. Chrischona. Er war seit August 1999 Dozent am Theologischen Seminar St. Chrischona mit dem Hauptauftrag «Aufbau und Leitung des Fachbereiches Diakonie». Zuvor absolvierte er das Studium der Heilpädagogik, Erziehungswissenschaft und Anthropologie. Drei Jahre arbeitete Markus Müller am Max-Plank-Institut für Psychiatrie in München. Er promovierte 1986 in Behindertenpädagogik an der philosophischen Fakultät in Fribourg/Schweiz. Danach arbeitete er zehn Jahre im vollzeitlichen Dienst des CVJM München e.V.; es folgten drei Jahre als Dozent an der Höheren Fachschule für Sozialpädagogik in Zizers (Stiftung Gott hilft).

Markus Müller stammt aus dem Schweizer Ort Wasen im Kanton Bern. Er ist Jahrgang 1955, verheiratet mit Doris, die aus dem Schwarzwald (Deutschland) stammt. Die beiden haben vier Kinder.